高盛首席分析師教你剖析

超級週期

掌握進場的訊號
啟動長期獲利的投資布局

彼得‧C‧奧本海默 Peter C. Oppenheimer 著　林敬蓉、李立心 譯

ANY HAPPY
RETURNS
STRUCTURAL CHANGES AND SUPER CYCLES IN MARKETS

目錄

第二部分 ————————————————————

分析戰後超級週期

序

我騎腳踏車的時候想出來的。

——阿爾伯特・愛因斯坦（Albert Einstein）

　　我的上一本書《高盛首席分析師教你看懂進場的訊號：洞悉市場週期，贏在長期好買賣》（*The Long Good Buy: Analysing Cycles in Markets*）探討了經濟和金融市場週期以及影響它們的因素。本書的內容旨在補充前作，回顧歷史並展望未來，聚焦於經濟和金融市場長期的結構性變化，以及週期演進的各項長期趨勢。本書的受眾除了學生、市場從業人員之外，也適合想了解歷史，對經濟與金融市場長期趨勢的驅動因素有興趣的人閱讀。

　　金融市場有短期的週期，也有更長的超級週期（或稱長期趨勢），而短週期會在時間更長的趨勢中演進。這些短週期主要跟景氣循環有關。根據美國全國經濟研究所（National Bureau of Economic Research, NBER）的資料，自從1850年以來，美國經歷了三十五次經濟衰退，以及二十九次的股票熊市（主要股票指數下跌至少20%）。自從第二次世界大戰結束之後，美國迄今經歷了十三次經濟衰退和十二次股票熊市。

股市通常可以預測經濟週期。自從第二次世界大戰之後，股市通常在經濟衰退前七個月左右達到高峰，並且在經濟復甦前七個月左右跌到谷底。

除了景氣循環和經濟因素波動（例如經濟活動和利率波動）之外，其他各式各樣的因素也會為市場帶來不容小覷的影響，並驅動長期趨勢的發展。這些因素包含：地緣政治、科技和制度變遷、政策轉變、流行及社會趨勢的變化。這些因素的結構性變化可能會創造出為期更久的長期趨勢或超級週期；與此同時，景氣循環和市場週期也不斷演進。舉例來說，長期的低通膨可能會橫跨數次景氣循環；同樣地，即使一時受到短期衰退影響，經濟強勁成長期或停滯期仍會長期延續下去。這些長期趨勢通常都跟特定的市場情勢和機會息息相關，而這也正是我想在本書探討的內容。

自從第二次世界大戰以來，股市已經出現了六次超級週期。其中三次是長期牛市，這段期間投資報酬率極高且估值上漲；另外三次則是「高波動、低報酬」（Fat and Flat）時期，投資報酬率長期低迷但交易區間大。

本書第一章的概論會從社會和政治角度觀察週期的思想流變、經濟和金融市場，以及心理學和人類行為對週期的影響。

本書主要分為三個部分：

I. **結構趨勢與市場超級週期**：週期與超級週期的歷史。

II. **分析戰後超級週期**：討論二戰後各個超級週期，以及

驅動這些週期發展的要素。

III. 後現代週期（Post-Modern Cycles）：探討下一個週期可能的展開方式、主要特徵，以及人工智慧（artificial intelligence, AI）和去碳化（decarbonisation）兩大因素如何影響並描繪該週期的輪廓：人工智慧定義了虛擬世界，而去碳化則是塑造現實生活的重要推手。

第一部分：結構趨勢與市場超級週期

第二章著重於解釋金融市場週期，並說明在週期四大階段「絕望」（Despair）、「希望」（Hope）、「成長」（Growth）和「樂觀」（Optimism）進展期間，通常有哪些徵兆會反覆出現，以及其背後的驅動因素。

第三章描述在關鍵經濟變數〔國內生產毛額（gross domestic product, GDP）、通貨膨脹、利率、債務、不平等、金融市場〕的影響下，超級週期的長遠歷史。

第二部分：分析戰後超級週期

第四章討論1949年到1968年超級週期的驅動因素。本章探討國際協議的影響力、經濟強勁成長的背景、科技革新、低實質利率，以及全球貿易、消費、信貸和人口的繁榮成長。

第五章探討1968年到1982年通貨膨脹且報酬率低的時

代，以及高利率、低成長、社會動盪與罷工、全球貿易崩盤、政府債務高築、企業利潤率降低的影響。

第六章描述所謂的「現代週期」（Modern Cycle），這個時期的特徵是「大溫和」（Great Moderation）、通貨膨脹趨緩、資本成本低，以及供給面改革的影響力。本章也會討論蘇聯解體對地緣政治風險的影響、全球化誕生、國際合作日益緊密，以及中國和印度迅速成長的結果。

第七章涵蓋2000年到2009年間的歷史，本章著重於新千禧年的第一個十年，探討這段時期的泡沫和紛擾──從科技泡沫的惡果開始，談到2008年的金融危機為止。

第八章研究主導2009年到2020年後金融危機週期的獨特情勢，以及零利率政策對市場報酬率的影響。

第九章討論新冠疫情的後果──尤其是全球疫情對政策的影響，以及經濟和市場報酬率從通貨緊縮過渡到再通膨（reflation）的情況。

第三部分：後現代週期

第十章講述後現代週期的出現，並解釋此時期資本成本提高、趨勢成長減緩、從全球化轉向區域化、勞動力成本和商品成本上漲、政府債務增加、基礎建設支出增加、人口老化，以及地緣政治日益緊張將帶來哪些影響。

第十一章討論科技和人工智慧如何塑造後現代週期的市場

報酬率。

　　第十二章聚焦於傳統產業，探討在去碳化與後現代週期基礎建設支出增加的情況下，有望創造出哪些契機。

　　最後，第十三章進行全書的回顧與總結。

致謝

　　在此感謝高盛集團（Goldman Sachs Group），尤其感謝首席經濟學家暨全球投資研究部門負責人簡恩・海齊斯（Jan Hatzius），感謝他們在本書撰稿期間給予的支持和鼓勵。本書不少內容反映出總體經濟研究部門團隊的貢獻；正是高盛全體同仁和研究部門團隊提供的想法、努力和支持，這本著作才得以問世。我也要感謝一起在股票策略部門共事二十多年的老同事——紐約的大衛・柯斯汀（David Kostin）和新加坡的提姆・莫（Tim Moe）。

　　我要特別感謝高盛的基歐姆・傑森（Guillaume Jaisson）對本書的重要貢獻與建議，謝謝他在撰書期間持續不斷的支持並鼎力相助。我也要感謝負責原稿編輯的羅瑞塔・桑尼克斯（Loretta Sunnucks），謝謝她在過程中提出睿智的良策與貢獻。要是沒有他們，我也無法完成這本書。我也要表揚並感謝團隊其他成員對本書的貢獻和意見回饋，謝謝馬庫斯・馮・謝勒（Marcus von Scheele）、前實習生帕西維・邦薩爾（Parthivi Bansal）和尼可拉・里奇（Nicola Ricci）的協助與準備圖表；謝謝莉莉亞・佩塔文（Lilia Peytavin）、切琪莉亞・馬里奧蒂（Cecilia Mariotti）、安琪亞・費拉里歐（Andrea Ferrario）和我

的助理羅倫‧哈欽森（Lauren Hutchinson）。我也要感謝負責封面設計的尼可拉‧多爾（Nicola Doll），也謝謝保羅‧史密斯（Paul Smith）、布萊恩‧莫羅尼（Brian Moroney）提供協助和建議。

　　我要特別表揚並深深感謝我的好同事克里斯欽‧摩勒格里斯曼（Christian Mueller-Glissmann）和雪倫‧貝爾（Sharon Bell），我跟他們兩位分別從2009年和1996年起共事至今，謝謝他們對本書的重大貢獻和寶貴建議。摩勒格里斯曼除了傾力協助我更加了解不同資產類別的市場，本書許多觀念架構也是從他而來。貝爾不僅是本書理念的重要推手，她也深深影響了我對市場的看法，並且也在過去三十年的合作中貢獻良多。我從她身上學到許多，也對她心懷感激。

　　我也要感謝閱讀原稿並提出改善建議的人們。我有幸能向歐盟前主席荷西‧曼努爾‧巴洛索（José Manuel Barroso）和英國軍情六處（MI6）前處長亞歷山大‧楊格爾（Alex Younger）爵士請益；兩位都提出了寶貴見解，說明地緣政治的影響以及如何在全球緊張局勢下權衡風險和機會。我由衷感激倫敦大學學院（University College London, UCL）的諾瑞娜‧赫茲（Noreena Hertz）教授，謝謝她的評論與看法，我也深深感謝滙豐銀行（HSBC）的前同事暨好友史蒂芬‧金（Stephen King），謝謝他提供詳細的意見回饋以及多年來的支持和引導。我也要感謝美國財政部（U. S. Secretary of the Treasury）前部長勞倫斯‧桑默斯（Lawrence Summers）的鼓勵，也謝謝倫敦商學院

（London Business School）的納拉洋・奈依克（Narayan Naik）教授、劍橋大學金融歷史中心（Centre for Financial History, University of Cambridge）的英國司令勳章（CBE）得主科非・艾傑彭・伯阿坦（Kofi Adjepong-Boateng）、英國央行貨幣政策委員會（Bank of England's Monetary Policy Committee）前委員蘇希爾・瓦德瓦尼（Sushil Wadhwani）博士提供寶貴建議。

　　最後，我要感謝老朋友安東尼・凱塞爾（Anthony Kessel）教授，謝謝他在大學時期耐心教我統計學！

　　我也深深感激傑瑪・維勒爾（Gemma Valler）、史黛西・瑞維拉（Stacey Rivera）、莎拉・路易斯（Sarah Lewis），以及約翰威立（John Wiley & Sons）出版團隊，感謝他們的幫助和鼓勵。

　　我想由衷感謝自從1985年展開職業生涯以來，所有教導我、幫助我、引導我的同事、客戶和朋友。雖然人數多到無法一一列舉，但是他們的支持對我而言意義非凡。最後，我要深深感謝激勵我的伴侶喬（Jo），謝謝她的智慧和引導，也謝謝我們的好孩子傑克（Jake）和米亞（Mia），謝謝他們如此獨一無二，而且勇敢地做自己。

第一章

介紹週期與長期趨勢

你能回首越遠，也就能向前看得更遠。

——溫斯頓·邱吉爾（Winston Churchill）

在《高盛首席分析師教你看懂進場的訊號》一書中，我聚焦於金融市場週期會反覆出現的趨勢。其中大多數的市場週期驅動因素源自景氣循環或其結果。週期相當重要，預測自己在週期的所處階段和接下來的發展也是投資人的關注焦點。不過，金融週期也同樣有助於預測經濟週期，正如克勞迪歐·波里歐（Claudio Borio）[1]所言：「重點是總體經濟學如果少了金融週期，那就好比《哈姆雷特》（*Hamlet*）沒有王子一樣。」[2]不論是過去這三十年來的環境，或是二戰之前的情況，若是不了解金融週期，就無法理解景氣波動及相關的政策挑戰。

雖然金融週期是經濟和市場一貫的特色，但這些週期通常也存在於更長期的趨勢或「超級週期」中，其中主導的驅動因素會產生強大的報酬模式，足以力壓景氣循環的短期影響。短週期固然重要，但是正確掌握更龐大的長期趨勢將能大幅提高投資人的長期報酬率。舉例來說，長期的低通膨可能會涵蓋幾次景氣循環；同樣地，即使一時受到短期衰退影響，經濟強勁成長期或停滯期仍會長期延續下去。這些長期趨勢通常都跟特定的市場情勢和機會息息相關。雖然大多數的投資人都會花費時間和資源，試圖理解週期接下來的發展或轉折點（inflection point）；但是長期的結構性發展和轉折點往往更重要，結果卻更容易被忽略。

1　國際清算銀行（Bank of International Settlements, BIS）貨幣與經濟部門負責人。

2　Borio, C. (2014). The financial cycle and macroeconomics: What have we learnt? *Journal of Banking & Finance*, **45**, pp. 182-198.

　　《高盛首席分析師教你看懂進場的訊號》上市期間正值新冠肺炎（Covid-19）大流行，那時英國剛展開首次封城。在新冠肺炎席捲全球之前，原本的共識是全球經濟將強勁成長。那時很少人將供應鏈或是通膨再現的隱憂當成嚴重威脅。地緣政治的緊張局勢導致歐洲爆發戰爭的想法似乎過於牽強。若是單獨分開來看，我們根本無法預測這些事件會發生。然而，社會、政治和政策發展匯聚的結果，就說明我們正處於某個重要轉折點的早期階段：許多形塑金融市場報酬形式與風格的驅動因素正在改變。

　　在本章緒論結束之後，本書主體分為三大部分。第一部分探討週期和結構趨勢之間的差異。第二部分介紹二戰後的超級週期歷史及其獨特的驅動因素。第三部分討論新興的超級週期及其潛在特徵。我稱這個新時代為「後現代週期」，因為它一面有可能具備二戰後週期的一部分傳統特徵（高波動和低報酬），但一面也有可能出現主導1980年代至今的現代週期要素，例如低波動和估值上漲等。

反覆出現的週期

　　至少在金融市場當中，週期有一項特徵相當耐人尋味：即使經濟、政治和政策環境迥然不同，週期似乎仍會重複出現。近期發表的一篇論文裡，作者安德魯・斐拉多（Andrew Filardo）、馬爾科・倫巴底（Marco Lombardi）和馬雷克・拉

茲可（Marek Raczko）指出過去一百二十年以來，美國經歷
了低通膨的黃金本位制（Gold Standard）時期，也度過了高通
膨、高波動的1970年代。在這段漫長的歷史當中，各國央行
的物價穩定措施也同樣出現變化，財政和監管政策也大不相
同。[3]

　　根據我們對物質科學和自然界的了解，週期無處不在。不
僅有天文週期、地理週期和氣候週期，也有生物週期和睡眠週
期。情況一再重演的現象不僅在大自然顯而易見，在人性和社
會當中也是如此；因此，經濟和金融市場亦如是。社會優先注
重的事項、政治、國際關係和經濟情勢之間的繁複交織，意味
著週期通常位於結構性趨勢造就的時代或延展時期，足以讓金
融市場走向完全不同的結果。

　　人們對於舉凡政治、社會態度、時尚和經濟等人造體
系的週期和趨勢，早已留意已久。[4]古希臘人對政治週期很
感興趣。柏拉圖（Plato）在《理想國》（*Republic*）談到**週**
期（κύκλο），並在第八卷和第九卷講述不同政府體制以及
體制之間的過渡。亞里斯多德（Aristotle）也在《政治學》

3　Filardo, A., Lombardi, M. and Raczko, M. (2019). Measuring financial cycle time. Bank of England Staff Working Paper No. 776.

4　經濟發展與繁榮會隨長期週期移動的理念也曾在十九世紀的馬克思主義文學出現過。當時的馬克思文學作品認為利潤波動是推動經濟週期的主要原因。詳見Basu, D. (2016). Long waves of capitalist development: An empirical investigation. University of Massachusetts Amherst, Department of Economics Working Paper No. 2016-15.

（*Politics*）第五卷[5]提到政府週期以及扭轉週期的步驟。波利比烏斯（Polybius, c. 200-c. 118 BC）提出一套政府**週期理論**（anacyclosis），[6]講述民主制、貴族制和君主制的生命週期，以及這些體制可能呈現的樣貌（暴民政治、寡頭政治和暴政專制）；西塞羅（Cicero）和馬基維利（Machiavelli）的著作也有提到這項概念。

羅馬人了解長期世代週期的重要性，將之稱為「saeculum」，通常指的是一個人的壽命長短，或是一場人口更新所需的時間。舉例來說，「saeculum」可能是以某次重大事件（例如戰爭）為始，直到所有經歷過此事件的人皆亡故為終。中國人發展出朝代的概念，一波又一波的更迭也主導了歷史：強大的領導者先建立帝國或王朝，但後來的統治者無力延續盛世，最終導致王朝衰亡。

社會和政治週期

雖然許多因素會影響金融市場週期，但利率和成長等總體經濟因素是不可或缺的關鍵。除此之外，金融報酬的長期趨勢也會受到社會和政治週期的影響，而這些週期帶來的重大結構性變化會影響到景氣循環和金融市場報酬率。

5　Aristotle (1944). *Aristotle in 23 Volumes*, Book V, section 1311b, translated by H. Rackham. London: Heinemann (Cambridge, MA: Harvard University Press).

6　譯註：anacyclosis是波利比烏斯對政治演變提出的週期理論。

關於社會、經濟和政治體系的多元影響以及這些因素如何相互作用，人們對這些事的興趣也隨著時間層層遞進。在啟蒙運動期間，學者著重於研究他們眼中的「自然秩序」（natural order），並發展出一套論述文化演化和社會發展階段的類別。到了十九世紀，查爾斯・達爾文（Charles Darwin）在《物種起源》（*On the Origin of Species*, 1859）提出的演化論大大影響了人們對文化演化和社會演進的看法。社會演化論因此浮上檯面，該理論將社會視為有機體，這樣的生物類推論（biological analogy）變成一種了解發展的方法，廣受人類學家和社會學家推崇。

到了這個時期，社會學的社會週期理論挑戰了社會恆定發展的單向世界觀，而社會發展具有週期的現象開始受到人們重視。依照週期理論的觀點，社會發展反映出某些情況通常會在週期中反覆出現。人類學也提出了多元文化演化理論。根據這些理論，人類文化和社會能隨時順應環境演進，政治週期和經濟環境也是如此。弗藍茨・波阿斯（Franz Boas）、艾弗雷德・克羅貝爾（Alfred Kroeber）、露絲・班尼迪克（Ruth Benedict）和瑪格麗特・米德（Margaret Mead）等人類學家不再著重討論文化的普世性，而是專注理解不同社會的文化歷程。從更加多元的角度來看，社會發展是承先啟後的成果，也會隨著時間改變。因此，如果相似的條件主導了局面，週期就會重複出現，正如經濟或金融市場也是如此。舉例來說，即使是在大不相同的時空背景之下，經濟壓力時期仍往往與社會動

盪和政治變動有關。

在二十世紀，歷史學家對週期越來越有興趣。奧斯瓦德・斯賓格勒（Oswald Spengler, 1880-1936）在《西方的衰落》（*The Decline of the West*, 1918-1922）一書運用生物學的類比角度，認為每個文明都會經過從誕生走向衰落／消亡的生命週期，時間大約長達一千年。英國歷史學家、經濟學家暨社會改革家阿諾德・約瑟・湯恩比（Arnold J. Toynbee）也提出了相似的結論，他在1934年出版了十二卷《歷史研究》（*A Study of History*）的第一卷，並在書中認可了週期理論。

政治長週期理論（Long Cycle Theory）的研究權威喬治・摩德爾斯基（George Modelski）在《世界政治的長週期》（*Long Cycles in World Politics*, 1987；暫譯）[7]一書描述經濟週期、戰爭週期與全球領袖的政治層面之間的關聯。他的研究指明從十六世紀起，政治已歷經了五個長週期，這些週期也與尼古拉・康德拉捷夫（Nikolai Kondratieff, 1892-1938）週期理論中所描述的經濟週期稍有關聯。這些漫長的政治週期圍繞著霸

7　政治領域也有相似的概念。斯勒辛格（Schlesinger）針對美國政治的研究提出「自由—保守」的週期變化，反映出某種「自生」（self-generating）驅力會一再重複。亨廷頓（Huntington）的研究則指出，定期出現的「信念熱忱」（creedal passions）會推動政治過程及政策方針轉變。政治的成功與經濟、社會週期之間密不可分。一般來說，某種類型的政黨會在特定情況下執政，但是只要局勢一變，執政黨也會輪替。政黨上台執政有可能與經濟繁榮有關，也有可能與經濟衰退有關。這些政黨的成功通常反映出更廣泛的經濟和社會變遷。詳見Rose, R. and Urwin, D. W. (1970). Persistence and change in Western party systems since 1945. *Political Studies*, **18**(3), pp. 287-319.

權統治時期展開。十六世紀的葡萄牙出現了第一個週期,接著是十七世紀的荷蘭,再來是英國(先是十八世紀出現一個週期,後來到了十九世紀週期再現),而美國則在二戰之後接力展開另一輪週期。[8]由於上述的長週期影響了經濟活動,因此對金融市場也帶來影響。但是我得說這些研究絕大部分是以歐洲為主或是以「西方為本」(Western-based),並未考量世界其他區域的重大發展時期。舉例來說,長達6,400公里的貿易路線「絲路」,從西元前二世紀到十五世紀之間不僅促進經濟成長,也強化了文化和宗教的交流,但早期歷史的週期分析卻往往沒有提到絲路,同樣地,七世紀的阿拉伯穆斯林以及十三世紀的蒙古人的影響力也被人忽略。

　　國際間的權力競爭也會造就週期(或長期趨勢),地緣政治和外交政策方針改變也會對其有所影響。老亞瑟・梅爾・斯勒辛格(Arthur M. Schlesinger, Sr.)與小亞瑟・梅爾・斯勒辛格(Arthur M. Schlesinger, Jr.)根據美國的歷史脈絡,在循環理論(Cycle Theory)中主張美國會在兩個時期之間變換,一個是自由風氣與民主抬頭時期,社會重視問題與解決之道,另一個則是保守主義領銜時期,更看重個人權利;每個階段最終都會走向另一個階段。[9]他們指出自由階段會導致行動主義精

8　Thompson, K. W., Modelski, G. and Thompson, W. R. (1990). Long cycles in world politics. *The American Historical Review*, **95**(2), pp. 456-457.

9　Schlesinger, A. M. (1999). *The Cycles of American History*. Boston, MA: Houghton Mifflin.

疲力竭，而保守階段在問題長久懸而未決之後，便會迎來自由階段。克林伯格（Klingberg）也提到外交政策領域的週期會在「外向」時期（美國影響力擴張）與「內向」時期（政策傾向孤立主義）之間轉換。克林伯格在1952年發表的論文中提到了四個「內向」時期（平均為二十一年）和三個「外向」時期（平均為二十七年）。[10]

　　正如社會態度會影響並反映出經濟情勢，社會中的文化表達也是如此。奧斯卡・王爾德（Oscar Wilde）曾發表一段名言：「生活模仿藝術的程度遠比藝術模仿生活更多。」有一些證據指出，藝術運動所傳達的社會態度也會反映並時常引導政治和經濟發展。[11]舉例來說，哈洛德・祖羅（Harold Zullow, 1991）研究了1955年到1989年排名前四十的美國流行歌曲歌詞，尋找「不良事件反思」和「悲觀詮釋風格」的證據。祖羅也研究了同個時期的《時代》（Time）雜誌的封面故事，尋找類似跡象；結果他發現，流行音樂與日俱增的悲觀反思提前預測了媒體對全球時事的觀點變化，時間大約提早了一到兩年。他也（透過調查）指出流行音樂與消費者樂觀主義之間存在合理的統計關聯，消費支出模式與經濟成長〔國民生產毛額（GNP）〕之間也是如此。流行歌曲與新聞雜誌中的悲觀反思通

10　Klingberg, F. J. (1952). The historical alternation of moods in American foreign policy. *World Politics*, **4**(2), pp. 239-273.

11　Wilde, O. (1889). *The Decay of Lying: A Dialogue*. London: Kegan Paul, Trench & Co.

常會削弱消費者的樂觀主義並降低開銷，進而預測經濟衰退。[12]

景氣循環

關於經濟週期及其對金融市場與物價的影響，世人對此的關注主要起始於十九世紀。基欽週期（Kitchin cycle）由商品和存貨所驅動，週期長度為四十個月；朱格拉週期（Juglar cycle）的用途是預測資本投資，週期長度為七到十一年；顧志耐週期（Kuznets cycle）則是預測所得，週期長度為十五年到二十五年。康德拉捷夫在1920年代提出開創性的週期理論，他的研究著重於美國、英國、法國和德國從1790年到1920年的經濟表現。康德拉捷夫指出，持續五、六十年的長期成長週期會反映工業生產、商品物價和利率，而且這些項目會受到科技週期驅動。

在經濟大蕭條（Great Depression）過後，人們對週期和趨勢更感興趣。就在約翰·梅納德·凱因斯（John Maynard Keynes）出版《就業、利息和貨幣的一般理論》（*The General Theory of Employment, Interest, and Money*, 1936）不久之後，約瑟夫·熊彼得（Joseph Schumpeter）在《景氣循環論》（*Business Cycles*, 1939）一書提出了他的理論。然而，凱因斯將焦點擺在政府政

---

12 Zullow, H. M. (1991). Pessimistic ruminations in popular songs and news magazines predict economic recession via decreased consumer optimism and spending. *Journal of Economic Psychology*, **12**(3), pp. 501-526.

策，而熊彼得則看重公司和企業家的影響力。熊彼得認為，長達五十年的康德拉捷夫週期是由多個重疊的短週期組成，其中包含三年左右的基欽週期和大約九年的朱格拉週期。他認為，漫長的康德拉捷夫週期是創造性破壞（creative destruction）的結果；在創造性破壞的過程中，新興科技會推動投資和經濟成長，而老舊科技逐漸式微。科技革新會帶來成長與繁榮時期，但等到各個經濟領域廣泛應用這些科技之後，經濟便會進入停滯階段。

熊彼得一共指出三個康德拉捷夫長週期。第一個週期從1780年代到1842年，與英國第一次工業革命有關。第二個週期從1842年到1897年，受到鐵路革新驅動；此週期是工業國家運用蒸汽船和鐵路等新科技，進而從鋼鐵、煤炭和紡織品等機會當中獲利的結果。第三個週期從1898年到1930年代，受到電氣化驅動；此週期與電力、化學和汽車工業的發展及商業化有關，但截至熊彼得著書時間為止，他認為這些領域仍尚未成熟。

這種方法將週期劃分為長期階段或*趨勢*，顯示經濟和金融市場雖可能有短期波動，但也會有長期*趨勢*，受到重大革新以及社會態度、政治和地緣政治的發展驅動。

金融市場的超級週期

以金融市場來說，短週期和長期趨勢的方向反映出經濟、

政治、地緣政治和社會的發展。歐文・費雪（Irving Fisher, 1933）[13]和凱因斯（Keynes, 1936）[14]研究了實體經濟（real economy）與金融產業在經濟大蕭條時期的互動。亞瑟・伯恩斯（Arthur F. Burns）和威斯利・米契爾（Wesley Mitchell）[15]於1946年提出景氣循環的證據，但後世的學者主張金融週期是景氣循環的一部分，而且金融情勢和私部門的資產負債表健康不僅是觸發週期的要素，也可能是放大週期的因素。[16]其他研究指明，全球的流動性波動會與國內金融週期相互影響，因而在某些情況下引發過頭的金融情勢。[17]

　　更近期的研究指出，經濟的閒置程度〔或產出缺口（output gap），意即實際經濟產出與潛在產出之間的差額〕有一部分可用金融因素解釋，畢竟金融因素是解釋經濟產出波動與潛在成長的關鍵；因此，這也暗示了金融週期與經濟週期之間具有緊密關聯和回饋循環（feedback loop）。[18]然而，針對長

13　Fisher, I. (1933). The debt-deflation theory of great depressions. *Econometrica*, **1**(4), pp. 337-357.

14　Keynes, J. M. (1936). *The General Theory of Employment, Interest, and Money*. London: Palgrave Macmillan.

15　Shaw, E. S. (1947). Burns and Mitchell on business cycles. *Journal of Political Economy*, **55**(4), pp. 281-298.

16　Eckstein, O. and Sinai, A. (1986). The mechanisms of the business cycle in the postwar era. In R. J. Gordon (ed.), *The American Business Cycle: Continuity and Change*. Chicago, IL: University of Chicago Press, pp. 39-122.

17　Bruno, V. and Shin, H. S. (2015). Cross-border banking and global liquidity. *Review of Economic Studies*, **82**(2), pp. 535-564.

18　Borio, C., Disyatat, P. and Juselius, M. (2013). Rethinking potential output:

週期（或體制）進行廣泛分析的研究顯示，這些週期也會受到許多因素影響。政治週期、社會態度與優先事項的變化、人口結構、科技和地緣政治都會影響彼此。這些驅動因素複雜的交互作用，再加上不斷演變的社會態度，往往影響了經濟和長期的金融報酬率，而且有助於解釋市場的長期結構趨勢（或超級週期）。

　　當然，這就點出了一個重要問題：金融市場的報酬率是否能預測？根據效率市場假說（efficient market hypothesis），市值能隨時反映出某支股票或市場的所有資訊；市場能有效定價，所以除非有什麼變化，不然市場都可以正確定價。[19]因此，金融市場報酬率即使受到長期經濟和政治趨勢的驅動或影響，這些趨勢也無法預期；因為要是能預測的話，早就會反映在價格上了。此外，諾貝爾經濟學獎得主羅伯特・席勒（Robert Shiller）等人指出，雖然股價在短期之內可能會劇烈震盪，但估值或本益比（price/earnings ratio）所提供的資訊多少都能讓人預測股票的長期走勢，這說明估值至少能引導大家判斷未來的報酬率。[20]

Embedding information about the financial cycle. BIS Working Paper No. 404.

19　Fama, E. F. (1970), Efficient capital markets: A review of theory and empirical work. *The Journal of Finance*, **25**(2), pp. 383-417.

20　Shiller, R. J. (1981). Do stock prices move too much to be justified by subsequent changes in dividends? *The American Economic Review*, **71**(3), pp. 421-436.

心理學和金融市場的超級週期

　　除了金融週期與經濟週期之間的關係（例如債券會受通膨預期影響，而股票受GDP成長影響）之外，還有一些人類的行為模式不僅會反映出預期的經濟情勢，有時甚至還會放大這些情勢。對此，投資人對於經濟和基本面的了解相當重要。越來越多的學術研究顯示，風險胃納（risk appetite）一直以來都是支持性政策（如低利率）影響週期的關鍵。[21]承擔風險的意願和過度謹慎時期（通常發生在報酬率低迷時期之後）通常會放大經濟基本面對金融市場的影響，並帶來週期和重複出現的模式。經濟預測模型無法理解或考量到人類的情緒，尤其在極度樂觀或悲觀時期更是如此；但這項弱點已經不是新發現了。查爾斯‧麥凱（Charles Mackay）在1841年出版的《異常流行幻象與群眾瘋狂》（*Extraordinary Popular Delusions and the Madness of Crowds*）一書中主張：「人們……的思考會隨波逐流，我們看到群眾會集體發瘋，卻只能一個個地慢慢恢復理智。」[22]

　　「人可以維持理性並有效運用資訊」這個觀念在經濟領域並不通用。凱因斯認為，金融市場不穩定是心理力量所致；而

21　Borio, C. (2013). On time, stocks and flows: Understanding the global macroeconomic challenges. *National Institute Economic Review*, **225**(1), pp. 3-13.

22　Mackay, C. (1852). *Extraordinary Popular Delusions and the Madness of Crowds*, 2nd ed. London: Office of the National Illustrated Library.

且在時局不穩時，這種心理力量可能會主導局面。根據凱因斯的說法，樂觀與悲觀情緒波動會影響市場，動物的本能會驅使人類冒險。馬文·明斯基（Marvin Minsky, 1975）等經濟學家也分析了這些效應。[23]

　　席勒在《非理性繁榮》（*Irrational Exuberance*, 2000）一書[24]中也同樣關注了群體濡染（crowd contagion）效應；若搭配強而有力的敘事，該效應就會更加顯著。長期下來，倘若樂觀情緒持續堆疊，心理和群體行為受影響的程度就會更明顯，最後通常會導致泡沫化（而且必定破滅）。席勒描述泡沫是「價格上揚的消息激起投資人的熱忱，這種熱忱會傳染給其他人，並且放大了證實價格上揚有理的故事，於是吸引了更多投資人參與。即使後者對投資的真實價值抱有疑慮，他們依然受此吸引；一部分是因為他們羨慕旁人的成功，另一部分則是博弈的刺激感」。綜觀歷史，群眾行為和社會影響在市場週期中無所不在。在1840年代的英國鐵路熱潮（British Railway Mania），許多名人和政治家成為了投資人。除了勃朗特三姐妹（Brontë sisters）[25]之外，約翰·斯圖雅特·彌爾（John Stuart Mill）、達爾文和班傑明·迪斯雷利（Benjamin Disraeli）等知

23　Minsky, H. P. (1975). *John Maynard Keynes*. New York: Columbia University Press.

24　Shiller, R. J. (2000). *Irrational Exuberance*. Princeton, NJ: Princeton University Press.

25　譯註：勃朗特三姊妹均為英國知名文學家，代表作有《簡愛》（*Jane Eyre*）、《咆哮山莊》（*Wuthering Heights*）等。

名思想家和政治家也位列其中，[26]而且還不只如此——英王喬治一世（King George I）和以撒‧牛頓（Sir Isaac Newton）都是南海泡沫事件（South Sea Bubble）[27]的投資人。據說牛頓在市場崩盤時甚至損失了2萬英鎊（大約等於現在的300萬英鎊）。[28]

　　查爾斯‧金德伯格（Charles P. Kindleberger）在週期的研究中也提到「人性」很難預測。他認為市場容易產生從眾效應；明明這麼做並不理性，但投資人仍會一窩蜂地買入資產，最終形成了金融泡沫。[29]他和其他經濟學家也進一步強化這個觀念，認為心理和社會行為一面會造成情緒感染，狂熱之情在繁榮時期蔓延群眾；但另一面也會推動悲觀情緒和極端的風險趨避（risk aversion）措施，足以引發並加劇經濟衰退。[30]

　　即使是在非泡沫時期，或是深陷危機之際，個人的行為也不完全（像傳統經濟理論所假設的那樣）理性又好預

26　Odlyzko, A. (2010). Collective hallucinations and inefficient markets: The British Railway Mania of the 1840s. Available at SSRN: https://ssrn.com/abstract=1537338 or http://dx.doi.org/10.2139/ssrn.1537338.

27　譯註：1720年的南海泡沫事件由英國南海公司（South Sea Company）股價崩跌所致。

28　Evans, R. (2014, May 23). How (not) to invest like Sir Isaac Newton. *The Telegraph*.

29　Kindleberger, C. P. (1996). *Manias, Panics and Crashes*, 3rd ed. New York: Basic Books.

30　Baddeley, M. (2010). Herding, social influence and economic decision-making: Socio-psychological and neuroscientific analyses. *Philosophical Transactions of the Royal Society, Series B*, **365**, pp. 281-290.

測。正如知名經濟學家暨心理學家喬治・羅文斯坦（George Loewenstein）所言：「心理學家認為人會犯錯，甚至有時會自我毀滅；經濟學家則認為人會有效地將自身利益最大化，他們只會在不夠了解行動的後果時犯錯。」理解人類處理資訊、應對風險和機會，可以幫助我們說明金融市場為何有週期。[31]

市場來到轉捩點時，情緒的短期變化足以為金融市場帶來深遠影響，不過這些變化通常會持續很長一段時間，而且會被政府的政策影響。

產業和經濟因素（例如通膨和資本成本）的結構性變化會隨著時間改變變數之間的關係，而這些結構性變化會形成下一個週期（第十章會討論）情勢的主要驅動因素。舉例來說，在高通膨和高利率時期，股市週期的行為和表現可能會與低通膨和低利率時期大不相同，企業、投資人和決策者習得過去經驗之後，面對某些衝擊的應對方法可能會隨時間改變。

舉例來說，1970年代長期高賦稅和經濟不確定的環境導致風險容忍度（risk tolerance）低，但是1980年代中期到1990年代的情況則恰恰相反。我會在第五章和第六章詳談這些時期。至於全球金融危機（Global Financial Crisis, GFC）之後的時期，則是明顯受到投資人從危機學到的經驗及其催生的極端因應政策影響。經歷過經濟大蕭條的世代又稱為「沉默世代」（silent generation），他們通常比二戰之後的嬰兒潮世代更謹

---

31 Loewenstein, G., Scott, R. and Cohen, J. D. (2008). Neuroeconomics. *Annual Review of Psychology*, **59**, pp. 647-672.

慎。同樣地，經歷過1980年代末日本經濟泡沫的投資人也花
了很長一段時間揮別通貨緊縮的陰霾。截至撰稿時間為止，日
本股市仍比1989年的歷史高點低了大約20%。

　　丹尼爾・卡尼曼（Daniel Kahneman）和阿莫斯・特莫斯
基（Amos Tversky）於1979年首次提出展望理論（prospect
theory），並在1992年進一步發展該論理。這項理論深刻影響
了社會科學對人類心理的了解，敘述投資人面對選擇涉及機率
時的行為。他們認為，人會依照當前的處境預期虧損或獲利，
進而做出決策。因此，若是面對得失機率各半的選擇，絕大多
數的投資人會選擇保護手上的財富，而不願冒險致富。[32]然而，
在市場大漲和「錯失恐懼」（fear of missing out, FOMO）主導
行為的極端情況下，「保護現有財富也不為將來收益鋌而走
險」的傾向似乎會消失不見。我們可以在2000年的科技泡沫
或2008年全球金融危機爆發前夕觀察到這個跡象。

　　由於全球金融危機及其引發的經濟衰退令人始料未及，世
人越來越重視金融市場的行為驅動因素。金融危機過後，海
曼・明斯基（Hyman P. Minsky, 1975, 1986, 1992）針對金融不
穩定性的研究引發更多關注。[33]他的金融不穩定假說是依據「經

32　Kahneman, D. and Tversky, A. (1979). Prospect theory: An analysis of decision under risk. *Econometrica*, **47**(2), pp. 263-292.

33　Minsky, H. P. (1975). *John Maynard Keynes*. New York: Columbia University Press. Minsky. H. P. (1986). *Stabilizing an Unstable Economy: A Twentieth Century Fund Report*. New Haven, CT: Yale University Press. Minsky, H. P. (1992). The Financial Instability Hypothesis. Jerome Levy Economics Institute Working Paper

濟會引發泡沫和崩盤」的觀點。由於經濟穩定時期會鼓勵投資人承擔更多風險，進而埋下了泡沫化的種子，這種風險最終導致泡沫化，引發金融不穩定和恐慌情緒。明斯基認為「穩定會導致不穩」，舉例來說，1998年亞洲金融危機爆發之後，大砍利率的因應政策促成了科技泡沫的形成條件，我會在第六章詳談這件事。更近期的例子雖然情況不太一樣，但在新冠疫情時期，龐大的貨幣和財政援助也引發了2020年和2021年科技股的泡沫化。

自從全球金融危機爆發之後，世人對於行為詮釋和市場心理學的興趣與日俱增，這不僅幫助我們更加了解金融週期的來龍去脈，也能明白金融週期如何讓驅動週期的經濟和金融變數更進一步發展。諾貝爾獎得主喬治・阿克洛夫（George A. Akerlof）和席勒曾寫道：「危機在過去無法預見，現在也未能了解透澈的原因是：傳統經濟理論沒有一套原則講述動物本能。」[34]比起預測天氣等物理體系，人類行為的影響力及其處理資訊的方式會讓市場預測更加複雜。

經濟和金融市場有明顯的回饋循環，換句話說就是喬治・索羅斯（George Soros）提出的「反身性理論」（reflexivity）。反身性的概念雖源自社會科學，但是在金融市場當中也顯而易

No. 74. Available at SSRN: https://ssrn.com/abstract=161024 or http://dx.doi.org/10.2139/ssrn.161024.

34 Akerlof, G. A. and Shiller, R. J. (2010). *Animal Spirits: How Human Psychology Drives the Economy, and Why it Matters for Global Capitalism.* Princeton, NJ: Princeton University Press.

見。[35]舉例來說，股市因預期經濟衰退而下跌，結果可能會讓企業信心崩盤，進而改變公司的投資決策，導致經濟衰退的風險更高。想當然，市場走跌也會提高資本成本，降低未來成長動能，因此形成某種週期。

另一個複雜因素是：即使情況相似，一個人面對訊號（例如利率變化）的反應可能會隨著時間改變。在最近的一項研究裡，烏爾立克·馬爾門迪爾（Ulrike Malmendier）和斯特凡·內格爾（Stefan Nagel）（Malmendier & Nagel, 2016）認為投資人評估期望時，會過度看重自身經驗。[36]舉例來說，大家對通膨的看法會根據自己習慣的情勢而有所不同；因此，比起仰賴長期的歷史脈絡做決定，前者可能更容易影響你們對未來的決策。這或許能解釋為什麼不同年齡層的通膨預期不一樣。比起大家理性面對某一政策或事件，因應方法整齊劃一且容易預測，投資人更有可能根據自身的經驗和心理而採取不同行動（Filardo et al., 2019）。

神經經濟學是一個相對新穎的領域，但它能為人們不同的反應提出進一步的證據。神經經濟學探討大腦如何做決策，並解釋人們會如何面對有風險的選項。喬治·洛溫斯坦（George Lowenstein）、史考特·力克（Scott Rick）和強納森·科恩

35　Soros, G. (2014). Fallibility, reflexivity, and the human uncertainty principle. *Journal of Economic Methodology*, **20**(4), pp. 309-329.

36　Malmendier, U. and Nagel, S. (2016). Learning from inflation experiences. *The Quarterly Journal of Economics*, **131**(1), pp. 53-87.

（Jonathan D. Cohen）等學者主張人們面對風險會有兩種反應：冷靜沉著跟意氣用事。他們認為，就算新風險發生的機率很低，我們仍會對此反應過度；然而，即使已知風險發生的機率可能更高，我們反而缺乏警覺。舉例來說，即使新的熊市不至於出現，但股市大跌可能會讓人們小心翼翼地投資，這是因為他們正面臨一種新風險。然而，即使市場頻頻警告估值過高，投資人卻有可能在市場高點欣然購買股票，就因為他們看到近期股價上漲，所以更有信心承擔風險。

　　不論是投資人在全球金融危機爆發前後的行為變化，或是歷史上無數次的興衰，似乎都與上述的觀察不謀而合。金融市場的報酬率持續上漲不僅會激發樂觀情緒，也會讓人更加相信這股漲勢會持續下去；所需的風險溢酬（risk premium）降低之後，投資人趨之若鶩地進入市場，一心認定風險很低，未來的報酬率會繼續跟過去一樣豐厚。相反地，在金融危機過後，損失慘重的陰影會導致所需的風險溢酬（投資人得承擔風險的預期報酬率）升高。因此，與全球金融危機爆發前相比，企業和市場在危機過後面對利率大砍的反應變得不太一樣。人們經歷了金融危機及隨後的衰退之後，變得比以前更加謹慎應對。這類情緒和信心的擺盪雖有一部分受到近期事件影響，但也驅動了金融市場的週期發展。

　　正如近期一項研究指出，「越來越多證據證實了心理會大大影響經濟發展。研究結果指明經濟會高度受到人類心理驅動，這也與凱因斯（Keynes, 1936）以及阿克洛夫和席勒

（Akerlof & Shiller, 2009）的預測不謀而合」。[37] 公共政策也重新重視人類心理，以了解人們做決策的反應和行為。2008年，理查‧塞勒（Richard H. Thaler）和凱斯‧桑思坦（Cass R. Sunstein）出版了《推出你的影響力：每個人都可以影響別人、改善決策，做人生的選擇設計師》（*Nudge: Improving Decisions about Health, Wealth, and Happiness*）一書，專門探討行為經濟學。這本書後來成為暢銷書，對政策的影響層面相當廣泛。塞勒在該領域的研究也讓他在2017年獲得諾貝爾經濟學獎。

　　因此，雖然過去幾十年來，政治、經濟和社會都改變了不少，但經濟和金融市場依然有某些模式反覆出現。此外，長期報酬率的重要驅動因素也會決定投資人所處的環境類別，例如：估值上漲（或下跌）期、利潤成長期，或是股票風險溢酬（equity risk premium, ERP）升高（或降低）時期是否驅動了市場發展。

　　接下來，我會在第一部分討論週期與結構趨勢的異同。

---

37 Dhaoui, A., Bourouis, S. and Boyacioglu, M. A. (2013). The impact of investor psychology on stock markets: Evidence from France. *Journal of Academic Research in Economics*, **5**(1), pp. 35-59.

第一部分

結構趨勢與市場超級週期

第二章

股市週期及其驅動因素

在商界，人心在樂觀與悲觀的謬誤之間搖擺不定。

——亞瑟・塞西爾・皮古（Arthur Cecil Pigou）

綜觀金融市場的歷史，短週期和長期的超級週期（或長期趨勢）已成既定模式，而短週期會在超級週期當中不斷演進。雖然股票報酬率組合會長期受到主流的總體經濟條件影響（尤其是經濟成長和利率之間的平衡），但絕大多數的股市多少都會跟隨景氣循環的相關週期發展。由於股市的走勢是依據對未來基本面的預期，預期的經濟成長和通膨展望通常會反映在目前的股價上。這樣的市場走勢也會影響估值，舉例來說，如果投資人開始預期未來利潤將從衰退中反彈，那麼股市的估值就會在情況真正改善之前先行上漲。

一個投資週期通常會包含熊市（股價下跌期）和牛市（股價齊揚或是報酬率相對穩定的時期）。話雖如此，世上沒有一模一樣的週期，就連長期的超級週期也是如此。有些週期會比其他週期更長，有些週期可能中途就被某個衝擊或事件影響，於是指數回到轉折點，因而無法構成完整週期。然而，我們至少可以透過歷史稍微了解「平均」週期的樣貌和演進過程。

從1970年代初的數據來看，雖然週期的強度和持續時間各不相同，某些週期似乎會一再出現，但每次登場時略有不同。過去五十年來，大多數的週期通常可以分為四個明確的階段，每個階段均由特定因素驅動。多數週期也會在更長的超級週期或結構趨勢中演進。

股市週期四階段

　　週期的階段劃分已簡化如圖表2.1所示。雖然這是理想的版本，但它仍反映出市場會跟著週期移動的傾向；本圖表也說明各階段反映出實際利潤成長或是未來利潤的成長預期會如何驅動指數價格。我們也可以透過估值的變化（例如本益比）來衡量未來利潤的成長幅度；投資人預期未來利潤會成長時，本益比會上升；但投資人若預期成長疲弱，本益比就會下滑。

1. 絕望階段

　　這段時期又稱為熊市，市場會從高峰跌到谷底。這種市場修正主要是估值下滑（本益比收縮）所致，因為市場預期總體經濟環境惡化，而收益將因此減少，故而對此做出反應。但通

圖表2.1　股市週期的四個階段

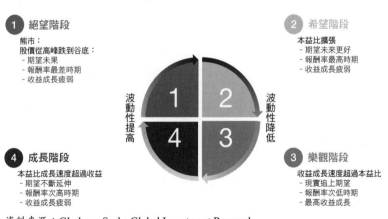

資料來源：Glodman Sachs Global Investment Research

常在這個時候，經濟尚未陷入衰退，收益也未下跌。

2. 希望階段

這個時期通常比較短，市場會從谷底的估值（本益比擴張）反彈。這個時期的特徵是世人預期經濟週期即將觸底，未來利潤成長可期，估值乘數（valuation multiples）因而提高。本益比達到高峰（面對未來成長抱持最正面的態度）時，希望階段通常也會來到尾聲。對於投資人而言，這個階段非常重要，因為此時往往可以實現週期最高報酬率。然而，希望階段卻常常在總體經濟數據和私部門獲利一片慘淡時悄然來臨。最重要的驅動因素非「預期」莫屬：雖然這個階段通常會跟疲弱的經濟數據一起報到，但真正的起點是從經濟數據的二階導數（second derivative）（變化率）好轉時開始。因此，在經濟疲軟且股市下跌之後，若出現第一個徵兆顯示經濟不再繼續惡化，這時通常就是股市進場的最佳時機。

3. 成長階段

此時期通常持續最久（美國的平均是四十五個月），此時收益成長會推升報酬率。

4. 樂觀階段

這是週期的最終階段，此時投資人變得越來越有自信，甚至自鳴得意。這段期間，估值會再度上升，超過收益成長，因

而奠定了下一次市場修正的根基。該時期的典型特徵是「錯失恐懼」──比起害怕虧損，投資人更怕少賺一筆。一般來說，這段時期情緒和心理的影響力跟實際基本面一樣重要，而且股市估值通常都會上升，因為投資人越來越有信心。

四個階段的驅動因素

這個架構顯示了在週期當中，收益成長與價格表現之間關係的變化有跡可循。雖然收益成長是長期推動股市表現的動力，但大部分的收益成長並不會在實際發生時獲利，而是投資人在「希望」階段正確預期，或是在「樂觀」階段對於未來成長潛力過度樂觀的情況下實現獲利。

圖表2.2顯示了美國自1973年至今的數據，並指出每個階段的平均時間、平均價格報酬率，以及報酬率在本益比擴張和收益成長之間的分布情況。雖然大部分收益成長落在成長階段，但是價格報酬率卻主要在希望階段和樂觀階段實現。

這些階段與經濟之間的關聯顯而易見。如此一來，我們就能更精確地解釋這些時期，並有助於察覺何時移動到下一個階段。在絕望階段和希望階段，由於產出落後潛能，GDP或經濟活動往往會緊縮。經濟會在希望階段的中後期觸底。到了成長階段，經濟活動往往會擴張，至終產出成長會超過潛在成長。

我們可以從以下簡易架構看出投資人在各階段要求的預期報酬率：

圖表2.2　美國股市在不同階段的報酬率分析：本圖表呈現1973年至今的標普500指數（S&P 500）週期平均（年化）累積名目報酬率

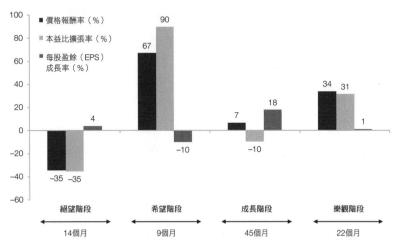

資料來源：Glodman Sachs Global Investment Research

- **在絕望階段**：投資人日益擔憂未來的報酬率前景，因此對於持股的預期報酬率要求越來越高。在波動性上升、閒置產能（通常稱為產出缺口）[1]增加，以及經濟在此階段開始衰退的情況下，投資人往往會出現這樣的反應。這就導致股票估值（本益比）下滑與市場走跌，並且股票風險溢酬增加。根據1973年至今的數據，絕望階段在美國平均持續十四個月。雖然此階段的收益依然（緩慢）成長，但股價重挫，平均跌幅超過30%，估值的緊縮幅度也大致是如此。

1　產出缺口指的是經濟實際產出與潛在產出之間的差額。

- **在希望階段**：由於數據顯示經濟惡化速度放緩（景氣依然低迷，但不再惡化），投資人開始預期衰退或危機已來到尾聲，這種可見性限制了潛在的下方風險（downside risk）。投資人逐漸接受較低的未來預期報酬（以及更高估值），以面對較低的極端風險（tail risk，又稱尾部風險或尾端風險）；股票風險溢酬降低，「錯失恐懼」的念頭刺激著投資人的情緒，估值因此上升。這個階段的政策通常會選擇調降利率，也會開始鼓勵投資人期望未來景氣復甦。雖然波動性還是很高，但隨著經濟活動數據逐漸穩定下來（即使速度很緩慢），波動性通常到了希望階段的尾聲就會下降。如圖表2.2所示，投資人在這個階段基本上已經預付了成長階段的預期反彈收益，估值也隨之提高。希望階段雖然通常是所有階段裡時間最短的（平均大約十個月），但是年化報酬率卻是最高的，平均報酬率約為50%（年化報酬率約70%），估值擴張約70%（年化擴張率約90%）。

- **到了成長階段初期**：投資人已經在希望階段先為預期的未來收益投入資金，但收益成長尚未實現。雖然產出缺口和失業率通常會在希望階段的某一刻達到高峰，但是在成長階段初期，產出缺口依然相當高，因此投資人往往會停下腳步，抱持「觀望」態度懷疑長期成長的前景。因此，隨著收益成長速度超過報酬率且波動性降低，未來預期報酬率得以在成長階段重建。平均而

言，這個階段在美國大約會持續將近四年（四十五個月），每年產生的報酬率介於個位數的中段（mid-single-digit），每年的收益成長率約為20%。因此，本益比在這段時期大約會收縮10%。

- **最後到了樂觀階段**：層層堆疊的股價高到吸引了更多害怕錯失機會的投資人；報酬率已經超過收益，未來的預期報酬率因此下滑。隨著本階段進入尾聲，波動性再度升高，高報酬率的持久程度受到市場考驗。這個階段平均維持二十一個月，並再次迎來股價強勁升值，年化成長率約為30%；然而，此時的利潤卻停滯不前，股價抬升全憑估值擴張。

　　總而言之，實際的收益成長和股價報酬率之間並非亦步亦趨，這點令人相當訝異。綜觀整個週期，幾乎百分之百的收益成長都是落在成長階段，但是卻鮮少反映在股價上。然而，在整個週期當中，股價表現最強勁的是希望階段，但此時利潤卻持續下滑。這就突顯出投資人在估值低的時候，往往會掏錢投資未來的預期成長。樂觀階段則是週期當中表現次佳的階段。圖表2.3顯示了美國股市的成果。

　　當然，上述討論的是幾十年來的平均，因此足以建立一個實用的框架。然而，每個週期都略有不同：通貨膨脹的消長在每個時期可能都不太一樣，或者經濟成長有可能比以往更強勁。

圖表2.3　估值在希望階段和樂觀階段擴張最多：本圖表呈現1973年至今的標普500指數週期（名目數據）

	標普500指數			
	絕望階段	希望階段	成長階段	樂觀階段
時間長度（月）	14	9	45	22
平均累積報酬率				
總報酬率（%）	−36	54	44	80
價格報酬率（%）	−38	50	28	70
每股盈餘成長率（%）	5	−8	84	3
本益比擴張率（%）	−39	66	−31	64
平均年化累積報酬率				
總報酬率（%）	−32	73	10	38
價格報酬率（%）	−35	67	7	34
每股盈餘成長率（%）	4	−10	18	1
本益比擴張率（%）	−35	90	−10	31

資料來源：Glodman Sachs Global Investment Research

週期與熊市

依照上述的週期架構，絕望階段對應到熊市的股價下跌期。雖然在不同的熊市規模底下，初期反彈（希望階段）的情況往往相似，但是絕望階段的持續時間和嚴重程度會因驅動因素而有所不同。因此，熊市的持股風險不盡然次次相同。

我把熊市分成三類，每一類都有獨一無二的特徵：

1. **結構性熊市**的觸發原因是結構性失衡和金融泡沫。通常會出現通貨緊縮等「價格」衝擊事件，銀行危機隨之爆發。結構性熊市的平均跌幅約為50%，持續時間超過三年半，並且需要將近十年的時間才能完全復原並突破原本的實質指數。

2. **週期性熊市**的觸發原因是升息、衰退逼近和利潤下滑。這類熊市是經濟週期的結果。週期性熊市的平均跌幅約為30%，持續時間超過兩年，並且大約需要四年的時間才能回到原本的名目指數水準（實質指數水準則需要六十一個月）。

3. **事件驅動型熊市**的觸發條件是一次性的「衝擊」事件，這起事件不會引發國內經濟衰退，也不會導致經濟週期暫時偏離軌道。常見的觸發因素有：戰爭、油價衝擊、新興市場（emerging markets, EM）危機或是市場技術性問題。此類熊市的主要驅動因素是風險溢酬增加，而非升息。事件驅動型熊市平均跌幅約為30%，跌幅與週期性熊市相似；但事件驅動型熊市的持續時間大約是八個月，而且只要一年多的時間就能回到名目指數水準（實質指數水準則需要五十五個月）。

大多數的結構性熊市都和金融泡沫脫不了關係。泡沫一旦破裂，私部門採取「去槓桿」（deleverage）措施就會引發更大的問題。通常這些壓力會擴及銀行部門，加深經濟衰退。

引發結構性熊市的金融泡沫有一些常見特徵，尤其是：

1. 股價過度升值和極端估值。
2. 把新的估值方式合理化。
3. 市場集中度（market concentration）上升。
4. 瘋狂投機行為與投資人湧入。
5. 低信貸門檻、低利率與槓桿上升。
6. 蓬勃發展的企業活動。
7.「新時代」事蹟和科技革新。
8. 景氣循環後期的繁榮。
9. 會計醜聞與違規事件。

　　典型的結構性熊市，像是1929年股災引發的經濟崩盤、日本於1989年至1990年間的經濟衰退，以及最近的全球金融危機。上述範例都具備相似的條件：廣大的資產泡沫、狂熱、私部門槓桿、銀行危機。至於新冠肺炎流行期間的熊市則屬於事件驅動型的衰退，當時經濟相對平衡發展，經濟與通膨緩步穩定成長。新冠肺炎這起事件本身確實並不尋常，起初也為經濟成長帶來強烈的衝擊，但是政策因應的規模和廣泛程度大幅縮短了市場衝擊時間，景氣迅速復原，就像歷史上其他事件驅動型熊市一樣。

　　然而，這些是過去幾十年來的平均結果。若是僅觀察二戰以後的熊市，我們就會發現熊市深度的情況都差不多，但整體

上持續時間較短。這項觀察非常重要，因為這代表我們預期市場復甦時所做的投資，恐怕不再像以前那樣大豐收。

找出從熊市走向牛市的轉折點

希望階段（新一輪牛市的開端）幾乎都是在衰退期間開始，那時經濟積弱不振，消息面也不樂觀。希望階段是表現最強勁（但時間也最短）的階段，投資人千萬不能錯過。只不過，他們要怎麼知道熊市的首次反彈並不是一路走跌的死貓跳呢？估值、成長和利率都是關鍵因素。結合這些驅動因素可以幫助我們找出轉折點。

估值與市場轉折點

投資人預期經濟即將衰退時，估值通常會下跌。雖然估值低也許是市場復甦的必要條件，但是只看估值是不夠的。圖表2.4顯示了全球股市不同指標的平均估值百分位，該表採用的測量標準包含：未來十二個月的預估本益比（forward P/E）、過去十二個月的歷史本益比（trailing P/E）、過去十二個月的歷史股價淨值比（trailing P/B）、過去十二個月歷史股價／現金股利比（trailing P/D，現金殖利率的反比）。一般來說，低於歷史平均第30百分位數的估值與正報酬率相關，而跌勢會伴隨估值過高而來。

這個資訊很重要，因為這代表即使市場繼續走跌，或是出

圖表2.4　低於歷史平均第30百分位數的估值與預估正報酬率相關（採用1973年至今的全球股市數據）

估值百分位		平均預估報酬率		命中率	
從	到	12個月	24個月	12個月	24個月
0%	10%	14%	21%	81%	90%
10%	20%	11%	30%	92%	98%
20%	30%	12%	38%	82%	95%
30%	40%	9%	15%	69%	82%
40%	50%	6%	16%	67%	73%
50%	60%	9%	17%	66%	73%
60%	70%	7%	13%	62%	76%
70%	80%	10%	16%	82%	79%
80%	90%	5%	16%	66%	71%
90%	100%	−2%	−2%	46%	50%
無條件平均		8%	18%	73%	82%

註：結合全球未來十二個月本益比、過去十二個月本益比、過去十二個月股價淨值比、過去十二個月股價／現金股利比（殖利率反比）的百分位。命中率等於正報酬率的機率百分比。

資料來源：Glodman Sachs Global Investment Research

現經濟進一步惡化的風險，極低的估值為投資人提供絕佳的進場時機點，尤其對於習慣持股超過六個月的投資人來說更是如此。然而，這項指標只有估值跌到谷底時才可靠。經濟成長和政策等基本面因素也很重要。

經濟成長和市場轉折點

　　比起強勁而放緩的經濟成長，股市在疲弱經濟逐漸起色時通常會表現得更好。雖然經濟成長起色與前一年的報酬率密不

可分（基於市場的預期），但這也不盡然是預測未來報酬率的明燈。根據美國全國經濟研究所的定義（圖表2.5），美國股市通常在經濟正式衰退前七個月左右就開始下跌，並在衰退的尾聲跌到谷底。唯一的例外是2001年的經濟衰退，在那次經濟衰退結束後，市場仍持續下跌，並於衰退結束後八個月才觸底，也就是衰退前的高峰之後過了三十個月才到達谷底。但這

圖表2.5　美國股市在經濟正式衰退前七個月左右開始下跌

市場高峰	市場和衰退轉折點之間的月數		
	從市場高峰到衰退開始	從衰退開始到市場谷底	市場從高峰到谷底
1948年1月	6	6	12
1953年1月	7	1	8
1956年8月	13	2	15
1959年8月	9	6	15
1968年11月	13	5	18
1973年1月	11	10	21
1980年2月	0	2	1
1980年11月	8	12	20
1990年7月	1	2	3
2000年3月	12	18	30
2007年10月	3	14	17
2020年2月	0	1	1
平均	7	7	13
中位數	8	6	15
最長	13	18	30
最短	0	1	1

資料來源：Glodman Sachs Global Investment Research

主要是因為市場先前過度估值所致。

按這個道理來看，市場報酬率具有反週期（countercyclical）的特性。舉例來說，如果我們觀察整個週期，看著它從觸底到成長，再從成長達到高峰等階段，在市場最疲弱但逐漸好轉（雖然還是很弱）的期間通常會產生最高的月平均報酬率（如圖表2.6「從50到谷底」所示）。相反地，當經濟成長趨緩且從高峰開始收縮（如圖表2.6「從高峰到50」所示）時，報酬率最低。圖表2.6顯示了標普500指數在不同成長階段〔衡量標準採用美國供應管理協會（Institute for Supply Management, ISM）製造業指數〕的月平均報酬率。ISM指數調查了全美的採購經理人，並追蹤製造業和非製造業部門的變化。ISM指

圖表2.6　疲弱經濟開始好轉時，報酬率表現最強勁

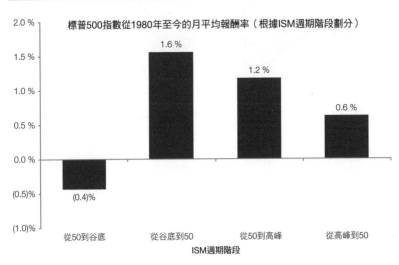

資料來源：Glodman Sachs Global Investment Research

數高於50代表擴張，低於50代表緊縮，指數為50則代表無變化。數值離50越遠，變化程度越大。

　　股市的走勢亦與該模式吻合。股市幾乎都是在企業收益持續惡化期間，開啟新一輪牛市的「希望」階段。

　　絕大多數的熊市觸底通常會比企業每股盈餘復甦提前六到九個月發生（圖表2.7），也會比經濟成長動能觸底提早約三到六個月（以ISM變化率為基準，參見圖表2.8）。[2]因此，希

圖表2.7　平均來說，熊市大約在企業每股盈餘復甦前九個月觸底：本圖表以美國為例，呈現標普500指數的實質收益

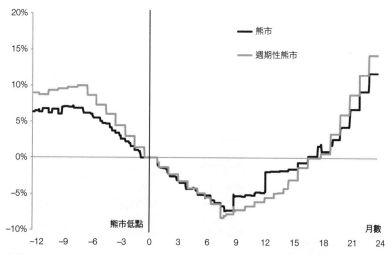

資料來源：Glodman Sachs Global Investment Research

2　Oppenheimer, P., Jaisson, G., Bell, S. and Peytavin, L. (2022). Bear repair. The bumpy road to recovery. Goldman Sachs Global Investment Research, Global Strategy Paper. Available at https://publishing.gs.com/content/research/en/ reports/2022/09/07/8ebbd20c-9099-4940-bff2- ed9c31aebfd9.html.

圖表2.8　平均來說，熊市約在經濟成長動能跌到谷底前三到六個月觸底：本圖表呈現相較於熊市低點的ISM指數變化

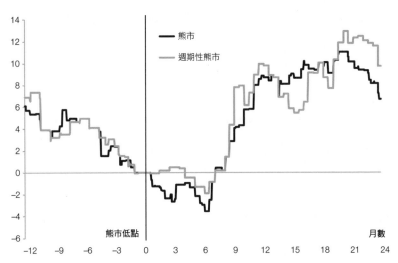

資料來源：Glodman Sachs Global Investment Research

望階段與估值上升有關；股價會反彈是因為人們**預期**利潤復甦。所以，想要即時確定經濟活動的惡化程度是否已充分反映在價格上，並且讓投資人開始覺得惡化速度即將**趨緩**，其實是非常困難的一件事。

　　這是否代表投資人應將特定的成長水準或速度視為熊市的潛在轉折點指標？確實是如此，但僅限於成長陷入極端景況時適用（就跟估值一樣）。

　　採購經理人指數（purchasing managers' index, PMI）是另一個獲得廣泛關注的經濟現況調查。該指數能說明經濟成長的速度，而且跟GDP相比，該指數更新的頻率更高，更能及

時反映經濟情勢。PMI指數跟ISM指數一樣，指數低於50代表景氣緊縮，高於50則表示景氣擴張。可觀的報酬率通常會在積弱不振的情況下現身，微薄的報酬率卻尾隨著強勁局面而來；極度疲軟的數據對股市是正面消息（因為投資人開始預期股市反彈），而極度強勁的數據往往是負面消息（因為這通常代表週期高峰已近）。

不過請注意：疲弱的經濟動能通常是經濟更加積弱不振的訊號。因此，PMI指數需要達到極端值（極高或極低，參見圖表2.9）才能單獨作為判斷指標。

成長與估值的合併訊號

雖然估值和成長在熊市反彈的過程中均不可或缺，但若是拆開來看，單一因素通常只在極端情況下適用。那麼，我們從估值和成長的合併訊號當中可以得出什麼結果呢？

圖表2.10結合了稍早提到的ISM指數與估值百分位（本益比、股價淨值比和股價／現金股利比的組合）。若是估值低於平均且ISM指數低於50，通常就是一個不錯的訊號，可以作為未來六個月的參考。若想觀察未來十二個月的預估報酬率，上述指標結合的參考價值也會進一步提升。經濟在樂觀階段走向週期高峰時，強勁的成長力道會力壓高估值，市場通常也會表現強勁。不過在絕望階段，估值低於第50百分位數且ISM指數緊縮（低於50）的時候，未來十二個月的預估報酬率往往也很強勁。

圖表2.9　PMI指數得呈現極端值（極高或極低）才能單獨作為判斷指標：本圖表呈現標普500指數未來十二個月的預估報酬率、正報酬率百分比和ISM指數之間的關係

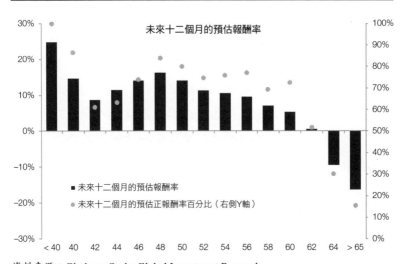

資料來源：Glodman Sachs Global Investment Research

圖表2.10　估值低於第50百分位數且ISM指數緊縮（低於50）時，預估報酬率通常比較強勁：本圖表呈現ISM指數、標普500指數估值百分位、未來十二個月的預估報酬率（%）

估值		< 40	38–42	42–46	46–50	50–54	54–58	58–62	62–66	> 65
					ISM指數					
0%	20%	28%	30%	15%	24%	15%	7%	12%	1%	1%
20%	40%	22%	18%	10%	12%	15%	11%	0%	−12%	
40%	60%		7%	17%	13%	9%	10%	15%	−24%	−29%
60%	80%		47%	23%	17%	8%	9%	9%	−33%	−17%
80%	100%		−18%	−16%	14%	10%	11%	2%	7%	

資料來源：Glodman Sachs Global Investment Research

通貨膨脹、利率和市場轉折點

　　除了低估值之外，通膨趨緩和利率調降也是幫助市場復甦的關鍵組合。

　　如圖表2.11所示，市場達到整體通膨率（headline inflation）的高峰之前通常都會下跌，因為人們會擔心高利率的影響越來越大。話雖如此，在通膨達到高峰之後，市場可能會因為其他條件產生變數；不過平均來說，市場通常會在六到十二個月內復原。如果投資人預期經濟會軟著陸，而非硬著陸的話，市場復甦的機率就會更高。

圖表2.11　通膨趨緩和利率調降通常也有助於市場復甦：本圖表呈現美國1940年代至今的消費者物價指數（CPI）

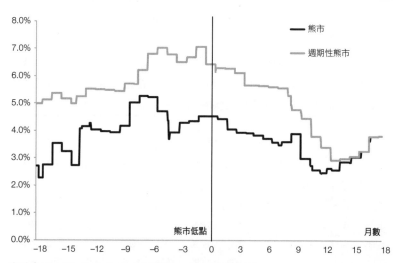

資料來源：Glodman Sachs Global Investment Research

利率也是關鍵因素。平均來說，在美國二年期公債殖利率下滑前，並在聯邦資金利率達到高點之後，市場就會開始復甦（圖表2.12）；倘若當時經濟成長迅速惡化，即使進行初步利率調降，市場通常還是會繼續走弱。

成長與利率

正如我們結合估值和成長動能時所明白的道理，判斷市場谷底不能僅靠單一因素，而是得整合不同因素，才能真正幫助投資人判斷局勢，或者起碼在熊市進場時較能實現正報酬率。成長動能結合實質利率的變化是另一項實用指標。正如圖表

圖表2.12　平均來說，市場在聯邦資金利率達到高點之前不會復甦：本圖表呈現1950年代至今的聯邦資金有效利率

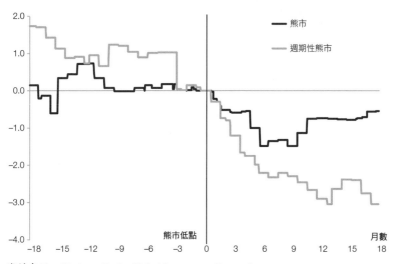

資料來源：Glodman Sachs Global Investment Research

2.13所示，不論實質利率走勢如何，加速成長的實質GDP都
與正報酬率有關；成長趨緩且實質利率上升則是最糟糕的情
況。

　　到了下一章，我會討論驅動長期趨勢（或超級週期）發展
的條件和因素。

圖表2.13　不論實質利率走勢如何，加速成長的實質GDP都與正報酬率有關；而成長趨緩與實質利率上升則是最糟糕的情況：本圖表呈現從1970年代中期至今，美國實質GDP成長趨勢與美國十年期公債實質殖利率

		十年期公債實質殖利率			
		下跌	穩定	上升	整體
美國實質GDP成長	加速	19%	16%	19%	18%
	穩定	14%	15%	12%	13%
	趨緩	8%	0%	–4%	4%
	整體	12%	11%	11%	11%

註：GDP（高盛的美國目前活動指標）的三個月平均值與十二個月前相比：高於1%代表「加速」，介於1%到–1%之間代表「穩定」，低於–1%代表「趨緩」。十年期實質殖利率與十二個月前相比：高於25個基點代表「上升」，介於25個基點到–25個基點之間代表「穩定」，低於–25個基點代表「下跌」。

資料來源：Glodman Sachs Global Investment Research

第三章

超級週期及其驅動因素

既定模式一旦被打破，新世界就會誕生。

——圖里・庫普弗貝格（Tuli Kupferberg）

在經濟活動和金融市場當中，週期變化通常會一再重複，並在極度漫長的結構趨勢中展開。歷史指明，經濟活動和實質所得有時可能數十年停滯不前，甚至倒退，有時則是持續成長並蓬勃發展。同樣地，金融市場也有整體報酬率低迷的漫長時期（或超級週期），但也會有報酬率漲勢強勁的時期。這些長期趨勢或體制改變的話，往往影響甚鉅，畢竟投資人通常對此毫無準備；由於內心的假想根深蒂固，人們適應新現實的速度也會相當緩慢。

我將低成長的漫長時期稱為「高波動、低報酬」市場：兩個時間點之間（point-to-point）的實質報酬率雖然不高，但是波動和交易區間都很大。這段時期跟長期上揚時期（即所謂的超級週期）截然不同。本書的下一部分會探討超級週期的驅動因素和條件，每一章會個別討論二戰至今不同的超級週期。

在討論二戰後的超級週期和金融市場之前，我們應該先依據更長期的環境背景來觀察近期的發展。透過學者彙整的長期數據，我們不難發現歷史上關鍵的經濟、政治和社會趨勢出現重大的結構性變化。正是這些長期的結構條件促成報酬率的長期變化和金融市場週期的主導特徵。

經濟活動當中的超級週期

也許最知名且廣受採用的長期經濟活動數據就是以英國經濟學家安格斯·麥迪森（Angus Maddison, 1926-2010）開創

性的研究為根本。麥迪森先前任職的格羅寧根成長與發展中
心（Groningen Growth and Development Centre）至今仍在延續
他的研究成果〔又稱為麥迪森專案資料庫（Maddison Project
Database）〕。此外，自從麥迪森獨創的研究問世之後，許多長
期資料集也隨之誕生。這些資料集重建了麥迪森的分析方法，
運用歷史檔案（包含教區數據、註冊資料、人頭稅、學校和醫
院紀錄等多種來源）並結合各式各樣的資料集，更加深入了解
過去的經濟和社會趨勢與超級週期。[1]英國央行和其他中央銀
行的工作成果也提供了重要資訊，讓這些資料庫的資料更加完
整。

　　大多數的估計資料顯示，距今兩千年到一千年之間，全球
人口雖然成長約15%，但全球GDP卻下滑。然而，過去一千

---

[1]　Broadberry, S. (2013). Accounting for the Great Divergence: Recent findings from
historical national accounting. London School of Economics and CAGE, Economic
History Working Paper No. 184. Broadberry, S., Campbell, B., Klein, A., Overton,
M. and van Leeuwen, B. (2011). *British Economic Growth, 1270-1870: An Output-
Based Approach.* Cambridge: Cambridge University Press. Malanima, P. (2011).
The long decline of a leading economy: GDP in central and northern Italy, 1300-
1913. *European Review of Economic History*, **15**(2), pp. 169-219. van Zanden,
J. L. and van Leeuwen, B. (2012). Persistent but not consistent: The growth of
national income in Holland 1347-1807. *Explorations in Economic History*, **49**(2),
pp. 119-130. Schön, L. and Krantz, O. (2012). The Swedish economy in the early
modern period: Constructing historical national accounts. *European Review of
Economic History*, **16**(4), pp. 529-549. Álvarez-Nogal, C. and De La Escosura, L.
P. (2013). The rise and fall of Spain (1270-1850). *The Economic History Review*,
66(1), pp. 1-37. Costa, L. F., Palma, N. and Reis, J. (2013). The great escape? The
contribution of the empire to Portugal's economic growth, 1500-1800. *European
Review of Economic History*, **19**(1), pp. 1-22.

年來，經濟活動和生活水準產生了驚人巨變：全球人口增加近
三十倍，總人口數高達八十億，平均餘命也翻了將近三倍；全
球GDP和人均GDP分別提高了一百倍和五十倍（圖表3.1和圖
表3.2）。[2]但是這些不得了的變化並非連續漸變，而是在某個
階段或超級週期當中發生。

　　雖然麥迪森原本的研究指明，經濟活動和平均餘命是從
1820年起大幅改善；然而，根據近期的修訂版本顯示，早在
十九世紀初期開始成長加速前，就已經有明顯的長期經濟成長

**圖表3.1　1600年至今的全球實質GDP成長超過一百倍：本圖表呈現
全球實質GDP和人口變化（1600年為基準100，並以對數尺度呈現）**

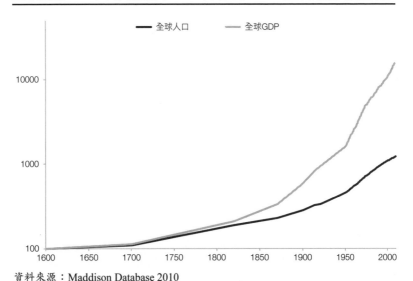

資料來源：Maddison Database 2010

2　Maddison, A. (2010). *The World Economy: A Millennial Perspective*. Paris: OECD.

圖表3.2　十九世紀至今人均GDP劇增：本圖表呈現實質人均GDP走勢（基準為2011年物價指數，並以對數尺度呈現）

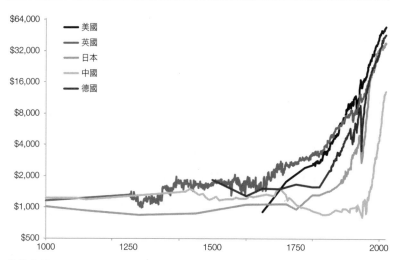

資料來源：Maddison Project Database 2020

趨勢或超級週期，而且通常持續了好幾十年；除此之外，也有長期的緊縮或結構性衰退時期。[3]

　　上述的早期成長浪潮主要在十一世紀左右於歐洲誕生，不過在這之前亞洲已經先迎來了更強勁的成長時期。到了十四世紀，歐洲已經超越中國和其他亞洲國家；亞洲隨後進入了相對停滯的漫長時期，一直到二十世紀下半葉以前，人均所得基本上都沒有什麼變化。

3　Bolt, J. and van Zanden, J. L. (2020). The Maddison Project. Maddison-Project Working Paper No. WP-15.

解釋過去成長和停滯時期的因素能幫助我們了解近期演進的全球超級週期。綜觀歷史，科技改革、金融市場革新、移民、貿易熱絡等因素結合所掀起的重大變化，會驅動長期的經濟繁榮時期。在解釋二十世紀的經濟成長和金融市場超級週期時，這些因素依然不可或缺，本書在下一部分也會討論這個議題。

請特別留意：

1. 1305年到1420年間的義大利：人均所得成長了40%。

   義大利的城市規模擴大，並建立了歐亞兩洲的主要貿易路線。[4]威尼斯人開闢了橫跨歐洲的重要貿易路線，途經法蘭德斯（Flanders）、法國、德國和巴爾幹半島；中國也開拓了前往黑海港口的航路。就像歷史上其他超級週期以及最近的週期一樣，科技革新也是推動這段時期發展的一大功臣。威尼斯極其仰賴先進的造船技術和航海科技的突破性進展，例如：指南針的運用。此外，日益發展繁複的金融體系、信貸市場開放，再加上強大的行政體系，這些都是重要的驅動因素。[5]威尼斯也成為學習與教育的一大中心，有像是書籍出版和多種領域革新的先驅伽利略‧伽利萊（Galileo Galilei）等知名教

---

4   Fouquet, R. and Broadberry, S. (2015). Seven centuries of European economic growth and decline. *Journal of Economic Perspectives*, **29**(4), pp. 227-244.

5   Maddison, A. (2001). *The World Economy: A Millennial Perspective*. Paris: OECD.

授。（舉例來說，由於威尼斯是玻璃吹製重鎮，該地也成為眼鏡製造業的翹楚）。[6]

葡萄牙和西班牙也在地理大發現時代（Golden Age of Discovery，十五到十七世紀之間）迅速發展。正如其他經濟擴張時期，探索和開放移民也是這個時代的核心要素。舉例來說，穆斯林仍然佔了很大的人口比例，而在十四世紀早期，超過二十萬名猶太人住在葡萄牙，大約是總人口的20%。[7]其中許多猶太人在貿易及科學發展上佔有一席之地，例如：亞伯拉罕・薩庫托（Abraham Zacuto）開發出葡萄牙人航海專用的天文表，瓦斯科・達伽馬（Vasco da Gama）航向印度時也用了這張表。到了十六世紀，葡萄牙成為歐洲貿易巨擘，也是開拓大西洋群島和非洲航路的關鍵大國。葡萄牙也因位於歐洲南大西洋沿岸而享有戰略優勢。此外，葡萄牙也在深海漁業大有斬獲，航海優勢更進一步力壓群雄。

2. 1505年到1595年間的荷蘭：人均所得成長70%。主要的驅動因素同樣是貿易迅速擴張，以及經濟產出重心從農業轉成價值較高的商品。航運技術和造船能力提升是

---

6 1301年，威尼斯藝術管理團體Giustizieri Vecchi授權所有工匠製造「閱讀用的玻璃鏡片」（vitrei ab oculis ad legendum）。

7 1497年，曼努爾一世（Manuel I）與西班牙的伊莎貝爾公主（Princess Isabella）成婚，由於公主提出放逐猶太人作為結婚條件，猶太人因此遭葡萄牙驅逐出境。

荷蘭成功的另一項要素，到了1570年，荷蘭商船艦隊
的規模等同於德、英、法三國的總和。荷蘭也擁有先進
的運河建築技術，並從風車獲得充足的動力。後來，到
了十七世紀的荷蘭黃金時代（Dutch Golden Age），荷
蘭成為歐洲貿易、科學與藝術的先驅。在這段時期，荷
蘭商人和遷居者隸屬於全球第一家上市公司「荷蘭東印
度公司」（Dutch East India Company, VOC）與荷蘭西印
度公司（Dutch West India Company, GWC）；他們在美
洲、非洲、亞洲各地建立貿易站和殖民地，並受到強大
的荷蘭海軍保護。

3. **1600年到1650年間的瑞典：人均所得成長40%。**瑞典
的成功源自擴張波羅的海的貿易路線。[8]

4. **1650年到1700年間的英國：人均所得成長超過50%。**
英國內戰結束、1688年光榮革命（Glorious Revolution）、
君主立憲制和法治的確立，以上種種因素建立了制度框
架，進一步支持成長。英國成功達成了人口成長和人均
GDP成長。在1720年到1820年間，英國的出口增加超
過七倍，人均所得冠居歐洲。[9]

8　Schön, L. and Krantz, O. (2015). New Swedish historical national accounts since the 16th century in constant and current prices. Department of Economic History, Lund University, Lund Papers in Economic History No. 140.

9　McCombie, J. S. L. and Maddison, A. (1983). Phases of capitalist development. *The Economic Journal*, **93**(370), pp. 428-429.

現代：1820年代後的成長

從早期十一世紀歐洲成長的超級週期開始，一直到1820年為止，實質所得大約增加了三倍。[10]然而，從1820年開始，全球經濟發展不可同日而語（圖表3.3）。人均所得的成長速度超過人口，1998年的人均所得比1820年的數據高出8.5倍，人口則成長了5.6倍。[11]

圖表3.3　1820年後，西方資本主義時代的人均GDP迅速攀升：本圖表呈現實質人均GDP走勢（以2011年物價為基準）

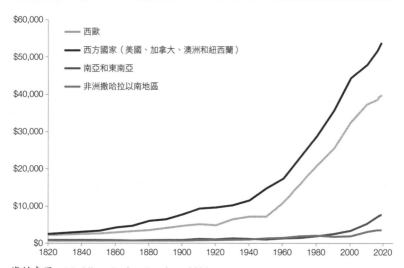

資料來源：Maddison Project Database 2020

10　Roser, M. (2013). Economic growth. Available at https://ourworldindata.org/economic-growth.

11　Maddison, A. (2001). *The World Economy: A Millennial Perspective*. Paris: OECD.

　　在十九世紀之前，人口少往往代表人均所得較高，畢竟需要養活的人數也比較少。人口減少通常肇因於氣候變遷、作物歉收或是疾病，但這些情況通常會讓活下來的人變得更富有。對於成長停滯的經濟來說，一整塊「大餅」的尺寸不會改變，一個人（或國家）致富的唯一方法就是其他人變得更窮困，例如：在黑死病（Black Death）時期，這場瘟疫導致英國將近一半人口喪命（在1348年[12]後的三年內，人口從八百多萬掉到四百萬）。活下來的人反而變得更有錢了，因為農民只要利用最肥沃的土地就綽綽有餘（而不是像以前那樣，他們得使用貧瘠的土地來養活更多人）。湯馬斯・馬爾薩斯（Thomas Malthus）提出了馬爾薩斯人口定律〔Malthusian Law of Population，或稱馬爾薩斯主義（Malthusianism）〕，說明成長與人口之間的關係。該理論認為，雖然人口是指數成長，但是糧食等資源的成長卻是線性的，因此要是人口成長過快，生活水準就會急速下滑，最終引發災難。然而，到了十九世紀初期，情況就變得不一樣了，因為科技和資本主義推升了成長。

　　根據麥迪森的研究，十九世紀開始的資本主義成長期可分為五個不同階段，每個階段都是特定「體系衝擊」的結果：[13]

1. 資本主義發展時代（The Age of Capitalist Development）：1820年至1870年。

---

12 譯註：1348年，黑死病在歐洲多國爆發疫情，英國是其中之一。

13 Maddison, A. (2001). *The World Economy: A Millennial Perspective*. Paris: OECD.

2. 舊自由秩序時代（The Old Liberal Order）：1870年至1913年。

3. 戰爭時期（The War Years）（以鄰為壑階段）：1913年至1950年。

4. 黃金時代（The Golden Age）：1950年至1973年。

5. 新自由主義時代（The Neo-Liberal Age）：1973年至1998年。

在上述階段當中，黃金時代至少對西歐和美國而言是最佳成長時期（圖表3.4）。1973年之後的時代則是次高成長時期

圖表3.4　黃金時代在西方國家締造了最佳實質成長期：本圖表呈現全球實質人均GDP的年化成長率

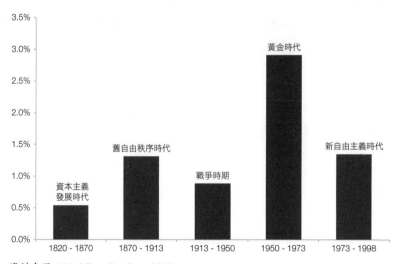

資料來源：Maddison Database 2010

（縱使1973年到1983年間的成長遭受石油危機阻撓，我會在第五章詳述這段歷史）。1870年到1913年間的舊自由秩序時代則是第三高的成長時期。在戰爭時期，成長受到貿易崩盤和移民影響，至於1820年到1870年資本主義的早期發展階段，成長速度則是敬陪末座，但這主要是因為全球化之前的強勁成長僅限於歐洲國家。跟其他世紀相比，二十世紀的高度成長年分明顯增加許多（圖表3.5）。

其他學術研究也發現了長期週期（或超級週期）的相似模式，舉例來說，迪潘卡爾‧巴蘇（Deepankar Basu）找出1949年到1982年的上行波動，以及1968年到1982年的下行波動。[14]更近期的超級週期（1983年到2008年）則包含1983年到2007年的上漲期和2008年後期的下跌期。有趣的是，這些研究成果正好呼應了我在本書第二部分要討論的金融市場超級週期。

若要了解金融市場，二戰後的爆炸性成長尤為驚人（圖表3.5）。雖然這段時期也經歷了數次衰退和週期，但是跟以往長期的歷史週期相比，戰後時期的整體趨勢更加強勁。在1950年後的五十年間，全球人口增加了150%，而GDP提高了600%。我將會在本書下一部分詳述這段非凡的二戰後時期。

14　Basu, D. (2016). Long waves of capitalist development: An empirical investigation. University of Massachusetts Amherst, Department of Economics Working Paper No. 2016-15.

圖表3.5　GDP年成長率高於1.5%和低於−1.5%的國家包含：英格蘭／大不列顛、義大利、荷蘭、瑞典、西班牙、葡萄牙

	連續四年達1.5%年成長率的階段總數	連續四年達1.5%年成長率的年數百分比	連續三年達−1.5%年成長率的階段總數	連續三年達−1.5%年成長率的年數百分比
十四世紀	1	1.1%	2	1.6%
十五世紀	1	1.0%	10	8.0%
十六世紀	3	2.3%	14	8.7%
十七世紀	2	1.3%	9	4.3%
十八世紀	2	1.3%	12	5.8%
十九世紀	8	5.3%	4	2.0%
二十世紀	38	40.0%	4	3.2%

資料來源：McCombie and Maddison（1983）

通貨膨脹的超級週期

從金融市場的角度來看，成長和通膨是兩個最關鍵的主要變數。雖然已有證據指出經濟成長與緊縮的長期波動，但通貨膨脹的數據也具備了週期性質。通貨膨脹跟經濟成長一樣，並非直線成長，而是隨時間經歷不同的結構性階段而增加。若想了解更多資訊，史蒂芬・金近期的著作出色地探討了這個主題。[15]

15　King, S. D. (2023). *We Need to Talk About Inflation: 14 Urgent Lessons From the Last 2,000 Years*. New Haven, CT: Yale University Press.

　　雖然我們大多以為通貨膨脹是二十世紀之後才有的現象，但過往的歷史其實都有明顯的通貨膨脹和緊縮時期，其中不少時期持續了很長一段時間。其實在二世紀中期到三世紀末的羅馬帝國，通貨膨脹已經是一個問題。在這段漫長的時期，小麥的價格飆升了二百倍。物價攀升的其中一項主因是貨幣「貶值」，這確實是字面上的意思——錢幣的貴金屬含量變低了。民眾跟著群起效尤，削掉硬幣的邊緣。[16]英格蘭的大貶值時期（Great Debasement，1544年到1551年間）也是如此，此事由亨利八世（Henry VIII）下詔執行。[17]結果，金幣和銀幣當中的貴金屬含量不僅降低，甚至徹底被更便宜的金屬（如銅）取代。雖然已經透過「解散修道院」（Dissolution of the Monasteries）和提高賦稅獲得大筆資金，但此次下詔其實是為了抵銷過度超支的影響，以負擔國王個人生活開銷，並為英格蘭與法國、蘇格蘭的戰事提供金援。一百多年後，量化寬鬆（quantitative easing, QE）和英鎊對黃金貶值的後果引發了一些問題，重大革新因此誕生：牛頓〔爾後成為皇家鑄幣廠（Royal Mint）廠長〕在1717年引進史上第一個黃金本位制。[18]

---

16 MacFarlane, H. and Mortimer-Lee, P. (1994). Inflation over 300 years. Bank of England.

17 Owen, J. (2012). Old Coppernose - quantitative easing, the medieval way. Royal Mint.

18 Shirras, G. F. and Craig, J. H. (1945). Sir Isaac Newton and the currency. *The Economic Journal*, **55**(218/219), pp. 217-241.

英格蘭的長期數據顯示，通膨時期與通膨趨緩時期相當普遍。英格蘭銀行（Bank of England）的一項研究分析了三種民生必需品的價格，該研究指出在1694年的倫敦，四磅重的麵包平均價格是5.6舊便士（約2.3便士）。[19]到了1894年，麵包價格只有5.5舊便士，不過在拿破崙戰爭時期，麵包價格曾一度漲到1先令5舊便士（約7便士）。到了1970年代，物價在最後一次通膨大幅波動下暴漲。在1974年到1984年間，麵包價格翻了三倍，後來到了1993年，價格又多漲了60%。[20]

從1700年到1830年間，倫敦煤炭的零售價急遽攀升至每噸20先令，大約漲了70%，但是往後七十年（到1900年為止）價格大致沒有變化。後來在第一次世界大戰期間，煤炭的價格變成每噸30先令，大約漲了50%，之後又降回每噸20先令。

通貨膨脹是二十世紀下半葉經濟的主要特徵之一（圖表3.6）。許多因素驅動了該時期的通膨，政策失敗也是其中一項因素。1964年，通膨率略高於每年1%，大致和前六年相同。然而，到了1960年代中期，通膨率開始節節攀升（圖表3.7），1980年的通膨率甚至超過14%。最後，通膨在1980年代後半期降為平均3.5%。[21]我會在第六章詳述這段時期。

19　MacFarlane, H. and Mortimer-Lee, P. (1994). Inflation over 300 years. Bank of England.

20　Thomas, R. and Dimsdale, N. (2017). A Millennium of UK Macroeconomic Data. Bank of England OBRA Dataset.

21　Bryan, M. (2013). The Great Inflation. Available at https://www.federalreservehistory.org/essays/great-inflation.

圖表3.6　通貨膨脹是二十世紀下半葉經濟的主要特徵之一：本圖表呈現英國消費者物價指數走勢（1694年為基準100，以對數尺度呈現）

資料來源：Bank of England Milennium Dataset

圖表3.7　二十世紀通膨急遽攀升：本圖表呈現美國消費者物價指數走勢（以對數尺度呈現）

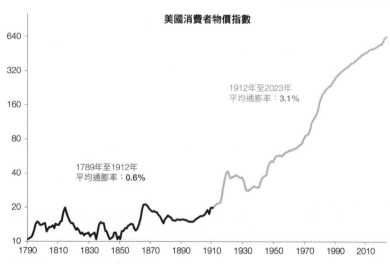

資料來源：Glodman Sachs Global Investment Research

利率的超級週期

　　利率的歷史跟成長的歷史一樣精彩，兩者之間其實互有關聯。根據英格蘭銀行的一系列數據顯示，全球債券的殖利率自十四世紀以來呈現下行趨勢。債券殖利率跟其他重要的總體經濟變數和金融資產的驅動因素一樣，走勢並非呈現一條直線；當然也會有利率攀升的時期，但是從長期來看，利率明顯走低。二戰之後，債券殖利率在1970通膨年代的上揚趨勢格外引人注目，但是此後的下跌走勢也同樣驚人。

　　關於1970年代後債券殖利率的長期下跌趨勢，說法有很多種。有些人認為債券殖利率長期下滑與「便利殖利率」（convenience yield）提高有關。[22]該理念指出，全球的安全性與流動性供需日益失衡；[23]有些人則認為這是全球儲蓄過剩（global savings glut）所致，並主張全球金融危機及之後的緩慢復甦表明該現象是「長期停滯」的結果；[24]另外也有人將債券殖利率長期下滑歸因於人口結構變化。[25]

22　Bernanke, B., Bertaut, C. C., DeMarco, L. P. and Kamin, S. (2011). International capital flows and the returns to safe assets in the United States, 2003-2007. International Finance Discussion Paper No. 1014.

23　Bernanke, B. S. (2005). The global saving glut and the U.S. current account deficit. Speech at the Sandridge Lecture, Virginia Association of Economics, Richmond, VA, March 10.

24　Summers, L. H. (2014). U.S. economic prospects: Secular stagnation, hysteresis, and the zero lower bound. *Business Economics*, **49**(2), pp. 65-73.

25　Lunsford, K. G. and West, K. (2017). Some evidence on secular drivers of US safe real rates. Federal Reserve Bank of Cleveland Working Paper No. 17-23.

　　舉例來說，1990年代中期開始爆發了一連串的危機，人們對安全性資產的需求因此增加。1997年亞洲金融危機、1998年俄羅斯債務違約以及美國長期資本管理公司（Long-Term Capital Management, LTCM）崩盤可能也都是早期的觸發因素。科技泡沫破裂的後果與2008年全球金融危機更是進一步提升安全性資產需求。除此之外，其他常提到的觸發因素還有：人口高齡化導致的人均消費率變化。

　　自從2008年全球金融危機及2020年全球爆發新冠疫情之後，利率更進一步走跌，達到歷史最低點（圖表3.8）。這是解釋兩次長期牛市的關鍵驅動因素：第一次是從1982年（通

圖表3.8　名目利率從歷史低點回升：本圖表呈現1315年到2023年的名目債券殖利率走勢（經GDP加權）

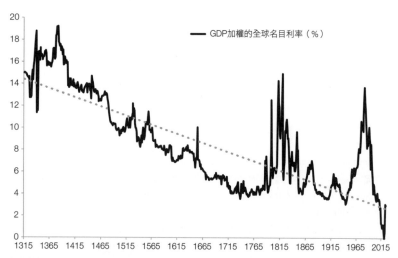

資料來源：Bank of England

膨高峰的利率）到2000年（科技泡沫高峰）；第二次是從
2009年到2020年的後全球金融危機時代，其中有一部分受到
量化寬鬆政策影響。[26]我會在第八章詳述這些時期。

超級週期與政府債務

　　除了成長、通膨和利率之外，政府債務也有超級週期。雖
然經濟情勢會影響債務，但債務水準的長期波動顯示出經濟活
動、通貨膨脹和政策之間會互相影響。波戈西恩（Poghosyan）
的研究分析了1960年到2014年間的政府債務數據，發現五
十七個國家一共出現了二百零九次債務擴張和二百零七次債
務緊縮。其中，新興經濟體（emerging economies）有一百
二十次擴張和一百一十八次緊縮，而先進經濟體（advanced
economies）的債務擴張和緊縮則各為八十九次。再次呈現出
週期變化。債務擴張平均持續七年，而債務緊縮則約略超過六
年。以規模來說，債務擴張的中位數為GDP的14.5%，而債務
緊縮的中位數則為GDP的10.7%。[27]

　　安格柏特・史托克海默（Engelbert Stockhammer）和吉爾
戈斯・古祖力斯（Giorgos Gouzoulis）的研究結合了美國的長

26　Schmelzing, P. (2020). Eight centuries of global real interest rates, R-G, and the 'suprasecular' decline, 1311-2018. Bank of England Staff Working Paper No. 845.

27　Poghosyan, T. (2015). How do public debt cycles interact with financial cycles? IMF Working Paper No. 15(248).

期資料集,該研究顯示美國在一百二十五年的歷史中,經歷了企業債務佔GDP比重的週期變化,一次週期平均持續十一到十二年,比一般的景氣循環更長。[28]上述結果主要受到二戰前時期和1973年後時期影響,不過二戰之後的時期倒是趨緩許多。話雖如此,近年來政府債務水準明顯增加。2007年至2008年的金融危機及2020年至2021年新冠疫情期間的財政援助,讓許多國家的政府債務佔GDP比重來到二戰後的高峰。此外,由於俄羅斯攻打烏克蘭導致能源價格飆漲,歐洲各國採取介入措施以支持企業和家庭,借款因此增加;各國也提出國防支出和財政補助的承諾,以加速達成減碳目標。以上行動均朝同一個方向發展,本書第十二章將會深入探討這個議題。

不平等現象的超級週期

歷史指明,不平等現象也和上述總體經濟的驅動因素一樣,會呈現長期的週期趨勢,但是移動速度較緩慢。[29]

學者利用土地和繳稅紀錄分析長期的財富不均問題,這個現象在歐洲特別明顯。古伊多・阿爾法尼(Guido Alfani)的研究顯示黑死病爆發之後,1340年至1440年間的財富不均程度

28 Stockhammer, E. and Gouzoulis, G. (2022). Debt-GDP cycles in historical perspective: The case of the USA (1889-2014). *Industrial and Corporate Change*, **32**(2), pp. 317-335.

29 Szreter, S. (2021). The history of inequality: The deep-acting ideological and institutional influences. IFS Deaton Review of Inequalities.

大幅下滑。然而，在1440年至1540年間，財富不均幅度再次擴大。根據英格蘭的估計數據，在1524年至1525年間，財富不均已回歸1327年至1332年間的水準，前10%的人口手中握有64%的財富〔等於吉尼係數（Gini coefficient）0.76〕。[30]林德特（Lindert）的研究提出一項中央估計值（central estimate）：在1670年，英格蘭前10%的人口掌握了大約83%的財富，指明從1525年起財富不均明顯擴大。[31]根據皮凱提（Piketty）的估計，1800年的財富不均水準已低於1740年的數據。[32]

　　然而，在1800年之後，由於二十世紀初的財富集中度突破新高，財富不均急遽擴張。在1900年到1910年間，英國前10%的人口持有超過94%的財富，前1%更是掌握了全英國70%的財產（圖表3.9）。財富不均水準在1910年到1990年間下滑，但是一戰過後大幅上揚；後來，福利國家（welfare state）的理念問世，財富不均水準在二戰過後明顯下滑（圖表3.10）。到了1990年，前1%人口握有的財富降到18%，後50%的人口則持有全國財富的10%。然而數據顯示，即使財富不均水準下跌，但由於1970年代經濟危機過後實施了供給面革新與稅制改革（參見第五章），所得不均幅度自1980年起持

30　Alfani, G. (2021). Economic inequality in preindustrial times: Europe and beyond. *Journal of Economic Literature*, **59**(1), pp. 3-44.

31　Lindert, P. H. (1986). Unequal English wealth since 1670. *Journal of Political Economy*, **94**(6), pp. 1127-1162.

32　Piketty, T. (2020). *Capital and Ideology*. Translated by A. Goldhammer. Cambridge, MA: Harvard University Press.

圖表3.9　英國的財產集中度在二十世紀明顯下滑：本圖表呈現英國前1%、前10%、中間40%和後50%人口持有的財產比例

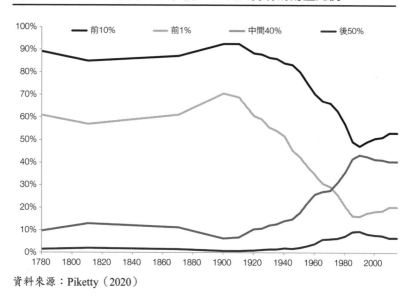

資料來源：Piketty（2020）

圖表3.10　英國在二十世紀的財富不均程度大幅下滑：本圖表呈現英國前1%和前10%的個人淨資產比重

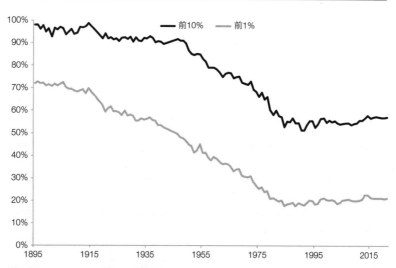

資料來源：World Inequality Database

續上升（圖表3.11）。最近，大多數國家的不平等問題再度加
劇，一部分反映出金融危機的應對政策（包含量化寬鬆政策在
內）產生了意想不到的後果，導致資產財富增加。[33]

金融市場的超級週期

　　有鑑於經濟週期、通貨膨脹、利率、不平等和政府政策之
間的相互作用，金融資產具有長期趨勢也不足為奇。有一些學

**圖表3.11　美國自1980年代起所得不均大幅上升：本圖表呈現美國
前10%的國民所得比重**

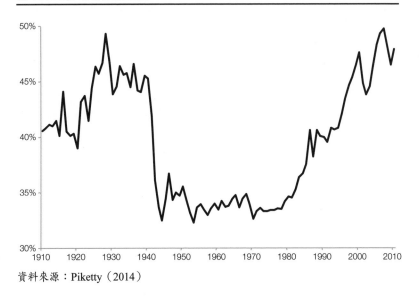

資料來源：Piketty（2014）

33　Piketty, T. (2014). *Capital in the Twenty-First Century*. Translated by A. Goldhammer. Cambridge, MA: The Belknap Press of Harvard University Press.

者將金融週期定義為信貸和房地產價格的中等週期連動；他們
發現從1960年代開始，金融週期平均持續十六年，比景氣循
環（通常不會超過八年）更久，而且波動性更大。[34]

　　股票和債券都會經歷或高或低的報酬率長期階段，一切取
決於當下的經濟和政治情勢。這些時期通常會與財富不均的
上升或下滑走勢同調，因為資產持有者在長期牛市通常會看到
自身財富相對成長。全球金融危機之後的時期確實也有這個現
象，當時的零利率政策助長了資產價格通膨，而我會在第八章
討論這個主題。

　　觀察特定持有期間的投資報酬率可幫助我們更了解長期報
酬率的模式及其如何隨時間變化，舉例來說，圖表3.12呈現
美國股市在十年持有期間的報酬率，圖表上每根柱子顯示從指
定日期開始算起，接下來十年（調整通膨後）的股票年化報酬
率。

　　隨著時間過去，調整通膨後的實質滾動總報酬率會出現極
大差異，但是觀察長期的整體報酬率時，可能看不出這些落
差。投資人可能會期望，中期持有股票的報酬率放諸各時期皆
相似，但實務上不見得如此。舉例來說，大型衝突（例如一戰
和二戰）爆發時買入股票的長期報酬率為負值，畢竟需要花很
長一段時間才能回本；同樣地，1960年代末牛市高峰買入的
股票估值過高，在全球通膨飆升前的報酬率也是負值。

34　Drehmann, M., Borio, C. and Tsatsaronis, K. (2012). Characterising the financial
　　cycle: Don't lose sight of the medium term! BIS Working Paper No. 380.

圖表3.12 實質滾動總報酬率（調整通膨後）的差異相當明顯：本圖表呈現後續十年的年化實質總報酬率

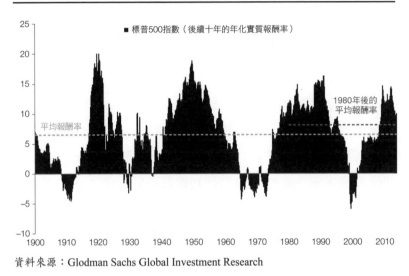

資料來源：Glodman Sachs Global Investment Research

同樣地，跟低通膨時期相比，高通膨時期與低報酬率之間的關聯更緊密。

縱觀歷史，1990年代的科技泡沫及其破裂特別引人注目。從2000年科技泡沫高峰到2003年[35]間買入的股票，往後十年的實質報酬率曾創下美股破百年來的最低紀錄（跟1970年代的危機相比也是如此）。在那之後買入的股票報酬率倒是好很多，符合長期平均值。此外，在全球金融危機後進場的股市投資人也嚐到了高報酬率的甜頭。

---

35 譯註：2001年科技泡沫破裂後，全球經濟到2003年才走出谷底。

　　持有十年的股票報酬率通常在經濟強勁成長時期是最高的,像是1920年代的景氣繁榮期和1950年代的二戰後重建期都是佳例。除此之外,低利率或利率下跌時期(例如1980年代和1990年代),以及在大型熊市過後(估值跌到低點)的十年報酬率也不錯。

　　雖說股票長期持有的表現較佳,且在全球金融危機後長期持有更是如此;不過,跟歷史上多數時期相比,1980年代後債券市場的實質報酬率才是真正叫人嘆為觀止(圖表3.13)。即使是在通膨高峰的1980年代初購買美國國債,十年的實質年化報酬率也超過10%(二十年的年化報酬率則超過7%),

圖表3.13　跟歷史上多數時期相比,1980年代後債券市場的實質報酬率令人嘆為觀止:本圖表呈現十年期的實質年化總報酬率

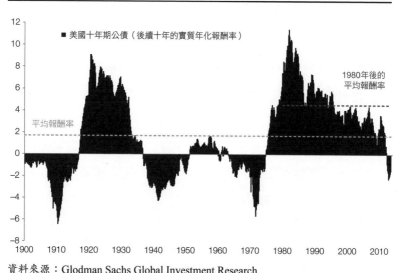

資料來源:Glodman Sachs Global Investment Research

也就是說，倘若投資人在1980年花了1,000美元投資美國公債，那麼截至本書撰稿時間為止，實質的投資價值已高達約6,000美元（已調整通膨）。

即使是在1990年代初購買的債券，二十年的實質年化報酬率大概也有5%——這正是投資人期望的股票實質報酬率。以上表現非凡的報酬率指出了兩件事：第一，投資人起初並未充分考量通膨和利率下跌的可能性；第二，投資人變化莫測的期望是最終報酬率的一大關鍵。

股票與債券的對比也突顯了耐人尋味的長期趨勢和漫長時期。經濟衰退通常會讓債券的報酬率比股票更高（雖然利率會下跌，但股票受到成長預期看衰的負面影響通常更深）。從長遠來看，1950年到1968年股市的長期趨勢強勁，表現比債券更好（圖表3.14），但是1982年到1994年間，情況則恰恰相反：雖然整體來說，這段時期為金融資產帶來正面影響，對股市來說卻沒那麼好，但債券卻因通膨預期急跌而受益。

在1990年到2000年間，股票在強勁成長和全球化影響力的驅動下表現優異，而2000年後期到2010年的通膨趨緩時代則是債券表現優於股票。全球金融危機對債券和股票都有利，畢竟有極低利率政策撐腰，不過股票受益更深；這反映了新興數位革命和利潤高成長現象，尤其在美國更明顯。

因此，似乎大多數影響金融市場的關鍵因素都會經歷漫長的超級週期或長期趨勢，以及較短的景氣循環。由於金融市場會受到經濟變數變化、風險評估和政策驅動，因此市場同樣具

圖表3.14   美股在全球金融危機過後和新冠疫情危機過後的表現比債券更好：本圖表呈現兩者相對的總報酬率表現

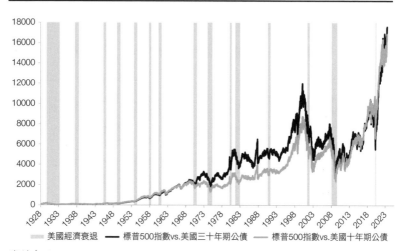

資料來源：Glodman Sachs Global Investment Research

有長期趨勢，並且報酬率的強弱受到以上因素影響並不稀奇。接下來我會一一檢視二戰後股市的超級週期，並分析關鍵驅動因素及後續影響。

股市的超級週期

雖說大多數的股市週期都會跟著景氣循環輪動，但是也有強勁持久的長期趨勢，能橫跨數次景氣循環，且往往比一個週期的持續時間更久。一般來說，這些長期趨勢是總體經濟與政治情勢產生結構性變化的結果。正如週期通常會分成不同階

段，各階段的報酬率會受到特定因素驅動一樣，持續時間更久的長期趨勢會影響市場整體報酬率的高低，並決定哪些產業或因素比指數領先或落後。

　　圖表3.15以對數尺度（這樣更容易看出價格隨時間的變化）呈現標普500指數的實質報酬率（調整通膨後），雖然價格隨時間上揚，但最顯著的成長會集中在特定時期。簡單來說，1900年至今出現過四個超級週期（或長期牛市），以及四個「高波動、低報酬」時期（其中三個在二戰之後發生，詳見圖表3.16）。每個超級週期牛市都會被偶爾大跌以及（跌幅通常很劇烈的）「迷你」熊市打斷。

圖表3.15　1900年至今出現過四個長期牛市和四個「高波動、低報酬」時期：本圖表呈現標普500指數的股價實質報酬率

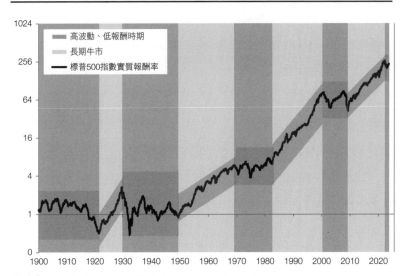

圖例：
- 高波動、低報酬時期
- 長期牛市
- 標普500指數實質報酬率

資料來源：Glodman Sachs Global Investment Research

圖表3.16　二戰結束至今出現過三個長期牛市和三個「高波動、低報酬」時期

起始	結束	年數	階段	價格報酬率 總報酬率	年化報酬率（名目）	總報酬率 總報酬率	年化報酬率（實質）
1949年6月	1968年11月	19	長期牛市	700%	11%	1109%	14%
1968年11月	1982年8月	14	高波動、低報酬	−5%	0%	−39%	−4%
1982年8月	2000年3月	18	長期牛市	1391%	17%	1356%	16%
2000年3月	2009年3月	9	高波動、低報酬	−56%	−9%	−58%	−9%
2009年3月	2020年2月	11	長期牛市	401%	16%	417%	16%
2020年2月	2023年6月	3	高波動、低報酬	31%	8%	18%	5%

資料來源：Glodman Sachs Global Investment Research

　　舉例來說，1982年到2000年的長期牛市被1987年股市崩盤、1980年代末儲貸危機（Savings and Loan Crisis）、1994年債券大屠殺（美國三十年期公債殖利率在短短九個月內飆升近二百個基點）以及1998年亞洲金融危機干擾。然而，這些時期仍然可算為超級週期的一部分，種種有利的結構因素推動強勁的結構性牛市發展，不僅長期下來未受干擾，即使面臨修正也是如此。自從二戰結束之後，主要的三大結構性上升期如下。

1. 1949年到1968年：二戰後繁榮時代

　　這段時期得益於二戰後的經濟繁榮潮，也常常被稱作是「資本主義的黃金時代」（Golden Age of Capitalism）。美國透過馬歇爾計畫〔Marshall Plan，或稱歐洲復興計畫（European Recovery Plan）〕給予歐洲經濟援助，協助歐洲提振成長並降低失業率。生產力成長強勁，在歐洲和東亞更是顯著，且二戰後的嬰兒潮進一步提振了需求。

2. 1982年到2000年：現代週期

　　對抗通膨是1982年後這段長期牛市的其中一項關鍵驅動因素。通膨時期重創了金融市場，此時期的結束有一部分是因為「伏爾克信用緊縮」（Volker credit crunch）政策所致〔當時由於美國聯準會（US Federal Reserve）於1977年緊縮週期，結果引發衰退〕，美國聯邦資金利率（政策利率）也因此從

10%左右提升到將近20%。從那時起，全球通膨率開始下降，加上經濟活動從衰退谷底強彈以及1989年柏林圍牆倒塌的緣故，信心指數和資產估值開始上升。從1982年8月到1999年12月，道瓊工業平均指數（Dow Jones Industrial Average）的複合實質報酬率是每年15%，不僅遠遠高於長期平均報酬率，實際上也超過了這段時期的收益或帳面價值的成長。[36]因此，這段長期牛市主要反映出估值擴張的現象：推動股票和固定收益（債券）報酬率齊揚。

3. 2009年到2020年：後金融危機週期與零利率時代

在1990年代末的科技泡沫破裂之後，風險資產的長期驅動因素出現了重大轉變。自從邁入二十一世紀開始，影響金融資產的兩大結構性因素是通膨預期下跌和利率走低，這往往能推升股票和債券的估值。

金融危機爆發之後，量化寬鬆與零利率政策浮上檯面，股市的命運開始改變。從2007年高點下跌57%的標普500指數開始強勁反彈，締造了史上最長的牛市之一。正如1990年代初的牛市，有一部分的反彈力道是基於先前經濟與市場大跌所致。尤其在美國，房地產市場崩盤讓家庭財富損失慘重，在次級房貸超過1兆美元的影響下，損失遍及經濟和金融機構。時任聯準會主席的班・柏南克（Ben Bernanke）表示，「龐大到

---

36 Ritter, J. R. and Warr, R. S. (2002). The decline of inflation and the bull market of 1982-1999. *The Journal of Financial and Quantitative Analysis*, **37**(1), pp. 29-61.

不能倒的金融機構既是危機（但並非唯一）的源頭，也是政策制定者努力遏止危機時遇到的一大障礙」。[37]在2007年到2010年間，美國家庭財富的中位數下跌了44%，甚至低於1969年的水準。股價同樣大跳水，不僅變得便宜許多，而且在量化寬鬆政策和金融情勢崩盤的影響下，大跌的股價也帶來了估值擴張的絕佳契機。

這些超級週期的共通點是起始估值低、資本成本低或下降、起始利潤率低。一般來說，強勁的經濟成長和監管制度改革也幫忙降低了股市的風險溢酬；在1980年之後，這幾十年來的供給面改革、科技革新和全球化也提高了利潤率。後金融危機週期讓以上多數趨勢得以延長。

除了上述超級牛市之外，還有兩個重要的「高波動、低報酬」超級週期。整體來說，這些週期的股市指數表現較疲弱，但是交易區間很大。

1. 1968年至1982年：通貨膨脹與低報酬率

由於《布列敦森林協定》（Bretton Woods Agreement）管理的全球匯率體系瓦解，再加上1960年代末政策混雜，導致這段時期的通膨率因此上升。地緣政治的緊張局勢引發兩大能源危機及其伴隨而來的經濟衰退，導致利潤成長疲弱。法規增加、勞資爭議和稅收變高也是重要的驅動因素。這段時期也導

---

37 Bernanke, B. S. (2010). Causes of the recent financial and economic crisis. Testimony before the Financial Crisis Inquiry Commission, Washington, D.C.

致標普500指數的總體名目價格報酬率為−5%，年化價格報酬率下跌至0.4%。這段十幾年的低報酬率擴及其他資產市場。債券市場的報酬率甚至比股票還低，只有「實質資產」（多少可以抵抗通膨）擁有正報酬率。

2. 2000年到2009年：泡沫與困境

從多方面來看，這段時期是典型的「高波動、低報酬」週期。投資人的整體報酬率雖低，但是投資結果的區間相當大。此時期是從科技泡沫邁入新千禧年之際突然破裂開始算起。股票熊市雖深不見底，但仍具有週期性。股價整理最主要是因股票估值調整所致，而非深度或延長衰退。市場觸底之際遭受911恐攻事件衝擊，詭譎多變的地緣政治環境因此提高了投資人所求的風險溢酬。然而，景氣迎來復甦，低利率政策助長私部門借貸攀升，推動美國房市一片繁榮。結果，房市榮景在2007年破滅，崩盤的浪潮撼動了整個金融體系，銀行危機更是對此雪上加霜，引起另一波嚴重熊市，最終在2009年觸底。

關於金融市場（及經濟）的超級週期，我得說這些週期可能會因地區和時間因素產生極大差異。我舉一個不錯的例子，在全球金融危機爆發後的十年，美股跟其他國家的股市相比，長期表現相當突出；我會在第八章繼續探討這件事。除此之外，還有另一件事常常被忽略：日本在1980年代末金融泡沫破裂之後，進入了一段漫長的「高波動、低報酬」週期。當其他主要的已開發股市進入1982年至2000年的牛市超級週期之

際，日本卻因成長僵化和通貨緊縮風險，導致股市仍在狹窄的
交易區間掙扎。截至本書撰稿時間為止，日本股市指數雖然
在2023年上半年反彈20%，但仍舊比1989年的高點低了大約
20%（圖表3.17）。

　　本書第二部分將依序描述這些超級週期，並說明股市的情
勢與驅動因素。

圖表3.17　日經225指數卡在「高波動、低報酬」的交易區間動彈不
得：本圖表呈現標普500指數和日經225指數的價格表現（以當地貨
幣為準）

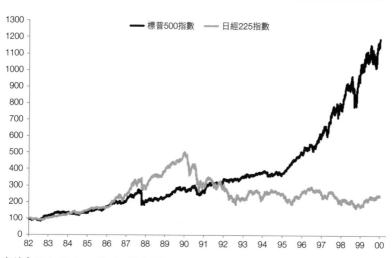

資料來源：Glodman Sachs Global Investment Research

第二部分

分析戰後超級週期

第四章

1949年到1968年： 二戰後繁榮時代

新的樂觀主義盛行於世，瀰漫著前程似錦的風氣。

——大都會藝術博物館（The Metropolitan Museum of Art）

　　強勁的景氣繁榮主導了二戰後時期的發展，這段時期也時常被人譽為「資本主義的黃金時代」。美國透過馬歇爾計畫（歐洲復興計畫）支持歐洲經濟，不僅幫忙推動了經濟成長，失業人口也隨之減少。生產力成長相當強勁，在歐洲和東亞地區尤其驚人，戰後嬰兒潮更是進一步提振需求。

　　景氣環境促成了該時期股市的強勁報酬率，估值也從二戰後的水準回升；由於威脅全球體系的風險逐漸消弭，股票風險溢酬也呈現長期下跌的走勢。

　　跟大多數的結構性牛市一樣，該時期也結合了強勁成長和低通膨的條件。不僅如此，這段時期剛開始的估值也很低。在新的國際機構和講究規則的全球貿易體系出現之後，標普500指數的本益比從1949年的九倍漲到1968年的二十二倍。

　　標普500指數在這一輪超級週期的含息實質報酬率約為1,100%，年化報酬率約為14%（圖表4.1）。

　　具體來說，這段繁榮時期包含以下特徵：

1. 國際協議與風險溢酬下滑。

2. 經濟成長強勁。

3. 科技革新。

4. 實質利率低。

5. 全球貿易蓬勃發展。

6. 嬰兒潮。

7. 消費和信用擴張。

圖表4.1　標普500指數在這一輪超級週期的含息實質報酬率約為1,100%，年化報酬率約為14%

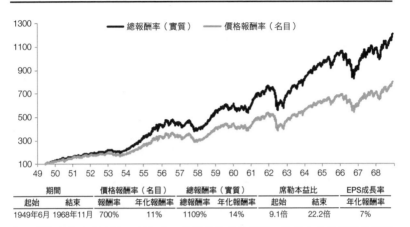

期間		價格報酬率（名目）		總報酬率（實質）		席勒本益比		EPS成長率
起始	結束	報酬率	年化報酬率	總報酬率	年化報酬率	起始	結束	年化報酬率
1949年6月	1968年11月	700%	11%	1109%	14%	9.1倍	22.2倍	7%

註：席勒本益比（Shiller P/E）是一種衡量估值的指標，計算方式是將指數價格除以通膨調整後的十年平均每股盈餘（EPS）。

資料來源：Glodman Sachs Global Investment Research

國際協議與風險溢酬下滑

在經濟大蕭條和第二次世界大戰重創經濟之後，眾人致力於建立一個講究規則的經濟管理和國際貿易新體系。經濟大蕭條的經驗是決策者的首要考量，他們決心避免戰前資本主義的滑鐵盧重演，並竭力防止共產主義擴張。各項措施不僅是為了重建基礎建設，也是為了建立一個經濟體系，能對抗經濟衰退、蕭條並降低高失業率的風險。

1944年7月，二戰同盟國在新罕布夏州的布列敦森林

（Bretton Woods）齊聚一堂，同意建立新的貨幣秩序，以避免國際貿易崩盤（這是經濟大蕭條的其中一項因素）。這場會議的目的是在二戰後發展新的國際體系，好協助戰後重建。布列敦森林體系雖然延續了先前的黃金本位制，但是也審慎考量了經濟大蕭條的成因以及古典黃金本位制的僵化問題——第一次世界大戰之後，古典黃金本位制的崩盤導致競爭性貶值（competitive devaluation）和限制交易政策興起。布列敦森林會議最終達成的協議是成立國際貨幣基金組織（International Monetary Fund, IMF）和世界銀行（World Bank Group）。兩大組織皆於1945年成立，並且有能力將儲備貨幣借給國際收支（balance-of-payments）赤字的國家。該體系主要是由凱因斯（英國財政部顧問）和美國財政部首席經濟學家亨利・迪克特・懷特（Harry Dexter White）所設計。

雖然布列敦森林會議有所收穫，但其中仍有分歧。凱因斯想成立一個清算聯盟（Clearing Union），發行新型國際貨幣「班可」（Bancor）以介入危機。這種貨幣制度能將資金從國際收支盈餘的國家轉移到赤字的國家，讓這些赤字國家無須自貶本國貨幣就能交易。然而，懷特的提案在辯論中脫穎而出並被採納；他的方案聚焦於平準基金（Stabilisation Fund），基金來源則以固定數量的國家貨幣和黃金儲備為基礎。後來，懷特的計畫成功實行，但是也明定了盈餘國家的貨幣限額，以限制該國的出口規模。

最初有二十九個國家簽署加入這項於1958年全面運作的

新體制，其目標是將本國貨幣兌美元的匯率維持在1%的窄幅波動之內，黃金則維持每盎司35美元的價格。美國財政部必須調整美元的供應量以穩定黃金的價格，維持美元兌黃金的公信力。然而，該體系於1971年瓦解，因為美國的經常帳長期赤字導致其他國家持有的美元已經超過美國的黃金儲備，因此採用固定匯率兌美元為黃金的制度無以為繼。這場失敗成為1968年到1982年市場波動和經濟壓力的其中一項因素，第五章將會討論這段時期。

經濟成長強勁

　　除了《布列敦森林協定》之外，二戰之後也採用了刺激成長政策，改善經濟與私部門的成長前景。馬歇爾計畫更是孕育了最重要的全球措施。雖然這項計畫從1948年開始僅運作了四年，但是在1946年到1949年間，美國的經濟援助（以及對日本提供類似援助）佔其出口總額的40.5%；而且美國也出資超過130億美元協助歐洲戰後重建。

　　美國也制定了其他政策，讓馬歇爾計畫變得更加完善，以刺激美國的經濟成長並遏阻共產主義擴張。1946年推出的《就業法案》（The Employment Act）承諾政府「全力提振就業率、生產力和購買力」，並強化貨幣政策與財政政策之間的合作。這項法案也成為美國聯準會兩大使命的重要支柱。該法案著重於就業最大化（maximum employment）和穩定物價的經

濟目標——近期的政策聲明依然強調這項遠大目標。舉例來說，聯準會主席傑洛姆・鮑爾（Jerome H. Powell）在2020年重申：「聯準會執行貨幣政策之餘，仍會盡力培養強勁的勞動市場，讓所有美國民眾受惠。我們會堅定不移地努力達成2%的通膨率。」[1]

這些計畫讓美國和其他主要經濟體在二戰後迎來強勁成長。在1948年到1952年間，西歐國家獲得龐大援助，大幅提高生產力和出口量，其目的乃是擴大美國產品的市場，因此高成長讓美國和歐洲各國均受惠。除此之外，歐洲支付同盟（European Payments Union）的成立更是推動了多邊貿易，提升效率與資源配置。[2]

美國的GDP從1945年2,280億美元成長到1975年將近1.7兆美元（圖表4.2）。1975年，美國經濟佔全球工業產值的35%，而且是第二大經濟體日本的三倍多。[3]然而，這場超級週期也跟其他超級週期一樣，長期上漲期間也出現過走勢下跌的短週期。舉例來說，美國在1945年到1970年間經歷過五次衰退（1948年到1949年、1953年到1954年、1957年到1958

1　Powell, J. H. (2020). New economic challenges and the Fed's monetary policy review. Speech (via webcast) at Navigating the Decade Ahead: Implications for Monetary Policy, an economic policy symposium sponsored by the Federal Reserve Bank of Kansas City, Jackson Hole, WY, 27th August.

2　United Nations (2017). Post-war reconstruction and development in the Golden Age of Capitalism. *World Economic and Social Survey 2017*, pp. 23-48.

3　countryeconomy.com. Gross Domestic Product.

圖表4.2　二戰之後，美國的人均GDP飆升：本圖表呈現1920年到1976年間的人均GDP（已調整通膨和各國生活成本差距）

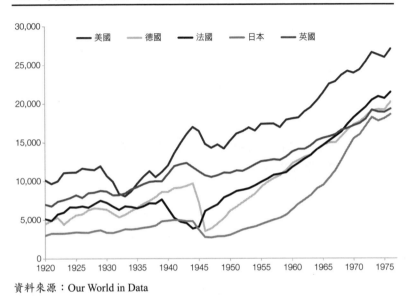

資料來源：Our World in Data

年、1960年到1961年、1969年到1970年）。

　　歐洲同樣受惠。在1950年到1969年間，歐洲是全球成長最快的區域，而日本則是成長最強勁的國家。[4]歐洲在1951年成立歐洲煤鋼共同體（European Coal and Steel Community）（成員包含法國、西德、義大利、荷比盧聯盟），1957年的《羅馬條約》（Treaty of Rome）建立歐洲經濟共同體（European

Economic Community, EEC），推動更緊密的合作關係；兩者進一步推升了區域成長。這段期間，德意志聯邦共和國（The Federal Republic of Germany）的經濟成長率每年都超過6%。

　　1949年到1968年之間，經濟環境逐趨穩定（圖表4.3），跟1870年到1913年間相比，該時期的失業率大約降了三分之一。[5]

圖表4.3　戰後十年的失業率下滑，經濟環境逐漸穩定：本圖表呈現16歲以上的民眾失業率

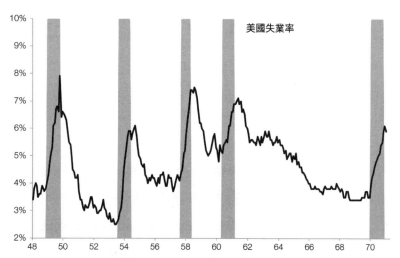

註：陰影區域是美國全國經濟研究所（NBER）定義的衰退時期。

資料來源：Glodman Sachs Global Investment Research

5　Glyn, A., Hughes, A., Lipietz, A. and Singh, A. (1988). The rise and fall of the golden age. United Nations University WIDER Working Paper 43/1988.

科技革新

　　二戰後時期的科技和社會變遷影響深遠，許多革新改變了人們的生活方式和經濟成長。電視越來越普及，1953年時，彩色電視在美國問世。電視產業的發展徹底改變了社會，不僅提供了新的社會影響媒介和廣告來源，也讓民眾可以即時觀看事件的進展。同期問世的發明還有光學纖維和錄影機，以及推動電腦微型化的電晶體。除此之外，磁芯記憶體的應用也讓電腦的儲存空間翻了八倍。裝設電池的電話（手機的前身）和文書處理器也在這段時期出現。

　　醫學領域也取得重大進展。雖然盤尼西林最早是由蘇格蘭科學家亞歷山大・弗萊明（Alexander Fleming）於1928年發明，但是到了二戰才開始大規模生產。盤尼西林對戰爭非常重要，像是美國就為盟軍的諾曼第登陸（D-Day landings）計畫準備了二百三十萬劑盤尼西林。[6]自二戰以來，盤尼西林和其他抗生素大大改變了醫療。不久之後，小兒麻痺、麻疹和德國麻疹等疾病的疫苗也相繼問世。1950年5月，口服避孕藥的發明不僅成為改變社會的一大關鍵，也讓女性可以控制生育。

　　電信產業同樣迅速發展。第一條橫跨大西洋的海底電話系統TAT-1從1955年開始鋪設，並於1956年9月正式啟用，連結

6　The National WWII Museum (2013). *Thanks to Penicillin... He Will Come Home! The Challenge of Mass Production* [Lesson Plan from the Education Department].

大西洋東西兩岸的通訊。在1956年，美國和歐洲已經可以使用該系統撥打電話（但是所費不貲，白天通話三分鐘的費用是12美元）。

　　1961年4月，俄羅斯太空人尤里・加加林（Yuri Gagarin）成為史上第一位進入太空的人類；相隔不到一個月，太空人艾倫・雪帕德（Alan B. Shepard）成為第一位進入太空的美國人。1969年7月，阿波羅11號完成史上首次登月任務，也興起一連串的科技革新，像是記憶海棉、無線吸塵器，以及冷凍乾燥食品等營養科技。

　　另一項革新來自音樂錄製產業；雖然對經濟變革的影響較小，但是對社會的影響相當深遠。在1948年之前，音樂都是錄製在直徑十吋或十二吋的唱片上（又稱「78轉唱片」，因為該唱片的轉速為每分鐘七十八轉），但是這些唱片非常脆弱。哥倫比亞唱片公司（Columbia Records）推出了更耐用的乙烯基黑膠唱片，轉速為每分鐘33⅓轉，結果大幅提升了儲存空間。原本78轉唱片單面大約可以錄製四分鐘，而新的33轉唱片單面則可錄製二十五分鐘。1949年，勝利唱片公司（RCA Victor）發行新格式的45轉唱片。採用此格式錄製的第一張唱片是兒童故事《短笛小樂手》（ *Pee-Wee the Piccolo* ，暫譯）。這款新格式的唱片在不久之後成為流行音樂的重大推手。貓王艾維斯・普里斯萊（Elvis Presley）於1954年發行首張唱片《沒事的》（ *That's All Right* ），並在1955年加入勝利唱片公司。當時，貓王第一首紅遍全球的熱門歌曲《傷心旅館》

（*Heartbreak Hotel*）在四個國家的排行榜奪冠，並且在多國排行榜登上前十名。同年，比爾·哈利（Bill Haley）和彗星樂團（Comets）發行《圍著時鐘搖滾》（*Rock Around the Clock*），唱片銷量為三百萬張。音樂消費的新型態成為新一代「青少年」文化改革的社交發展核心，並在往後數十年徹底改變了社會。

穩定的低實質利率

雖說二戰後的重建是經濟成長的一大助力，但勞動力參與（labor participation）也是不可或缺的關鍵因素。除此之外，長期穩定的低利率也對經濟成長有所幫助。[7]

雖然整體來說，這段時期通膨和利率均呈上升走勢，但仍具有一定程度的金融抑制（financial repression）。由於美國在二戰之前累積了龐大的債務，聯準會因此控制殖利率曲線，並依照殖利率曲線規定利率上限，藉此支持美國公債。[8]短期國庫券（Treasury bill）的利率上限是3.8%，而長期國庫券（longer-term bond）的利率上限則是2.5%。1947年，美國通膨迅速飆升，通膨率突破17%（消費者物價指數）；到了1951年，通膨率甚至超過20%。因此，1951年的《聯準會協

7　Rose, J. (2021). Yield curve control in the United States, 1942 to 1951. Available at https://www .chicagofed.org/publications/economic-perspectives/2021/2.

8　Miller, A., Berlo, J. C., Wolf, B. J. and Roberts, J. L. (2018). *American Encounters: Art, History, and Cultural Identity*. Washington, D.C.: Washington University Libraries.

議》（Federal Reserve Accord of 1951）解除了短期利率的規定
上限，防止通膨壓力進一步升高。雖然1950年代初期便停止
了殖利率曲線控制，但某種形式的金融抑制仍持續進行。[9]縱
使通膨上漲，名目利率仍然不高，實質利率（名目利率減去通
膨）更低，甚至呈現負值。二戰結束後的三十幾年，利率始終
低迷（圖表4.4）。美國成功將長期公債的實質利率控制在1%
以下。

**圖表4.4　美國短期國庫券和十年期公債的實質利率明顯為負：本圖
表為十年期名目利率減去十年平均通膨率的結果**

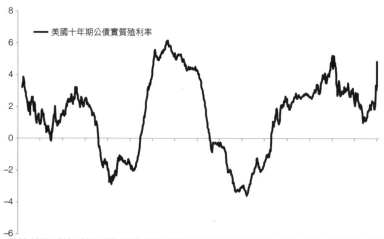

資料來源：Glodman Sachs Global Investment Research

9　Reinhart, C. M., Kirkegaard, J. F. and Sbrancia, M. B. (2011). Financial repression
　　redux. Available at https://www.imf.org/external/pubs/ft/fandd/2011/06/pdf/
　　reinhart.pdf.

　　根據卡門・萊因哈特（Carmen Reinhart）的理論，存款利率設定上限會導致儲蓄的實質利率低於公債的實質利率，進而鼓勵儲蓄人持有政府債券。當時在資本管制（capital control）的影響下，許多先進經濟體都有這個情況；投資人為追求高殖利率而導致資金外流的現象也因此較晚出現。

　　極低的實質利率也幫助政府償還了二戰期間累積的龐大債務，舉例來說，英國的政府債務在1945年佔GDP比重為216%，到了1955年，債務佔GDP比重已降至138%。

　　其他政策的目的則是提振成長，稅制改革就是其中之一。舉例來說，美國在1950年代的個人最高稅率超過90%，而企業最高稅率超過50%；到了1960年代，約翰・甘迺迪（John F. Kennedy）總統執政時期大砍稅率，掀起消費熱潮與股價飆漲。

全球貿易蓬勃發展

　　主要的工業大國雖然在二戰初期的製造業出口極低，但是在戰後迎來了貿易成長的黃金時期。

　　國際貨幣基金組織、世界銀行和布列敦森林貨幣體系降低了全球經濟的不確定性和波動性。此外，新建立的組織如：1948年簽署和成立的《關稅與貿易總協定》（General Agreement on Tariffs and Trade, GATT）及相關組織，以及1964年成立的聯合國貿易和發展會議（United Nations Conference on Trade and Development, UNCTAD），皆以強化全球貿易為宗旨，幫助全球經濟體系更加完善。1964年，GATT展開第六回合談判，這場多邊貿易談判又稱為「甘迺迪回合」（Kennedy Round）。到了1967年，GATT多輪談判已經讓許多商品的貿易關稅平均降低35%到40%，也在當時被譽為史上最重要的貿易與關稅談判。

　　不僅是大西洋兩岸的貿易成長不少，大西洋國家與亞洲之間的貿易也增加了。舉例來說，日本對美國的出口貿易在1950年代、1960年代的年成長率將近20%，1950年到1975年間的貿易量更是達到1913年到1950年間的八倍之多。[10]

嬰兒潮

　　在二戰後時期，大多數已開發國家的人口顯著成長（圖表4.5）。這波「嬰兒潮」大大提振了需求，[11]結婚和生育率上升，新生兒人數大量增加。戴安・馬庫諾維奇（Diane J. Macunovich）將西方國家同時湧現的嬰兒潮稱為「出生之震」（birth quake）。許多國家的出生人數在幾年之內翻倍成長。這波嬰兒潮讓人跌破眼鏡，超乎人口學家和社會科學家的預料。

10　Glyn, A., Hughes, A., Lipietz, A. and Singh, A. (1988). The rise and fall of the golden age. United Nations University WIDER Working Paper 43/1988.

11　Anstey, V. (1943). World Economic Survey, 1941-42 [Book Review]. *Economica*, **10**(38), pp. 212-214.

圖表4.5　二戰後時期的出生率明顯上升：本圖表為美國的出生率（每千名人口的出生人數）

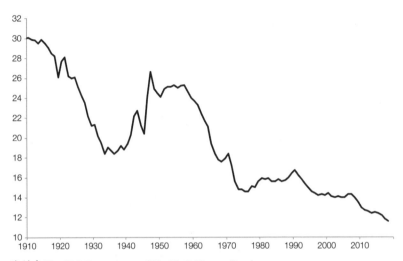

資料來源：U.S. Department of Health & Human Services

1944年，歐洲進行長期人口推估（population projection），認為歐洲城市人口的生活願景將會擴及貧困地區，進而抑制生育率。[12]

　　嬰兒潮也大大改變了社會。從電影、繪畫、音樂、服飾到家具設計，各個領域的創意層出不窮。房屋興建數量攀升也讓價格實惠的現代家具需求大增。新材料的引進讓創意產業採用了全新方法。正如紐約大都會藝術博物館所言：「新的樂觀主義盛行於世，瀰漫著前程似錦的風氣。」這種樂觀情緒也蔓延

12　Notestein, F. W. (1983). Frank Notestein on population growth and economic development. *Population and Development Review*, **9**(2), pp. 345-360.

至消費需求和股票報酬率。[13]

消費和信用擴張

失業率在二戰後時期大幅下滑，消費者信心大增。英國的「福利國家」和其他社會安全網（social safety net）措施助長了樂觀情緒，並鼓勵消費者借貸。[14]以英國為例，強調社會安全的《貝弗里奇報告》（Beveridge Report）在二戰後推行，並且國民保健署（National Health Service, NHS）也於1948年設立。政府的社會安全支出從1939年佔GDP比重的4.9%提升到1974年的8.3%。稅收佔GDP比重從1937年的21.6%上升到1951年的33.5%；到了1940年代末，高收入家庭的總稅負比例約為80%。[15]儘管如此，消費者的借貸能力依然提升不少。

這場繁榮的結果是消費者債務增加。以美國的家庭債務來說，1950年代初的債務佔家庭收入不到40%，但是到了2000年代卻逼近140%。

信用市場的革新也強化了家庭債務增加的趨勢。其實，消費者貸款的概念早已行之有年，陶器銘文的證據顯示在五千多年前的古美索不達米亞，當地商人與鄰近地區哈拉帕

13　Goss, J. (2022). *Design, 1950-75*. Essay – The Metropolitan Museum of Art.

14　Vonyó, T. (2008). Post-war reconstruction and the Golden Age of economic growth. *European Review of Economic History*, **12**(2), pp. 221-241.

15　Crafts, N. (2020). Rebuilding after the Second World War: What lessons for today? Warwick Economics Department, CAGE Research Centre.

（Harappa）的商人交易時就運用了信貸。[16]

　　1950年代，信用市場的創新方法如雨後春筍般出現。二戰過後，推陳出新的無抵押分期貸款、循環貸款（revolving loans）和學生貸款在美國越來越受歡迎。這類的消費貸款主要是由政府（包含學生貸款和政府資助的抵押貸款）、私人企業（零售商、銀行和信用卡公司）與非營利的信用合作社（credit union）提供。

　　然而，最重要的革新大概非信用卡莫屬。簽帳卡在這段期間越來越受歡迎，而1950年推出的大來卡（Diners Club）成為首張廣泛使用的一般簽帳卡。這張卡的由來是法蘭克・麥克納馬拉（Frank McNamara）在餐廳結帳時，發現自己把錢包放在家裡；這之後他和拉爾夫・施奈德（Ralph Schneider）共同發明了大來卡。

　　美國運通（American Express）也在1958年推出首張信用卡，讓繳交年費的消費者可以按月支付帳單。信用成長與其他社會變遷產生了成長和樂觀情緒的良性循環。尤其在美國，郊區擴張讓民眾越來越仰賴開車通勤，汽車的需求因此大增。1955年，通用汽車（General Motors, GM）成為第一家年營收超過10億美元的美國企業，該公司賣出的汽車數量甚至比主要競爭者加總起來的產量更高。按營收來看，通用汽車是當時規模最大的公司（但是在2008年，通用汽車的股價已跌回

16　Frankel, R. S. (2021). When were credit cards invented: The history of credit cards. Available at https://www.forbes.com/advisor/credit-cards/history-of-credit-cards/.

1954年的價格）。[17]

　　由於汽車銷售量大增，道路的需求也隨之增加。1956年，美國國會批准了州際公路系統建設。1960年，美國已完成大約一萬英里的州際公路，進而為公路沿線的服務設施（包含餐廳、汽車旅館、加油站和電影院）帶來新契機。城外的購物中心開始出現；到了1964年，全美的購物中心超過七千六百家，其中不少購物中心都位於快速成長的郊區附近。

全面消費主義

　　消費主義變成一種生活方式。企業鼓勵「計畫性汰舊」（planned obsolescence）——每年更換服裝風格，甚至是汽車款式，以提高消費者的購物欲望。[18]雖然這種風潮對環境影響甚劇，但是人們一直到最近這幾十年才重視這個問題。即使企業標榜這些產品能讓生活更簡單，但是背後追求更高業績和利潤的動機始終存在。某位知名的工業設計師被問到對優秀的產品設計和美學有什麼看法時，他打趣地回答：「最美麗的曲線是銷售上升的曲線。」這句話精簡扼要地說明消費主義對企業的吸引力。[19]低失業率鼓勵消費者借貸，好滿足日益膨脹的

17　*The Economic Times* (2008, July 1). General Motors's stock skids to 1950s level.

18　Whiteley, N. (1987). Toward a throw-away culture. Consumerism, 'style obsolescence' and cultural theory in the 1950s and 1960s. *Oxford Art Journal*, **10**(2), pp. 3–27.

19　Raymond Loewy Quotes – The Official Licensing Website of Raymond Loewy.

欲求。

　　在1950年代，電視產業的成長進一步推動生活廣告蓬勃發展，並提供廣告商觸及更多觀眾的機會。大眾化的商業電視為零售業的業績帶來正面影響。加州大學柏克萊分校的金宇鎮（Woojin Kim，音譯）也指出，美國情境喜劇（sitcom）的成長也提倡了理想的郊區生活和消費方式。[20]

　　在1950年代、1960年代，消費文化和廣告影像強勢崛起。安迪・沃荷（Andy Warhol）的經典之作《可口可樂》（*Coca-Cola*）便反映出流行文化出現了明顯變化。[21]

　　大多數的已開發工業國家開始湧現消費熱潮，其中最明顯的就是美國。1957年，英國保守黨首相哈羅德・麥克米倫（Harold Macmillan，1957年至1963年間擔任首相）在貝德福德鎮（Bedford Town）足球場演講時說道：「坦白說，大多數的民眾從未有過像現在這樣的好日子。你去四處看看，逛一逛工業城市，瞧一瞧農場，你會發現一片繁榮，我這一生從未見過此等榮景，甚至這在我國歷史上也是前所未見。」

　　消費者購物的新方式掀起現代主義和興奮情緒，進一步推動消費文化興起。美國特百惠（Tupperware）的創新發明在美國蔚為風潮，也激發出二戰之後民眾對消費品的需求。這家公

20　Kim, W. (2022). Television and American consumerism. *Journal of Public Economics*, **208**, art. 104609.

21　Whiteley, N. (1987). Toward a throw-away culture. Consumerism, 'style obsolescence' and cultural theory in the 1950s and 1960s. *Oxford Art Journal*, **10**(2), pp. 3-27.

司的策略是找出派對主人想擁有什麼樣的消費品，並算出他們需要舉辦多少場派對，才能賺到足夠的錢來購買所需商品。[22]特百惠不僅舉辦各式各樣的促銷活動，也提供廚房電器等獎品作為高額銷售獎勵，藉此加強消費者的購買欲望。這種將銷售業績或工作轉移到消費者身上的做法有助於提高消費品公司的營收和利潤率。以英國的零售業來說，自助商店的演進是提高公司利潤的重要創新之道，讓顧客自行挑選所需商品並拿到收銀台付款。該體系在戰時便已開始實施，因為當時零售業員工短缺。1947年，英國只有十家自助商店，但是1962年成長到一萬二千家，並在1967年達到二萬四千家。在1952年，特易購（Tesco）半數門市都是自助商店。[23]

　　樂觀看待未來成長和消費品牌的風氣蔓延到股票市場。綜觀1960年代，成長迅速的全球企業讓投資人對股市的信心大增，尤其對美國「漂亮50」（Nifty Fifty）股票更是信心滿滿。投資這些股票的背後動機是不用擔心估值，因為這些公司有的收益成長強勁，有的可預期未來強勁成長，其中許多企業也擁有強大的品牌。

　　然而，美國消費支出和公共支出大增，導致全球經濟失衡的情況惡化。1960年代，固定黃金價格的美元（根據布列

22　編註：1950年代時，特百惠推出「特百惠派對」這種銷售方式，讓女性在家舉辦派對向親友鄰居推銷產品，以提升該公司的銷量，並為女性提供了創業機會。

23　Eduqas (2018). *Austerity, Affluence and Discontent: Britain, 1951-1979* [GCSE History Resource].

敦森林體系的固定匯率）價值大不如前。[24]由於林登・詹森
（Lyndon Johnson）總統推出「偉大社會」（Great Society）計
畫，再加上越戰的軍事開銷增加，美國的公共支出大幅增加，
導致布列敦森林體系進一步承受壓力。1960年代末期，黃金
本位制面臨龐大的壓力；理查・尼克森（Richard Nixon）總統
在1971年被宣布「暫時」停止兌換美元為黃金，壓力才終於
消散。[25]然而，「漂亮50」股票泡沫卻破滅了。消費者債臺高
築再加上高額利息費用與失業率攀升，導致良性循環變成了惡
性循環。

在大多數的股市中，股價已在1966年左右進入高原期，
在這之前，股價已經飆漲了十五年之久。[26, 27]結構性熊市隨之
而來；由於通膨和利率飆升，美國市場在1966年到1982年間
實際下跌了75%。這正是下一章要討論的結構性循環。

24 Federal Reserve Bank of Boston (1984). *The International Monetary System: Forty Years After Bretton Woods*. Boston, MA: Federal Reserve Bank of Boston.

25 International Monetary Fund (2020). The end of the Bretton Woods System (1972-81). Available at https://www.imf.org/external/about/histend.htm.

26 Crafts, N. F. R. (1995). The golden age of economic growth in Western Europe, 1950-1973. *The Economic History Review*, **48**(3), pp. 429-447.

27 United Nations (2017). Post-war reconstruction and development in the Golden Age of Capitalism. *World Economic and Social Survey 2017*, pp. 23-48.

第五章

1968年到1982年： 通貨膨脹與低報酬率

到了某一刻，這座大壩將會分崩離析，人們的心態將會改變。

——保羅・伏克爾（Paul Volcker）

　　對於投資人而言，1970年代早期到1980年代早期是歷史
上極糟糕的十年（圖表5.1）。由於通膨和利率飆升，再加上
兩次深度經濟衰退和成長停滯，股市和固定收益市場因此受限
於「停滯性通膨」（stagflation）的處境。種種因素推動了長期
的「高波動、低報酬」環境發展，並持續了十幾年。主要的驅
動因素包含：

- 高利率與低成長。
- 社會動盪和罷工。
- 貿易崩盤、保護主義興起、監管法規增加。

圖表5.1　對於投資人而言，1970年代早期到1980年代早期是歷史上極糟的十年

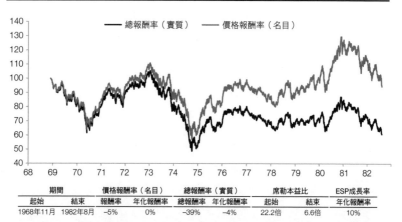

期間		價格報酬率（名目）		總報酬率（實質）		席勒本益比		ESP成長率
起始	結束	報酬率	年化報酬率	總報酬率	年化報酬率	起始	結束	年化報酬率
1968年11月	1982年8月	−5%	0%	−39%	−4%	22.2倍	6.6倍	10%

註：席勒本益比是一種衡量估值的指標，計算方式是將指數價格除以通膨調整後
的十年平均每股盈餘（EPS）。

資料來源：Glodman Sachs Global Investment Research

- 政府債臺高築與企業利潤率低迷。

　　歷經十五年的驚人漲幅之後，大多數的股市在1966年已進入高原期，美國股市則在1968年觸頂。隨後出現的是結構性熊市：由於通膨和利率飆升，美國股市在這段時期價格下跌5%，並且在1968年到1982年間，年化實質價格零成長。不過，這次的情況跟1930年代、1940年代的熊市一樣；在這一整個超級週期當中，至少有兩場熊市合而為一。

投資人失落的十年

　　對投資人來說，1970年代的波動雖高，但總報酬率卻很低，因此這段時期亦可稱為長期的「高波動、低報酬」週期。雖然以名目報酬率而言，股票指數確實有所成長，但由於通膨太高，調整通膨後的實質總報酬率變得非常低。正如圖表5.1所示，股息變成股市投資人獲取報酬的重要來源，因為股息跟得上通膨，能成為投資人對抗價格上漲的保護機制。

　　高通膨與高利率迫使經濟陷入深度衰退，導致家庭的淨財富縮水，企業的利潤率下滑。

泡沫破裂前的榮景

　　雖然多數股市在1960年代末達到巔峰，但是有少數幾間大型公司（又稱為「漂亮50」）在1960年代末到1970年代初

的表現出類拔萃。其中許多公司的資本報酬率極高（有別於1990年代末的科技泡沫時期，當時資本報酬率低的新企業主導了市場），當時投資人也堅信報酬率能長久維持下去。因此，「漂亮50」也常被人稱為「長抱」（one-decision）股──無論價格如何，投資人都樂意買進並持有。大眾的投資風格從「價值股」（Value）轉向「成長股」（Growth）。

雖然沒有官方指數來衡量這些大型股和跨國公司，但這些企業在全球成長和低利率的環境中蓬勃發展。不過，這些公司的股價也變得非常昂貴。1972年，標普500指數的本益比是十八倍，但「漂亮50」的平均本益比卻是標普500的兩倍以上。寶麗來（Polaroid）的本益比超過九十倍，迪士尼（Walt Disney）和麥當勞（McDonald）的預估本益比則超過八十倍。雖然估值極高，但傑瑞米·西格爾（Jeremy Siegel）教授認為大多數的「漂亮50」股票確實有達到其估值，並實現了強勁的報酬率。[1]

在1990年代末和全球金融危機之後，類似的情況再次引起人們關注「新經濟」股。這些時期跟1960年代一樣，價值型（或「舊經濟」）股票乏人問津。

在高利率的壓力之下，金融資產估值重挫的速度非常驚人。以「股六債四」的經典平衡投資組合來說，這段時期是二

1　Siegel, J. J. (2014). *Stocks for the Long Run: The Definitive Guide to Financial Market Returns & Long-Term Investment Strategies*. New York: McGraw-Hill Education.

戰過後最嚴重（圖表5.2）的最大回檔（即價值下跌），幅度僅次於2008年至2009年全球金融危機（詳情請參見第七章）。

　　財富侵蝕的情況相當明顯（圖表5.3）。由於通膨侵蝕了許多金融資產的實際價值，股價也下跌，只有實質資產和房地產的價值上升；美國家庭淨資產佔GDP的比重下滑了25%。

高利率與低成長

　　1970年代「高波動、低報酬」長期趨勢的驅動因素涵蓋了總體經濟、個體經濟和地緣政治。以總體經濟來說，飆漲的通膨和利率引發兩次經濟衰退，以及兩次衰退之間的成長疲弱

圖表5.2　平衡的投資組合在歷史中經歷的大回檔：本圖表呈現「股六債四」投資組合每年回檔的情況（縱軸為日報酬率，按月重新平衡）

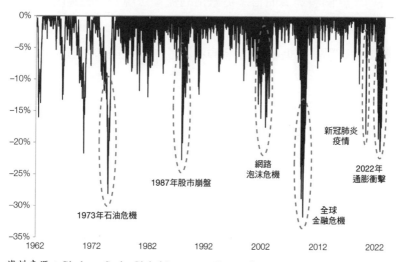

資料來源：Glodman Sachs Global Investment Research

圖表5.3　1970年代家庭淨資產遭受嚴重侵蝕：本圖表呈現家庭房地產、公司股權和淨值佔GDP的百分比

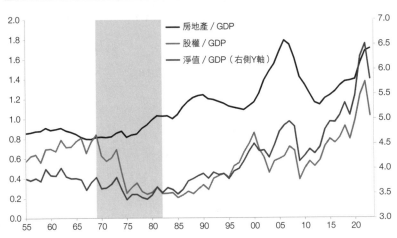

資料來源：Federal Reserve, Financial Accounts of the United States

時期。就個體經濟而言，更嚴格的監管法規、不穩定的勞動市場與低利潤率是主要因素。從政治層面而論，冷戰的緊張局勢、中東戰爭以及隨後爆發的石油危機也重挫了投資人的報酬率。

經濟政策也是重要因素。經濟大蕭條的慘痛教訓和凱因斯的穩健政策深深影響著二戰後的政策共識，因此需求管理是透過財政政策（政府支出和稅收）與貨幣政策（調整利率）相輔相成，以達到穩定成長和充分就業。

在1950年代和1960年代，有一套大眾普遍接受的假設是：失業與通膨之間存有穩定關係〔即「菲利普曲線」（Phillips curve）〕，而且低失業率與高通膨之間有著權衡關係。因此，

尋找兩者之間的平衡就是政策的首要重點。

到了1970年代，高失業率、社會動盪和戰爭持續影響著政策發展。然而，在布列敦森林體系崩潰之後，經濟壓力不斷累積；二戰後的政策共識顯然不再適用，必須採取新的解決方案。

布列敦森林體系瓦解

《布列敦森林協定》管理的全球匯率體系崩盤以及1960年代的政策組合導致這段時期的通膨上升。在1960年代初期，美國總統甘迺迪的競選承諾是「讓經濟再度成長」，而在甘迺迪當選之後，政府推行財政政策，並引進一連串的減稅措施、投資稅收抵減、更快的資本折舊。

在1960年代，美元（根據布列敦森林的固定匯率體系，美元兌黃金的價格是固定的）價格逐漸高估。美國跟日本、德國的貿易逆差持續擴大。許多美國的跨國企業在歐洲投資設廠，因為歐洲比美國的生產力更高，而且美國的工廠比較老舊，不易整合創新科技。歐元市場的誕生成為此類投資取得廉價融資的新來源。由於貿易失衡，再加上資助美國參與越戰產生了龐大的財政赤字，導致國際負債增加，但黃金儲備量已然不足。[2]

1966年，聯準會迅速提高政策利率，從年初1.5%提高到9

2　Meltzer, A. H. (1991). US policy in the Bretton Woods era. *Federal Reserve Bank of St. Louis Review*, **73**(3), pp. 54-83.

月的6%以上。然而1968年，由於詹森總統打算增加越南的美軍兵力，導致經濟和布列敦森林體系的壓力更加沉重。同年3月，美國被迫一天賣出一百噸黃金，以維持美元兌黃金的穩定性。[3]

為了阻止資本外流，美國財政部與聯準會共同合作，採取互補政策。財政部增加短期國庫券的數量來吸引資本投入，並同時買回長期國庫券，以壓低長期利率，實行「殖利率曲線控制」政策。美國政府增加借款，以資助減稅政策和節節攀升的越戰支出。維持低利率以「調節」政府增加支出的政策雖然提高了貨幣供應量，但也導致物價上漲（通貨膨脹），失業率依然居高不下。

1970年代以阿戰爭再加上石油輸出國家組織（Organization of Petroleum Exporting Countries, OPEC）實施石油禁運，進一步推升通膨。經濟學家開始將通膨劃分為「需求拉動型」（demand-pull）和「供給推動型」（supply-push），政策制定者正面臨重重困境。雖然中央銀行可以透過提高利率來緩和超額需求，但是這樣無法解決石油市場推升油價和通膨的供給問題。

著名的貨幣學派經濟學家艾德蒙‧費爾普斯（Edmund Phelps, 1967）和彌爾頓‧傅利曼（Milton Friedman, 1968））指出，二戰後經濟共識所依據的菲利普曲線已經不適用，而且不

3　Bryan, M. (2013). The Great Inflation. Available at https://www.federalreservehistory.org/essays/great-inflation.

再穩定。他們認為隨著通膨上漲，勞工會調整需求以因應未來更高的通膨，曲線因此向上移動。也就是說，不論就業情況如何，通膨都會繼續上揚，而且需要更高的通膨才能維持低失業率。

　　國際市場的壓力持續增加。由於美國和英、法等國家相比利率較低，再加上金價飆漲的緣故，引起廣泛的投機行為以及資本流出美國。到了1971年中期，金價已漲至每盎司超過40美元，許多國家開始賣出美元儲備以購買黃金。1971年8月，美國停止美元兌換黃金制度，並對應稅進口物品徵收10%的臨時附加費，結果導致布列敦森林體系崩盤。1971年12月，《史密松寧協定》（Smithsonian Agreement）試圖讓該體系起死回生，但最終仍無力回天。布列敦森林體系瓦解之後，各國嘗試了各種管理貨幣的方法，但是多數的貨幣匯率最終仍會自由浮動，因而提高了市場波動性。

　　1973年底，由於以阿戰爭局勢緊張，經濟問題和金融市場壓力進一步惡化。在美國決定向以色列提供軍事補給之後，OPEC的阿拉伯國家就對美國實施石油禁運。結果石油價格飆漲；到了1974年初，燃料價格已經翻了一倍。

　　石油價格上漲必然會提高生產成本，引發不容小覷的供給問題，導致食品價格隨之急漲；先前新冠肺炎大流行之後情況也是如此。全球通膨從1971年的平均5%左右，到1975年已經超過10%。部分國家的物價甚至漲得更高：美國的通膨從1971年3.3%飆升至1975年12.3%，日本的同期通膨率則從4.5%漲

到超過24%。

在1973年石油危機之前，全球GDP的年成長率是5.3%，但是在危機爆發後的1970年代，年成長率幾乎砍半僅剩2.8%，1980年代初期的年成長率更是放緩至1.4%。[4]已開發國家面臨的經濟困境在許多開發中國家更為明顯；這些國家由於政府借款增加，債務水準更高，一部分得靠回收大量的石油美元（petrodollar）償還。

由於高失業率和通膨壓力的經濟危機加重，政策共識因此出現大反轉。1979年10月，時任聯準會主席的伏克爾執行了大刀闊斧的貨幣緊縮政策，藉以徹底抑制通膨。各國央行不得不積極提高利率，效果也相當顯著。實質利率因此飆升（圖表5.4），逆轉了1950年到1973年長期牛市所建立的趨勢。

美國和許多主要經濟體在十年內陷入第二次經濟衰退。對於新興經濟體而言，爆炸性增加的利息重擔導致還債越發困難。1981年和1982年間，大型國際銀行認定某些開發中國家無力償還外債之後，忽然停止短期信貸再融資，引發全球債務危機。從1982年8月墨西哥債務違約開始，危機迅速蔓延，全球各地的新興經濟體發生一連串的債務違約事件。國際銀行貸款的成長率急跌。短短幾年之內，歐洲、非洲和拉丁美洲將近二十個國家經歷了至少一場債務危機，國際貨幣基金組織和其

4　United Nations Department of Economic and Social Affairs (2017). World Economic and Social Survey 2017: Reflecting on Seventy Years of Development Policy Analysis. New York: United Nations.

圖表5.4　1970年代實質利率飆升：本圖表呈現美國十年實質利率。
陰影區域代表美國經濟衰退（根據美國全國經濟研究所的數據）

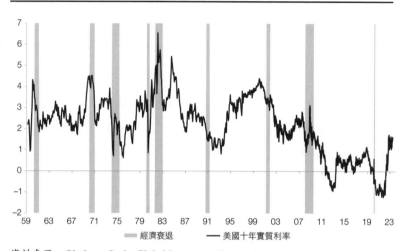

■■ 經濟衰退　　　— 美國十年實質利率

資料來源：Glodman Sachs Global Investment Research

他多邊機構不得不進場干預。[5]

社會動盪與罷工

　　由於經濟壓力在這十年間變得日益沉重，企業以裁員來因
應。結果失業人口遽增，需求進一步下滑。由於失業率攀升，
罷工事件在這十年的初期就已經相當普遍，舉例來說，將近二
十一萬名美國郵政人員在1970年發動罷工。但是政府認為這
場罷工違法，因此這場罷工成為美國史上規模最大的「野貓」

5　Boughton, J. M. (2002). Globalization and the silent revolution of the 1980s. *Finance & Development*, **39**(1), pp. 40-43.

（wildcat）罷工。尼可森總統召集軍隊和國民警衛隊（National Guard）來鎮壓罷工。1970年參與抗議的勞工人數達到1952年之後的新高，比1969年的人數多了33%。[6]

美國四大鐵路工會也在1970年發動罷工。1971年，兩場碼頭工人罷工事件導致東西兩岸和墨西哥灣的主要港口關閉。1975年，賓州八萬名勞工發起第一場公務員合法罷工行動。1977年到1978年間，罷工行動延燒到煤炭產業。隨著生活成本持續上漲，罷工事件越來越多。1979年，美國公路與卡車司機工會超過二十萬名勞工發起為期十天的罷工。[7]

在大西洋的彼岸，罷工事件和社會動亂遍地開花。1968年5月，法國的學生發起示威，成為這場抗議活動的主要焦點（圖表5.5）。這場示威持續七週，共有一千一百萬人參與。

英國也湧現了類似的浪潮。1970年，包含護理師和電工人員在內，罷工行動損失的工作天數超過一千萬天。其中許多都是非正式罷工，並未得到工會支持。到了1970年代尾聲，英國經濟遭受一連串的罷工行動重創，史稱為1978年至1979年「不滿的冬天」（Winter of Discontent）。[8]最終，國會舉行了首相詹姆斯‧卡拉漢（James Callaghan）的不信任投票案（no-

---

6　Hodgson, J. D. and Moore, G. H. (1972). *Analysis of Work Stoppages, 1970*. U.S. Department of Labor, Bulletin 1727.

7　Schwenk, A. E. (2003). Compensation in the 1970s. *Compensation and Working Conditions*, **6**(3), pp. 29-32.

8　出自威廉‧莎士比亞（William Shakespeare）《理查三世》（*Richard III*）的開場白。

圖表5.5　1968年5月學運期間，一名學生向巴黎警察丟石頭

圖片來源：Gamma-Keystone. https://www.gettyimages.co.uk/detail/news-photo/un-%C3%A9tudiant-lance-des-pav%C3%A9s-sur-le-service-dordre-au-news-photo/1264479225

confidence vote）並重新選舉；瑪格麗特・柴契爾（Margaret Thatcher）並於四個月後上任領導政府。

　　政治的不確定性同樣升高。1973年美國的水門案（Watergate scandal）和中東日益緊張的地緣政治局勢加深市場擔憂。由於投資人的報酬率一落千丈，因此相較無風險的政府

債券，股票估值下滑；股市風險溢酬（意即跟安全的債券相比，投資人對有風險的股票所要求的未來報酬）隨之提高。鬱悶和失望之情瀰漫市場，企業倒閉（尤其是能源密集的製造業）成為社會動盪的導火線。

　　1970年代末的龐克音樂文化展現了當時的情景，反映出年輕世代找不到工作的絕望。[9]正如衝擊合唱團（The Clash）在1976年接受《泰晤士報》（*The Times*）採訪時表示：「要是有工作的話，我們就會歌頌愛情和親吻了。」[10]當時的歌詞蘊含失落和被拋棄的感受，而非1970年代早期音樂所蘊含的希望和理想。性手槍樂團（Sex Pistols）的《沒有未來（天佑女王）》〔*No Future (God Save the Queen)*〕和《英格蘭的夢裡沒有未來》（*There is No Future/In England's Dreaming*，暫譯）展現出憤怒和被遺棄的感受。[11]流行樂團UB40的團名取自英國政府的失業福利表格，[12]而且1980年的出道專輯《簽名畫押》（*Signing Off*）的封面就是這張表格。法國也是如此，許多歌曲的創作靈感源自社會事件，詞曲作家雷歐・費雷（Léo Ferré）《1968年的夏天》（*L' Été 68*，暫譯）便是一個例子。暴亂和動

9　Fletcher, N. (2018). "If only I could get a job somewhere": The emergence of British punk. Young Historians Conference, 19. Available at https://pdxscholar. library.pdx.edu/younghistorians/2018/oralpres/19.

10　Church, M. (1976, November 29). Catching up with punk. *The Times*.

11　Lydon, J., Matlock, G., Cook, P. T. and Jones, S. P. (1976). *No Future (God Save the Queen)*.

12　譯註：當時英國的失業人士若要申請救濟補助，則需填寫政府提供的「失業福利40號表格」（Unemployment Benefit-Form 40），UB40團名由此而來。

盪情景的影響力無遠弗屆。滾石樂團（The Rolling Stones）的《街頭鬥士》（*Street Fighting Man*）隱喻法國的暴動事件，近年石玫瑰樂團（Stone Roses）的專輯有一首《壞人再見》（*Bye Bye Badman*，暫譯）也提到這起事件。這段時期也深深影響著電影界，許多電影描繪當時的事件，像是弗朗索瓦·特呂弗（François Roland Truffaut）《偷吻》（*Baisers volés*, 1968）的時空背景就正值騷亂時期。當然，我們不宜誇大這些潮流主導了藝術場景，其他主流音樂同樣受人歡迎，只是爭議比較少而已。舉例來說，性手槍樂團《天佑女王》發行時間正值女王銀禧紀念日，結果被BBC電視台禁播，其文化意義不言而喻。[13]

貿易崩盤、保護主義興起、監管法規增加

　　高通膨、高失業率和低成長導致英美等國創下破紀錄的貿易逆差，而日本（圖表5.6）和部分歐洲國家則坐擁史無前例的貿易順差。政策制定者著重於減少進口，或是提升貿易逆差國的主要資本流動，然而，由於廣泛的資本管制，後者難以實踐。

　　結果，貿易保護主義興起。雖然東京回合的GATT貿易談判持續討論降低關稅，但歐美國家跟貿易大幅順差的日本之間關係越發緊張。某種程度上，這些擔憂跟2000年代顧慮中國的貿易順差有著異曲同工之妙。

13　這首歌發行四十五年後於2022年6月4日重新發行，並且首度登上英國排行榜冠軍；當時正值女王白金禧的週末。

圖表5.6　日本貿易順差激增：本表為1960年到1990年間日本的出口、進口和貿易順差

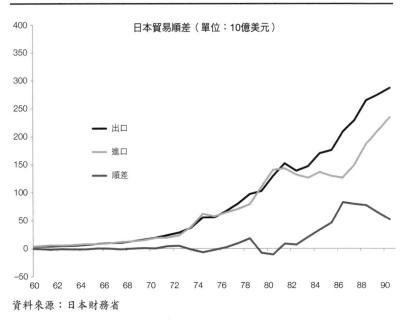

資料來源：日本財務省

　　他們的因應措施是在GATT未明確涵蓋的區域激起「自發的」貿易限制，巧妙地規避GATT協議。[14]

　　美國和歐洲向日本施壓，要求日本自願限制出口，尤其針對汽車和鋼鐵出口。美國提出的反傾銷訴訟越來越多，也對開發中國家執行了不少貿易保護措施。1974年施行的《多種纖維協定》（Multi-Fibre Arrangement, MFA）限制了開發中國家

14 Irwin, D. A. (1994). The new protectionism in industrial countries: Beyond the Uruguay Round. IMF Policy Discussion Paper No. 1994/005.

出口到已開發國家的服飾和紡織品數量（該協定持續至1994年）。由於當時的潮流與自由貿易背道而馳，導致成本增加與企業利潤率下滑。

公共支出增加、利潤下滑

美國和其他經濟體在這段時期的公共支出遽增。詹森總統的「偉大社會」計畫和越戰的軍事開銷增加，導致赤字擴大。此外，戰爭及太空競賽等緊張局勢不僅讓蘇聯的開銷增加，也助長了軍備霸權之爭。在1970年代和1980年代，蘇聯的軍事和太空支出佔了大約GDP的15%，該比重是美國的三倍和歐洲的五倍（Maddison Database, 2010）。[15]

與此同時，歐洲各國也提高了福利國家的政策支出，並擴大企業國營化。以英國為例，政府在1970年代接管了大量產業（當時許多國家的政府也已是如此），像是1969年接管國家公車公司（National Bus Company）和英國郵局（Post Office）、1971年勞斯萊斯汽車（Rolls Royce）、1973年接管各地供水和英國天然氣公司（British Gas）、1975年英國石油公司（British Petroleum）、1976年國家企業局（National Enterprise Board，管理國營或部分國營企業的控股公司）和英國禮蘭汽車〔British Leyland，包含旗下的捷豹（Jaguar）和荒原路華（Land Rover）公司〕，以及1977年接管英國航太公司

15　Maddison Database (2010). https://www.rug.nl/ggdc/historicaldevelopment/maddison/releases/maddison-database-2010?lang=en.

（British Aerospace）。

公共支出增加和工資上漲導致GDP的利潤比例持續下滑。事實上，私部門遭受重重夾擊，面對監管法規變多、高利率成本、賦稅、成長不確定性、能源成本與工資成本雙高的情況。正如圖表5.7所示，稅後企業利潤在美國GDP的佔比一落千丈。

衰退結束

在1970年代末期，股市已出現大幅反彈。1980年11月，美國的羅納德‧雷根（Ronald Reagan）擊敗吉米‧卡特（Jimmy

圖表5.7　1970年代和1980年代的GDP利潤比例下滑：陰影區域為通膨時期（1968年至1982年以及2022年至2023年）

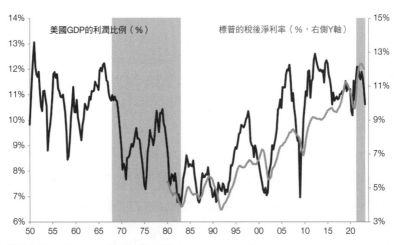

資料來源：Glodman Sachs Global Investment Research

Carter）當選為總統，再加上共和黨掌管了參議院，外界將其視為對市場有利的訊號。道瓊指數自1976年以來首次突破一千點，但這段熱潮只是曇花一現。急遽升息的結果（聯準會將折現率提高到14%，創下歷史新高）導致股市再度重挫，全球大多數的經濟體陷入新一波衰退。1981年，通膨、高失業率和經濟停滯導致全球股市殺至新低點，然而一瀉千里的估值卻為歷史上一場強勁且漫長的牛市奠定根基。

第六章

1982年到2000年：現代週期

戈巴契夫（Gorbachev）先生，請打開這扇門！戈巴契夫先生，請推倒這堵牆！

——雷根總統

　　整體來說，在1982年到2000年的長期牛市期間，金融
市場的報酬高且波動低（圖表6.1）。話雖如此，這場牛市跟
多數的長期牛市一樣，涵蓋了好幾輪週期；而且跟1968年
到1982年間的情況相似，大多數的經濟體也經歷了兩次衰退
（1980年代初期和1990年代的衰退都很慘痛）。然而，1980年
代的衰退跟1970年代的「高波動、低報酬」趨勢不太一樣，
因為前者的通膨和利率呈現下滑走勢，能幫助市場產生強勁報
酬。

　　綜觀這次的超長週期，美國股票的總實質報酬率超過
1,300%，經通膨調整後的含息年化成長率為16%。股息的成長
彌補了通膨（圖表6.1）。

**圖表6.1　1982年到2000年的長期牛市是金融市場報酬高、波動低
的時期**

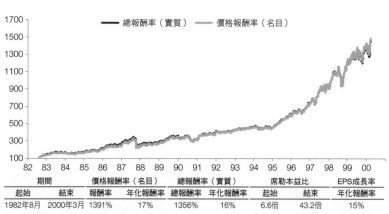

期間		價格報酬率（名目）		總報酬率（實質）		席勒本益比		EPS成長率
起始	結束	報酬率	年化報酬率	總報酬率	年化報酬率	起始	結束	年化報酬率
1982年8月	2000年3月	1391%	17%	1356%	16%	6.6倍	43.2倍	15%

註：席勒本益比是一種衡量估值的指標，計算方式是將指數價格除以通膨調整後
的十年平均每股盈餘（EPS）。

資料來源：Glodman Sachs Global Investment Research

推動高報酬的複雜因素眾多，包含：

1. 大溫和。
2. 通膨趨緩和資本成本降低。
3. 供給面改革〔包括解除管制（deregulation）和民營化〕。
4. 蘇聯解體（地緣政治風險降低）。
5. 全球化與合作。
6. 中國和印度的影響力。
7. 泡沫與金融革新。

1. 大溫和

現代週期通常歸因於經濟變數的「大溫和」（圖表6.2）。這個詞〔由詹姆斯・史托克（James Stock）和馬克・威爾森（Mark Wilson）提出〕指的是主要的總體經濟變數（包含通膨、利率、GDP和失業率在內）波動性大幅降低。[1] 奧立維爾・布蘭察（Olivier Blanchard）和約翰・西蒙（John Simon）在2001年指出，從1980年代初開始計算的二十年內，實質產出的季成長變異程度（以標準差衡量）降低一半，季通膨的變異程度則降低約三分之二。[2]

1　Stock, J. H. and Watson, M. W. (2002). Has the business cycle changed and why? *NBER Macroeconomics Annual*, **17**, pp. 159-218.

2　Brookings (2001). The long and large decline in U.S. output volatility. Available at https://www .brookings.edu/articles/the-long-and-large-decline-in-u-s-output-volatility/.

圖表6.2　獨立央行促成了時間較長、波動較低的經濟週期：本圖表呈現GDP和通膨的十年滾動波動率

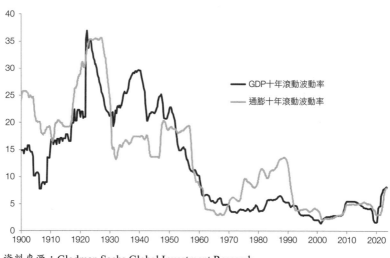

資料來源：Glodman Sachs Global Investment Research

　　上述情況改善為金融市場的投資人帶來不少正面影響。低波動幫助企業更容易規劃未來，成本也比較低；投資人的避險需求和成本也降低了。產出波動變低也有助於降低就業波動，企業、家庭和投資人面對的不確定性因此下降。[3]不確定性變小也能降低風險溢酬（為了反映未來結果的不確定性，投資人要求較高的報酬率），進而降低資本成本。這段時期的家庭淨財富增加，收入也開始有了起色；企業利潤率回升，資本報酬率也隨之上漲。雖然波動維持在低檔，但是有人認為這會導致

3　Bernanke, B. (2004). The Great Moderation: Remarks before the Meetings of the Eastern Economic Association, Washington, D.C.

未來波動更高，因為投資人承擔了更多風險。這項波動悖論（Volatility Paradox）時常被認為是科技泡沫和全球金融危機前夕風險升高的原因。[4]

2. 通膨趨緩和資本成本降低

從1950年代末到1960年代初，許多經濟體的通膨率低且穩定，美國的通膨率則大約落在1%左右。然而，通膨從1960年代中期開始上揚，到1980年已經超過14%。在1980年代後期，通膨率回跌至3.5%，這時利率也大幅下滑。這段時期利率走低的趨勢反映出通膨明顯調降。

從1982年8月到1999年12月，道瓊工業平均指數的年化實質報酬率為13%，不僅贏過長期的平均報酬率，也超過該時期的盈餘或淨值成長。[5]因此，這場長期牛市大部分反映的是估值擴張──股票和固定收益（債券）的報酬率同步走揚，而折現率下滑。然而，這段時期主要的驅動因素是企業每股盈餘強勁成長（圖表6.3）以及通膨與利率下滑（圖表6.4）。

4　Danielsson, J., Valenzuela, M. and Zer, I. (2016). Learning from history: Volatility and financial crises. FEDS Working Paper No. 2016-93.

5　Ritter, J. R. and Warr, R. S. (2002). The decline of inflation and the bull market of 1982-1999. *The Journal of Financial and Quantitative Analysis*, **37**(1), pp. 29-61.

圖表6.3　企業每股盈餘強勁成長是現代週期的一大特徵：本圖表呈現標普500指數的價格及其每股盈餘走勢

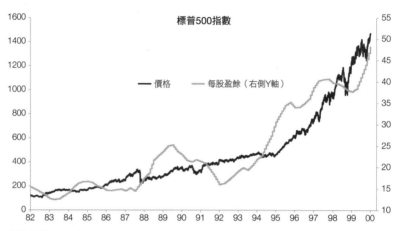

資料來源：Glodman Sachs Global Investment Research

圖表6.4　通膨與利率下滑是現代週期的一大特徵：本圖表呈現美國十年期公債名目殖利率（％）與美國消費者物價指數年增率（％，右側Y軸）走勢

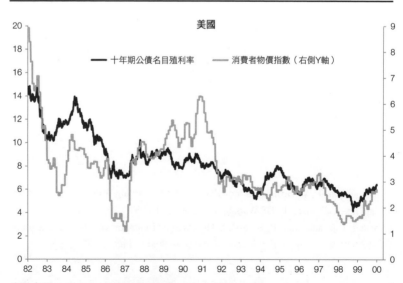

資料來源：Glodman Sachs Global Investment Research

歐洲利率收斂

全球利率走跌的另一個驅動因素是1990年代中期歐洲單一貨幣收斂。[6]說得更清楚一點，這個情況發生在1990年代初期德國統一之後，當時歐洲面臨龐大的壓力，最終導致義大利和英國退出歐洲匯率機制（exchange rate mechanism, ERM；歐洲推行單一貨幣的前身）。由於義英兩國飽受衰退所苦，即使升息也很難保護本國貨幣。美元疲弱讓這兩個國家的經濟更加脆弱，因為兩國的預算赤字和經常帳赤字都很高。

1992年，丹麥否決了《馬斯垂克條約》（Maastricht Treaty），再加上法國即將舉行的公投令人擔憂，歐洲的壓力從那時起不斷累積。由於投機者對英鎊和里拉日益施壓，央行不得不進場干預，購買這些貨幣。1992年9月16日，英國政府進一步升息，將利率從10%提高到12%，試圖吸引外資購買英鎊。然而，由於貨幣持續貶值，英國財政大臣諾曼·拉蒙特（Norman Lamont）承諾將利率調高至15%，但是金融市場認為升息並非長久之道，畢竟這樣做恐怕會引發深度衰退。後來，英國政府當天宣布退出歐洲匯率機制，這起事件被稱為「黑色星期三」（Black Wednesday）；隔天，英格蘭銀行將利率調降回10%。

6　Côté, D. and Graham, C. (2004). Convergence of government bond yields in the euro zone: The role of policy harmonization. Bank of Canada Working Paper No. 2004-23.

雖然爆發了歐洲匯率機制危機，但是到了1990年代中期，歐洲「收斂式交易」（convergence trade）已經主導了金融市場；高通膨國家的債券殖利率大跌，跟德國的債券殖利率漸趨一致（圖表6.5）。

股市表現相當強勁（圖表6.6），邊陲國家（尤其是義大利和西班牙）的表現更是突出。

貨幣政策和聯準會賣權

雖然1982年到2000年間的長期牛市非常強勁，但這段期間也爆發了一連串的金融危機；其中最主要的有1982年和

圖表6.5　歐洲十年期政府公債殖利率逐漸收斂

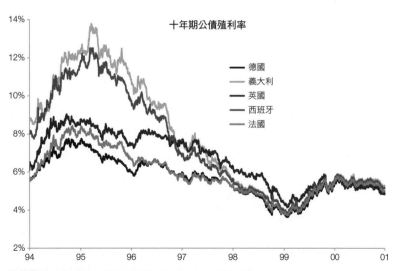

資料來源：Glodman Sachs Global Investment Research

圖表6.6　由於債券殖利率下跌，股票指數的總報酬率急漲（1994年為基準100）

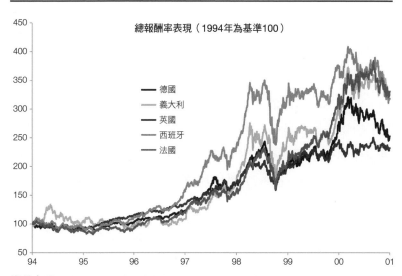

資料來源：Glodman Sachs Global Investment Research

1994年拉丁美洲債務危機（Latin American debt crisis）、1984年大陸伊利諾銀行（Continental Illinois Bank）倒閉案、1980年代開始的美國儲貸危機、1997年亞洲金融危機、1998年長期資本管理公司（LTCM）崩潰，以及2000年網路泡沫危機。

　　上述危機爆發時，利率都會調降到較低水準。中央銀行（尤其是聯準會）因應市場下跌的降息政策成為支撐這波長期牛市的關鍵機制，這個現象也以「聯準會賣權」（Fed Put）為人所知。

　　在這次週期當中，抵銷市場衝擊的降息措施在1987年股

市崩盤的「黑色星期一」（Black Monday）之後首次登場，反應相當迅速。[7]在1987年10月20日（崩盤隔天）開盤之前，美國聯準會發表一份聲明表示：「今天，美國聯準會正式聲明，為履行國家央行之責，將提供流動性以支持金融和經濟體系。」[8]

央行承諾擔任最後貸款者（lender of last resort）的聲明是為了扭轉大眾的危機心理，並確保銀行體系的安全穩健。該聲明也伴隨著聯邦基金利率（Federal Reserve's funds rate）調降1%（從7.5%降至6.5%）以增加流動性，防止崩盤蔓延到債券市場。

在主席艾倫·格林斯潘（Alan Greenspan）任內（1987年至2006年，共五任），聯準會在儲貸危機（1986年至1995年）、波斯灣戰爭（Gulf War，1991年）、墨西哥債務危機（1994年）以及1998年一連串的國際危機期間皆積極進場干預。

最後一波危機始於1997年的泰國，並迅速擴及亞洲和拉丁美洲絕大部分的區域。1998年底，危機蔓延到俄羅斯，隨後的動盪導致高槓桿的大型避險基金「長期資本管理公司」崩潰。雖然當時失業率只有4.5%，而且美國的通膨疑慮甚囂塵上，但是聯準會卻在1998年秋天降息三次（各降一碼）。9月

7　Miller, M., Weller, P. and Zhang, L. (2002). Moral hazard and the US stock market: Analysing the 'Greenspan Put'. *The Economic Journal*, **112**(478), pp. C171-C186.

8　Parry, T. R. (1997). The October '87 crash ten years later. FRBSF Economic Letter, Federal Reserve Bank of San Francisco.

的降息聲明強調美國經濟的成長風險，指出「此次降息是為了緩和外國經濟日益疲軟及金融情勢緊縮對美國未來經濟成長的影響」。[9]

由於央行強調要避免這些危機破壞經濟活動，投資人因此勇氣大增，他們相信在央行的迅速干預和支持之下，下方風險將受到限制。

振興的規模大到讓經濟迅速擴張，結果招致1998年至2000年的科技（或網路）泡沫化；標普500指數在這段期間上漲了51%（年化成長率是23%）。泡沫破裂之後，聯準會轉而購買不動產抵押貸款證券（mortgage-backed security, MBS）以刺激經濟，但是這卻導致房地產泡沫化和2007年至2008年的金融危機（參見第七章）。[10]

3. 供給面改革（包括解除管制和民營化）

1970年代的經濟問題、勞資糾紛與高物價掀起了改革浪潮。在1980年代，多數先進國家的經濟政策逐漸朝右派靠

9　Wessel, D. (2018). For the Fed, is it 1998 all over again? Available at https://www.brook ings.edu/articles/for-the-fed-is-it-1998-all-over-again/.

10　Corsetti, G., Pesenti, P. and Roubini, N. (1998a). What caused the Asian currency and financial crisis? Part I: A macroeconomic overview. NBER Working Paper No. 6833. Corsetti, G., Pesenti, P. and Roubini, N. (1998b). What caused the Asian currency and financial crisis? Part II: The policy debate. NBER Working paper No. 6834.

攏，政壇領導人樂意擁抱自由市場的因應措施，並採取更自由的法規與政策。美國的雷根總統和英國的柴契爾夫人聯手開創了經濟管理的供給面改革時代；德國總理赫爾穆特·科爾（Helmut Kohl）與日本首相大平正芳也推行了經濟改革。各國的政策改革包含國營產業民營化（尤其是英國）、提升競爭力的解除管制措施、削減工會權力、稅制改革。[11]

供給面理論的核心是拉弗曲線（Laffer Curve），也就是稅收與成長的權衡曲線圖。根據拉弗理論，稅率太高時，減稅能刺激消費並帶來更高成長，進而提高政府收入。[12]

稅制改革

稅制改革以及各國競相提供低稅率的現象逐漸盛行。以美國為例，自從二戰時期擴張個人課稅以來，1980年代初的稅制改革可說是最劇烈的變革。這場改革主要包含兩次大減稅，分別是1981年的《經濟復甦稅法》（Economic Recovery Tax Act）和1986年的《稅制改革法》（Tax Reform Act）。個人最高邊際稅率從1981年的70%降到50%，最後降成28%。[13]

11　Boughton, J.M. (2002). Globalization and the silent revolution of the 1980s. *Finance & Development*, **39**(1), pp. 40-43.

12　Feldstein, M. (1994). American economic policy in the 1980s: A personal view. In M. Feldstein (ed.), *American Economic Policy in the 1980s*. Chicago, IL: University of Chicago Press, pp. 1-80.

13　Laffer, A. (2004). The Laffer Curve: Past, present, and future. Available at https://www.heritage.org/taxes/report/the-laffer-curve-past-present-and-future.

　　低收入家庭得以免稅，中等收入家庭的邊際稅率也降低了大約三分之一，失業率也大幅下滑（圖表6.7）。然而，雷根政府於1980年代初期推行的初步稅制改革當中，後來有許多政策都被撤回了。[14]英國的柴契爾政府將所得稅最高邊際稅率從1979年的83%調降到1988年的40%，基本稅率也從33%降為25%，其中一部分靠消費稅增加來補貼——增值稅（value-added tax, VAT）於1979年從8%調升至15%。

圖表6.7　美國失業率逐漸改善

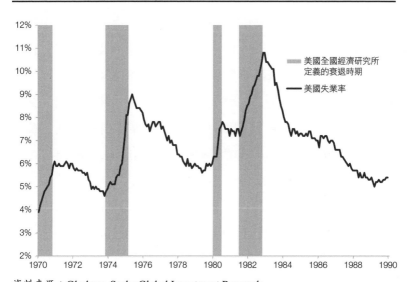

資料來源：Glodman Sachs Global Investment Research

14　Fox, J. (2017). The mostly forgotten tax increases of 1982-1993. Available at https://www.bloomberg.com/view/articles/2017-12-15/the-mostly-forgotten-tax-increases-of-1982-1993.

雖然各國政府成功降低失業率並提振成長，但是赤字也增加了。在雷根執政時期，聯邦政府的債務幾乎翻了三倍，飆破2兆美元。美國從全球最大債權國變成最大債務國。

為因應赤字攀升問題，英美兩國大幅刪減非國防支出，然而大砍公共支出的做法遭受廣大批評，並引發社會分裂。英國許多建制派人物抵制改革。牛津大學（University of Oxford）拒絕授予柴契爾夫人名譽博士學位，以此抗議教育預算遭到刪減，這也是二戰以來牛津大學第一次不授予英國首相該學位。1981年3月，三百六十四位知名經濟學家聯名投書到《泰晤士報》，批評政府的財政及貨幣政策。誠然，這段時期不僅失業率居高不下，仰賴工業的地區也面臨製造業崩潰的困境，社會動盪逐漸加劇。隨著產業民營化與服務業解除管制，不平等的情況大幅增加，局勢更加緊繃，社會凝聚力也隨之下滑（圖表6.8）。1984年，由於預計關閉的二十家煤礦場威脅到二萬名礦工的生計，英國煤炭產業發動罷工以示抗議。1984年6月18日，隨著「歐格里夫戰役」（Battle of Orgreave）爆發，罷工行動越來越暴力，許多礦工也遭到逮捕。這起罷工事件以礦工落敗告終，並於1985年3月結束。隨後英國於1986年推動「金融大改革」（Big Bang），解除了對金融服務的監管。

解除管制與民營化

許多政府推出解除管制和民營化的政策，像是美國的航空、金融等產業都解除了管制。以後者來說，由於1933年的

圖表6.8　　從1970年代起，所得前10%佔全體收入的比例邊增，英美兩國的情況更是明顯

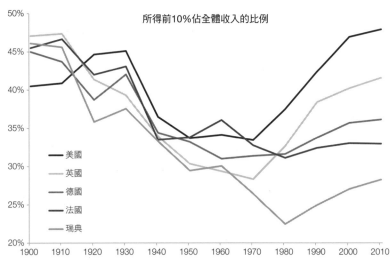

資料來源：Piketty, T. (2014). *Capital in the Twenty-First Century*. Translated by A. Goldhammer. Cambridge, MA: The Belknap Press of Harvard University Press

《格拉斯—斯蒂格爾法案》（Glass-Steagall Act）有一部分被廢除，金融市場機構才得以合併銀行、證券與保險業務。

　　英國雖然由政府掌控許多重要產業，但該國也推動了公用事業等不同部門的民營化。一面是為了解決國營企業效率不彰的問題，另一面也能增加國內的持股率，推行「持股民主」（share-owning democracy）。

　　這一波民營化浪潮包含英國電信（British Telecom, BT）、英國天然氣、英國石油和英國航空（British Airways）等公司。這些公司的股份以低於市價的價格賣出，引發購買熱潮。其中

第一個上市售股的是英國電信（1984年11月），當時超額認購率達到三倍，而在第一天交易日的尾聲，股價上漲了三分之一。英國航空則於1987年上市，股價在第一個交易日上漲了35%。

這些措施的影響相當深遠。1979年，英國的國營企業佔GDP的12%，但是到了1997年，國營企業的GDP比重僅剩2%。[15]1990年代中期，企業民營化的浪潮蔓延到其他歐洲國家，甚至影響了社會主義政府。以法國為例，在總統雅克‧希拉克（Jacques Chirac）與總理里昂內爾‧若斯潘（Lionel Jospin）的「左右共治」（cohabitation）時期，政府於1997年推出法國電信（France Telecom）首次募股，總金額高達71億美元；並於一年後進行第二次募股，總金額來到104億美元（由於科技泡沫擴大，電信企業的熱潮也加速升溫）。

與此同時，全球化的成長和資本市場開放讓外資可以直接投資這些產業。經濟合作暨發展組織（Organisation for Economic Co-operation and Development, OECD）所有成員國也從1980年代初開始推動改革。

舉例來說，電信產業在解除管制之前，大部分都是用長途電話的收費來補貼本地電話服務，前者的收費大約是其邊際成本的五到六倍。[16]不過在解除管制之後，費率調降了不少，其

15　*The Economist* (2002, June 27). Coming home to roost.

16　Pera, A. (1989). Deregulation and privatisation in an economy-wide context. *OECD Journal: Economic Studies*, **12**, pp. 159-204.

中長途電話的費率變化更是顯著。

　　研究各國改革影響的文獻也呈現出相似的影響。舉例來說，自從1985年日本電信電話公社（Nippon Telegraph and Telephone, NTT；簡稱電電公社）民營化之後，該產業新進公司創造的就業機會跟電電公社改組後失去的工作機會一樣多。芬蘭也是如此，在國營的公眾電信營運（Public Telecommunications Operator, PTO）公司民營化之後，該產業新的工作機會比失去的工作機會更多（Ministry of Transport and Communications, 1995）。[17]

　　美國航空業解除管制之後，價格也隨之調降。《經濟學人》（The Economist）的報導指出，由於新興的廉價航空公司進入市場，飛往小城市的航班範圍更廣；到了1980年代末，機票已經降價了33%，並且航空流量翻倍成長。[18]然而，這樣的成果還稱不上大獲成功。雖然小城市的航班競爭激烈，但是長途航班的市場競爭者依然不多。《經濟學人》指出1978年到1990年代末，美國三大航空公司的市佔率翻倍成長至60%，因為規模經濟讓長途航線更加有利可圖。

　　建築法規也變寬鬆了。英國於1984年公布的《建築法》（Building Act）裡頭的法條頁數從三百零六頁減至二十四

17　Hoj, J., Kato, T. and Pilat, D. (1995). Deregulation and privatisation in the service sector. OECD Economic Studies No. 25.

18　The Economist (1997, April 3). Freedom in the air.

頁。[19]新上路的強制性競標政策要求地方政府與私部門一較高下，方能提供服務。一連串的地方公共服務也變成民營管理，像是倫敦公車（London Bus Service）、區域公車和鐵路服務〔此乃依據1993年的《鐵路法》（Railways Act）〕等等。

當這些國內改革如火如荼進行之際，全球化成長和資本市場開放也讓外資能夠直接投資這些新民營化和解除管制的產業。

4. 蘇聯解體（地緣政治風險降低）

1987年6月12日，雷根總統訪問西柏林時呼籲蘇聯領導人戈巴契夫「推倒這堵牆」。[20]殊不知沒過幾年，柏林圍牆就在1989年11月9日倒塌，東西德在一年之內完成統一。在波蘭、捷克斯洛伐克、羅馬尼亞、保加利亞等東方集團（Eastern Bloc）國家的抗議浪潮之下，蘇聯逐漸瓦解。到了1990年夏天，所有共產主義的東方集團政權都被民選政府取代。在1992年春天到1993年之間，十二個前蘇聯成員國（再加上1940年被蘇聯併吞的波羅的海三小國即為完整的蘇聯）都加入了國際貨幣基金組織。[21]

19　Hodkinson, S. (2019). *Safe as Houses: Private Greed, Political Negligence and Housing Policy After Grenfell*. Manchester: Manchester University Press.

20　*Encyclopaedia Britannica* (1987). President Ronald Reagan speaking at the Berlin Wall, 1987.

21　Boughton, J. M. (2012). *Tearing Down Walls: The International Monetary Fund, 1990-1999*. Washington, D.C.: International Monetary Fund.

其中大多數的政府都迅速展開市場自由化和民營化的制度
改革。樂觀情緒蔓延到金融市場，進展最快的國家迎來龐大的
資本流入。然而，部分國家由於債臺高築，實現獲益的時間較
晚，舉例來說，波蘭在1990年的毛債務（gross debt）佔GDP
比重為80%，但捷克、匈牙利等國則因違約風險低而受惠。[22]

對許多國家來說，初期的經濟調整相當痛苦，部分國家在
1990年代陷入數年衰退。[23]從地緣政治的角度看，蘇聯瓦解的
意義非凡，因為蘇聯的解體不僅為冷戰畫上句點，美國成為政
治和經濟霸權的漫長時期也就此展開，不再受到敵對國家的威
脅制約。因此，蘇聯瓦解不僅讓美國得以干預其他國家，無須
承擔報復風險，同時也為自由民主和資本主義的擴張奠定了根
基。

綜觀以上，這些事件皆有助於降低股票的風險溢酬（與低
風險債券相比，投資風險資產所需的門檻報酬率），股市因此
大漲。[24]在1989年10月到1990年7月之間，德國主要的股市指

22　Lankes, H., Stern, N., Blumenthal, M. and Weigl, J. (1999). Capital flows to
　　Eastern Europe. In M. Feldstein (ed.), *International Capital Flows*. Chicago, IL:
　　University of Chicago Press, pp. 57-110.

23　Dabrowski, M. (2022). Thirty years of economic transition in the former Soviet
　　Union: Macroeconomic dimension. *Russian Journal of Economics*, **8**(2), pp. 95-121.

24　地緣政治的風險溢酬下降主要是因為大型戰爭的風險降低，然而請務必留意
　　在1989年到2000年間，國際貨幣基金組織的報告指出超過四百萬人死於衝
　　突。國際恐攻事件在1995年到1999年間，每年大約發生三百四十二起，但是
　　在2000年到2001年間，數量已攀升至一年三百八十七起。美國的軍事霸權雖
　　然降低了已開發國家爆發大型衝突的風險，但是在1996年到2000年間，將近
　　70%的大型衝突事件和超過20%的恐攻事件都發生在中低收入國家。

數DAX大漲了22%。

5. 全球化與合作

　　布列敦森林體系瓦解之後，國際上數次嘗試成立新的協
定，盼望能強化合作意識，緩和貨幣波動。1980年代初，債
務危機和貨幣波動一再重演，因此需要找到方法遏制貨幣市場
的震盪（當時市場不再以黃金為本）。1980年代中期，亞洲、
歐洲和美國日益關注貨幣波動；並且在1985年《廣場協議》
〔Plaza Accord，該協議是在紐約廣場飯店（Plaza Hotel）簽署
的匯率管理政策〕成立之後，法國、德國、日本和英國的央行
同意聯合出售美元，因此美元大約貶值了50%。兩年之後，國
際上簽署了《羅浮宮協議》（Louvre Accord）以穩定美元。

　　除了上述有助於穩定貨幣的協議之外，也有穩定債務的措
施。其中一項是美國財政部長詹姆斯‧貝克（James Baker）於
1985年提出的「貝克方案」（Baker Plan）。[25]該方案的願景是
利用中國一部分的貿易順差來幫助債務沉重的新興經濟體。
「貝克方案」主要是讓美國和其他國際機構（像是世界銀行和
國際貨幣基金組織）以及商業銀行債權人彼此合作，讓參與
結構調整計畫的開發中國家能重組債務。「貝克方案」只成

25　International Monetary Fund. Money Matters: An IMF Exhibit – The Importance
　　of Global Cooperation. Debt and Transition (1981-1989), Part 4 of 7. Available at
　　https://www.imf.org/external/np/exr/center/mm/eng/dt_sub_3.htm.

功了一部分，因為這項方案一開始的重點是重新安排還債方式，而非取消債務；不過到了1989年，貝克也提議取消棘手債務。同年，國際貨幣基金組織總裁米歇爾・康德蘇（Michel Camdessus）形容許多國家的轉型猶如一場「寧靜革命」（silent revolution），他們都實施了改革方案以強化經濟成長。這些變化出現在非洲的新興國家，而中國、韓國、墨西哥和波蘭的計畫則是鼓勵民間創業，不與國家掛鉤。工業化國家也開始重視長期的總體經濟管理，以降低通膨並解除私部門管制。[26]

　　全球各大公司（尤其是美國企業）迅速擴張版圖，搶佔新開放的市場。隨著國際關係回溫以及貿易限制放寬，新興國家的消費者首次接觸到西方商品。菸、牛仔褲和速食等西式產品不僅受人歡迎，也成為西方生活方式和美國文化的象徵。

　　舉例來說，蘇聯第一家麥當勞極具代表意義，在1990年1月31日開幕（圖表6.9）當天湧入三萬多名顧客（開幕首日顧客人數紀錄的保持者原本是布達佩斯，但莫斯科卻是布達佩斯的三倍），排隊人潮在莫斯科市中心的普希金廣場（Pushkinskaya Square）綿延了數公里。

　　對於最能洞燭先機且擁有令人稱羨的全球品牌的跨國企業來說，新市場的開放能提升公司的價值。根據全球品牌價值調查公司Interbrand的研究，2000年全球百大價值品牌中有六十二家是美國品牌，但美國僅佔全球GDP的28%。

---

26 Boughton, J. M. (2002). Globalization and the silent revolution of the 1980s. *Finance & Development*, **39**(1), pp. 40-43.

圖表6.9　蘇聯麥當勞開幕：蘇聯第一家麥當勞外頭的顧客大排長龍（攝於1990年1月31日的莫斯科普希金廣場）

圖片來源：VITALY ARMAND/AFP取自Getty Images. https://www.gettyimages.com/detail/news-photo/soviet-customers-stand-in-line-outside-the-just-opened-news-photo/1239070707

　　1994年，國際貨幣制度（International Monetary System）臨時委員會發表「馬德里宣言」（Madrid Declaration），呼籲各國採取穩健的國內政策，並接納國際合作與整合；該宣言也獲得各國財務首長的支持。國際貨幣基金組織隨即負責執行新的資料傳播與財政透明標準，並實施巴塞爾委員會（Basel Committee）發布的「有效銀行監管核心原則」（Core Principles for Effective Banking Supervision）；該原則後來成為了國際銀行監管制度的根基。

1990年代中期，俄羅斯總統鮑利斯·葉利欽（Boris Yeltsin）和美國總統老布希（George H. W. Bush）簽署了貿易協定，讓美國公民可以在俄羅斯順利經商。1997年，「七大工業國組織」（G7）高峰會於科羅拉多州的丹佛（Denver）舉行，這也是俄羅斯首次參與G7的經濟會議。1998年，俄羅斯成為正式會員國，因此G7變成G8（八大工業國組織）。2000年代初期，俄羅斯總統普丁（Vladimir Putin）致力於打造自由貿易區，俄羅斯最終也在2012年加入世界貿易組織（World Trade Organization, WTO）。

忽然間，推動整合與全球化的新動力就此誕生。全球商品出口佔GDP的比重從1990年的12.7%提升到2000年的18.8%；全球貿易總值在1980年到2000年間翻了將近三倍。外商直接投資（foreign direct investment, FDI）也出現了爆炸性成長，開發中國家的FDI尤其驚人，從1970年22億美元成長至1997年1,540億美元。[27]

全球的資本流動大幅加速。外國居民持有資產佔GDP的比重從1980年的25%暴增到1990年將近49%，再成長到2000年的92%，相當於二十世紀初期的五倍。[28]

27　Williamson, J. (1998). Globalization: The concept, causes, and consequences. Keynote address to the Congress of the Sri Lankan Association for the Advancement of Science, Colombo, Sri Lanka, 15th December.

28　Crafts, F. R. N. (2004). The world economy in the 1990s: A long run perspective. Department of Economic History, London School of Economics, Working Paper No. 87/04.

科技與勞動市場

1980年代末，前蘇聯國家已不再限制公民的出境權，留在國內的人也融入了全球資本主義的貿易體系。這段期間，歐盟取消限制境內的人員流動，美國和加拿大也開始放寬移民政策。

政策和科技驅動了這場令人印象深刻的整合浪潮。大約從1990年開始，個人電腦（personal computer, PC）開始為全球化趨勢帶來深遠影響。先進經濟體的勞工必須與新興經濟體（如今已是全球貿易體系的一分子，也可運用已開發國家的企業所提供的新科技）的低薪勞工競爭。

由於這些變化，勞動供給大幅增加。時至今日，在中國、印度、前蘇聯成員國當中，可從事經濟活動的總勞動人口約為十三億人，佔全球總勞動人口的40%。其中許多勞工在1990年代融入全球經濟體系之後，便開始參與經濟活動。

6. 中國和印度的影響力

中國對全球其他區域的影響力始於1980年東部沿海設立的「經濟特區」。經濟特區內的當地政府有權制定稅收並興建現代基礎建設，商業規範也放寬許多。這些特區吸引了龐大的外資，最終資金也流入到其他區域。

1990年代中期的國營企業改革進一步刺激成長，不僅減輕了企業的社會責任，也讓企業能夠自由投資新科技。中國採

用的模式與日韓兩國相似，也就是將廉價的過剩勞動力與全球
市場連結，發展出口導向市場。

　　中國在全球製造業的產出比重從1990年的2.7%提升至
2000年的7%，製造業的出口比重則是成長超過一倍，在2000
年已達4.7%。

　　印度的改革始於1991年。由於當時印度已有財產權，所
以一開始的改革重點只需解除製造和貿易的限制。在1991年
之前，外國企業得面對一連串的監管要求，競爭受到高度限
制；政府介入產業發展也讓創新與投資空間受限。然而，改革
取消了這些規定，關稅調降，印度也向全球經濟開放金融市
場。印度運用龐大人口以及私部門用英文溝通等優勢，促進了
資本流動。起初，外資透過低成本的新型電信和電腦系統，以
外包客服的形式利用上述條件。然而，由於印度也擁有受過工
程及科技高等教育的勞動力，因此外包服務很快就擴展到軟
體、金融、法律、醫療服務和製藥領域。印度在1995年加入
了世界貿易組織，中國也於2001年底加入。[29]

7. 泡沫與金融革新

　　經濟成長且穩定的長期趨勢，加上低利率以及對「聯準會
賣權」信心滿滿，金融投機事件增加並不讓人意外。這次跟歷

29　Syed, M. and Walsh, J. P. (2012). The tiger and the dragon. *Finance & Development*,
　　49(3), pp. 36-39.

史上其他泡沫事件一樣，金融革新（尤其是衍生性金融商品）推動了這波投機熱潮。

由於布列敦森林體系崩盤和1973年至1974年的石油危機引發了市場的不確定性與波動，因應這些問題的需求隨之提升，衍生性金融商品市場因而在1970年代迅速崛起。這場金融革新的重要推手傅利曼教授為芝加哥商品交易所（Chicago Mercantile Exchange, CME；簡稱芝商所）寫了一篇影響深遠的論文，呼籲發展外幣的期貨市場。後來，美國財政部准許芝商所成立國際貨幣市場部門（International Money Market），並於1972年開盤。高通膨和高利率也推動了其他合約市場的發展，例如1975年開辦黃金期貨和美國政府國家房貸協會（Government National Mortgage Association，簡稱Ginnie Mae）期貨，1976年推出長期國庫券期貨，並於1978年成立石油期貨市場。

這場革新讓買賣雙方不用在合約到期時交付實體商品。1976年，芝商所推出另一項重大革新——歐元利率期貨合約。後來，監管機構同意不一定要交割實物，亦可採用現金交割，這讓股票指數期貨迎來爆炸性成長，1982年芝商所推出的標普500指數期貨即是一例。其他金融商品紛紛發展，舉例來說，「證券化」（將金融商品分割成收入和資本）也越來越受歡迎。

日本泡沫與科技泡沫化

1982年到2000年的長期牛市以兩大金融泡沫聞名。

1980年代的日本泡沫導致股票和土地價格飛快飆漲。在降息（截至1987年初，日本銀行已將利率從5%降至2.5%）和1985年《廣場協議》[30]的推動下，資產價格長期穩定成長。日本企業利用升值的日幣在海外大肆購置資產，買下了紐約的洛克斐勒中心（Rockefeller Center）、夏威夷和加州的高爾夫球場等等。

這般繁榮景象在不動產市場特別興旺。報導指出，東京皇居（Imperial Palace）比整個法國或加州更值錢。理論上，1988年的日本土地價值是美國的四倍，但美國的土地面積卻是日本的二十五倍。[31]據說在東京銀座，一張1萬日圓鈔票所覆蓋的土地面積甚至比鈔票本身更值錢。[32]1986年到1989年間，股票和土地的總資本利得是名目GDP的452%，足見這場泡沫的規模之大；後來，1990年到1993年間的損失金額也高達名目GDP的159%。[33]股價暴漲讓日本企業成為全球數

30　譯註：《廣場協議》導致美元兌日圓走貶，其目的是降低出口價格以減少美國貿易逆差。

31　Cutts, R. L. (1990). Power from the ground up: Japan's land bubble. *Harvard Business Review*, **May/Jun**. https://hbr.org/1990/05/power-from-the-ground-up-japans-land-bubble.

32　Johnston, E. (2009, January 6). Lessons from when the bubble burst. *The Japan Times*.

33　Okina, K., Shirakawa, M. and Shiratsuka, S. (2001). The asset price bubble and monetary policy: Experience of Japan's economy in the late 1980s and its lessons. *Monetary and Economic Studies*, **19**(S1), pp. 395-450.

一數二的大公司，當時三井物產（Mitsui & Co.）、住友商事
（Sumitomo Corp.）、三菱商事（Mitsubishi Corp.）和伊藤忠商
事（C. Itoh）的銷售額都超過了美國最大的公司——通用汽
車。[34]

　　在1990年代末科技泡沫破滅之前，滿滿的信心最終導致
估值過高。新公司的股價在泡沫破裂之前呈現指數成長。下一
章，我們要來討論這個時期。

34　Turner, G. (2003). *Solutions to a Liquidity Trap: Japan's Bear Market and What it Means for the West*. London: GFC Economics.

第七章

2000年到2009年：泡沫與困境

　　2008年9月到10月之間發生了全球史上最嚴重的金融危機，甚至比經濟大蕭條更慘。

——柏南克

2000年到2009年的週期和1970年代的週期一樣，屬於
「高波動、低報酬」時期，微薄的報酬受到大起大落的市場干
擾。總報酬率經通膨調整之後，波動更加劇烈。總而言之，這
十年歷經泡沫化和市場大崩盤，地緣政治的不確定性升高更是
為其火上加油。影響市場的重大事件包含2000年到2002年間
的科技泡沫、2001年美國911恐怖攻擊、2003年伊拉克戰爭、
2007年到2009年的全球金融危機。其中，科技泡沫和金融危
機是最重要的兩大事件。

　　這段超級週期的含息總報酬率（經通膨調整）是-58%，
年化報酬率是-9%（圖表7.1）。

**圖表7.1　2000年至2009年週期的含息總報酬率（經通膨調整）是
-58%，年化報酬率是-9%**

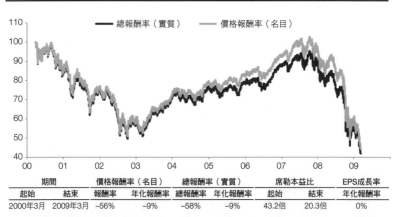

期間		價格報酬率（名目）		總報酬率（實質）		席勒本益比		EPS成長率
起始	結束	報酬率	年化報酬率	總報酬率	年化報酬率	起始	結束	年化報酬率
2000年3月	2009年3月	-56%	-9%	-58%	-9%	43.2倍	20.3倍	0%

註：席勒本益比是一種衡量估值的指標，計算方式是將指數價格除以通膨調整後
的十年平均每股盈餘（EPS）。

資料來源：Glodman Sachs Global Investment Research

正如圖表7.1所示，科技泡沫破裂導致標普500等範圍廣泛的股票指數在2000年3月到2002年3月之間下跌將近50%。後來股市大幅反彈，從2002年的谷底到2007年10月的高點之間上漲將近100%（年化報酬率大約是15%）。話雖如此，在2000年的高點到2007年的高點之間，市場產生的報酬率也只有微薄的2.5%。綜觀整個時期，市場下跌55%，年化報酬率是−9%，經通膨調整的含息年化報酬率依然是−9%。

全球金融危機帶來2000年代的第二大熊市，標普500指數在2007年到2009年3月之間下跌了57%（年均下跌44%）。2009年9月3日，標普500指數收盤時僅剩676點。

上述泡沫和危機顯示出：

1. 成長預期下滑。
2. 股票風險溢酬上升（因為不確定性升溫）。
3. 股債關係轉為負相關：由於降息反映出通貨緊縮的隱憂，所以通常對股票不利。

科技泡沫破裂

1990年代末出現的科技股泡沫規模相當龐大，將估值推升到歷史新高（圖表7.2）。便宜的資金（一部分是因為1998年亞洲金融危機後利率調降）和動人的投資故事推動股價大漲。

圖表7.2　標普500指數的席勒本益比在網路泡沫時期達到四十五倍的高點：本圖表呈現實際股價除以十年滾動平均的實質盈餘

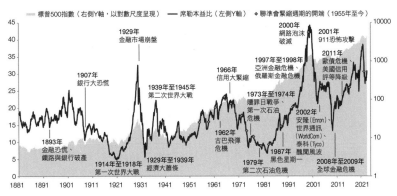

資料來源：Robert Shiller、Glodman Sachs Global Investment Research

　　由於投資人相當看好高成長的新興科技公司，流入這些公司的資金因此大幅增加。1999年，39%的創業投資（venture capital）基金流入網路公司。保羅・岡伯斯（Paul Gompers）和喬許・勒納（Josh Lerner）在著作中指出，創投基金在繁榮高峰期佔了美國GDP的1%，其中大約85%至90%基金流入科技業。[1]科技產業在公共市場大幅成長，2000年的佔比達到35%的高峰，而且光是網路產業就佔美國市場資本比例約10%；許多國家的新興成長指數也出現類似的驚人漲幅。

　　這個時期跟歷史上眾多金融泡沫（詳見《高盛首席分析師教你看懂進場的訊號》）一樣，也有一套強而有力的說詞：

1　Gompers, P. A. and Lerner, J. (2004). *The Venture Capital Cycle*, 2nd ed. Cambridge, MA: MIT Press.

「網路等科技革新將改變世界。」[2]現在我們也明白這樣的預測並非毫無根據。

在1999年四百五十七場首次公開發行（initial public offerings, IPO；又稱首次公開募股）當中，有二百九十五場與網路公司有關；後來光是2000年第一季就有九十一場。[3]網路公司雅虎（Yahoo!）在1996年4月進行IPO，結果雅虎的股價在一天之內從13美元飆漲到33美元（高點甚至超過40美元），公司市值翻了將近三倍。這種情況在往後的時期越來越常見，例如美國高通公司（Qualcomm）的股價在1999年的漲幅達到2,619%；像這種規模的股價飆漲也變得稀鬆平常。十三檔主要的大型股漲幅超過1,000%，另外七檔大型股也飆漲超過900%。[4]

金融革新不僅是2008年金融危機前夕泡沫化的關鍵之一，也是這段泡沫時期的重要因素；其中，衍生性金融商品市場的成長就是一大驅動因素。1994年到2000年之間，利率和貨幣衍生性金融商品的名目本金（notional amount）成長了457%，與2001年到2007年452%的成長率平分秋色。[5]華倫·

2　Oppenheimer, P. C. (2020). *The Long Good Buy.* Chichester: Wiley.

3　Hayes, A. (2023). Dotcom bubble definition. Available at https://www.investopedia. com/terms/d/dotcom-bubble.asp.

4　Norris, F. (2000, January 3). The year in the markets; 1999: Extraordinary winners and more losers. *New York Times*.

5　Perez, C. (2009). The double bubble at the turn of the century: Technological roots and structural implications. *Cambridge Journal of Economics*, **33**(4), pp.779-805.

巴菲特（Warren Buffett）曾稱衍生性金融商品是「大規模毀滅性武器」。[6]

　　1997年，流入納斯達克（Nasdaq）的資本創下歷史新高。在1995年至2000年間，納斯達克指數成長五倍，最終本益比達到二百倍，漲幅甚至比日本股市泡沫時期的日經指數（七十倍本益比）更高。但是觸頂一個月之後，納斯達克的股價到2000年4月已經下跌34%，往後的一年半內，幾百家公司的股價至少下跌了80%。以線上旅遊公司Priceline為例，它的股價暴跌了94%。最後，納斯達克在2009年10月觸底時已經跌了將近80%。大規模的超額估值也具備了所有典型投機泡沫的特徵。[7]

　　從高點到2002年股市觸底，股票的市值已經蒸發了5兆美元。2002年10月9日，納斯達克100指數（Nasdaq 100 index，該指數以科技股為主，而且前幾年的表現相當優異）觸底時殺到1,114點，跟高點相比跌了78%。

　　股市泡沫破滅不僅終結了1982年至2000年通膨趨緩時期的結構性牛市，也大大重整了金融市場，利率因此調降。但是不久之後，一場重大事件衝擊市場並震驚全球：紐約世貿中心（World Trade Center）的911恐怖攻擊事件不僅導致全球政治的

6　Berkshire Hathaway (2022). Annual Report.

7　McCullough, B. (2018). A revealing look at the dot-com bubble of 2000 — and how it shapes our lives today. Available at https://ideas.ted.com/an-eye-opening-look-at-the-dot-com-bubble-of-2000-and-how-it-shapes-our-lives-today/.

不確定性升溫，也引發了伊拉克戰爭。

　　股市崩盤已經讓投資人的信心相當脆弱，2001年夏天的經濟數據仍然疲弱。利潤持續表現不佳，昇陽電腦（Sun Microsystems，科技泡沫破裂前曾是市場龍頭）發布的利潤警告引發了新一波拋售潮。道瓊指數自2001年4月以來首次跌破10,000點。美國勞動市場數據在夏天持續惡化。歐洲工業生產於同年7月崩盤之後，投資人更加悲觀看待歐洲的成長前景。擔憂另一場全球經濟衰退的情緒導致全球股市重挫，在2001年5月底到9月10日之間，標普500指數下跌17%，德國、日本等週期性市場也跌了將近25%，多數股市跌至1998年亞洲金融危機後的低點。[8]

　　9月11日的世貿中心恐攻事件帶來劇烈衝擊。美國股市停市整整四天，這是除了一戰和經濟大蕭條之外，美國唯一一次長期停市。美國債券市場同樣停止交易，因為主要的政府債券經紀商建達公司（Cantor Fitzgerald）就位於世貿中心；紐約商品期貨交易所（New York Mercantile Exchange）也停止商品期貨交易。[9]其他市場起初雖然維持運作，但是卻遭受龐大損失。MSCI全球指數（MSCI World equity index）在9月10日到26日之間下跌12%，市值蒸發約3兆美元。

8　Cohen, B. H. and Remolona, E. M. (2001). Overview: Financial markets prove resilient. *BIS Quarterly Review*, **Dec**, pp. 1-12.

9　Makinen, G. (2002). *The Economic Effects of 9/11: A Retrospective Assessment*. Congressional Research Service Report RL31617.

　　不過，政策也火速進場干預。2001年9月17日，美國聯準會降息五十個基點，許多央行也跟著調降利率。

　　雖然科技泡沫崩盤慘重，但是科技產業依然東山再起，並再度取得優異表現。低經濟成長和低利率激發了投資人對快速成長公司的興趣。2007年，第一支iPhone的問世催生出新一代的企業與科技應用。

2007年至2009年金融危機

　　1998年亞洲金融危機後的利率崩盤至少間接促成了寬鬆的信貸條件，進而擴大1990年代末的科技泡沫規模。無獨有偶，911恐攻後的火速降息也打造出得天獨厚的環境，助長新一波投機浪潮；追求高報酬的投資人結合更大的風險胃納與金融革新，奠定了2000年代中期美國房市熱潮的根基。兩場危機皆源於衝擊後的低利率措施。卡洛塔‧佩雷斯（Carlota Perez）在《經濟學期刊》（*Journal of Economics*, 2009）發表的學術文章清楚指明：「世紀之交的兩場興衰（1990年代的網路熱潮破滅以及2000年代寬鬆性流動擴張崩盤）是單一結構性現象的兩種組成因子。其實，這兩場興衰就好比將1929年經濟大蕭條分成兩個階段發展，一個階段著重科技革新，另一階段以金融革新為核心。」[10]

10　Perez, C. (2009). The double bubble at the turn of the century: Technological roots and structural implications. *Cambridge Journal of Economics*, **33**(4), pp. 779-805.

　　不過，她認為科技泡沫的起因是當時的敘述和故事引人入勝（而非利率特別低），但是2004年至2007年的泡沫則是由低利率和豐富的流動性共同推動。低利率導致房價攀升，美國的平均房價在1998年至2006年間成長超過一倍，締造史上最驚人的漲幅；住宅自有率也從1994年的64%成長至2005年的69%。[11]這段期間，房價飆漲和低資本成本刺激了住宅建設，住宅投資佔美國GDP的比重也從4.5%成長到6.5%左右。聯準會的報告指出在2001年至2005年間，私部門新增的就業機會大約有40%跟房產有關。在低利率和高房價的推波助瀾之下，美國的家庭抵押貸款從1998年佔GDP比重的61%提高到2006年的97%。

槓桿與金融革新

　　不動產抵押貸款證券正是在這個時期興起。低利率和金融革新的趨勢鼓勵銀行以不動產抵押貸款證券的形式將大量新業務「證券化」，結果房貸快速擴張，住宅需求提升也讓房價隨之上漲。然而，低利率和房市大漲導致抵押貸款的貸款價值比（loan-to-value, LTV）上升，高風險的貸款更難售出。因此，銀行將高風險和低風險的抵押貸款重新打包，變成擔保債

11　Weinberg, J. (2013). The Great Recession and its aftermath. Available at https://www.federalreservehistory.org/essays/great-recession-and-its-aftermath.

權憑證（collateralized debt obligation, CDO）。[12]這樣做的用意
是萬一發生貸款違約，這些資產就可以當成抵押品。不同分級
（tranch）的擔保債權憑證發行的風險等級也會有所不同，藉此
反映標的資產的風險。[13]

創始機構認為，若將較低風險的BBB級貸款放在一起，
將能創造多元化效益，進而降低風險；而評等機構也同意這套
說法。即使其中一項標的貸款違約，其他貸款也能抵銷虧損，
購買這類組合商品的投資人仍可獲得報酬。

正如佩雷斯所言：「『宇宙主宰』一詞常用來形容那些打
造出2000年代中期繁榮盛世的金融天才，藉此表達大眾視他
們為強大的革新先鋒。他們在繁複無邊的金融宇宙中擴散風
險，又讓風險神奇地消失不見。」[14]

貨幣和利率市場的衍生性金融商品曝險金額急遽上升（圖
表7.3）。根據國際清算銀行（BIS）的估計，2007年衍生性金
融商品的曝險金額高達432兆美元，相當於一年全球GDP的
八倍（2007年全球GDP為54兆美元）。除此之外，國際清算
銀行也指出，信用違約交換（credit default swap）和股權交換

---

12 擔保債權憑證（CDO）是一種結構化金融商品，將產生現金的資產（例如房貸）集中一處，將這些資產打包成不同分級之後再賣給投資人。各個分級的風險組合差異極大。

13 The Financial Crisis Inquiry Commission (2011). The CDO machine. *Financial Crisis Inquiry Commission Report*, Chapter 8. Stanford, CA: Financial Crisis Enquiry Commission at Stanford Law.

14 金融界使用「宇宙主宰」一詞是受到湯姆‧沃爾夫（Tom Wolfe）於1987年出版的《虛榮的篝火》（*The Bonfire of the Vanities*）影響。

圖表7.3　貨幣和利率市場的衍生性金融商品曝險金額急遽上升：本圖表呈現場外交易（over-the-counter）利率衍生性金融商品的名目本金漲幅（單位：兆美元）

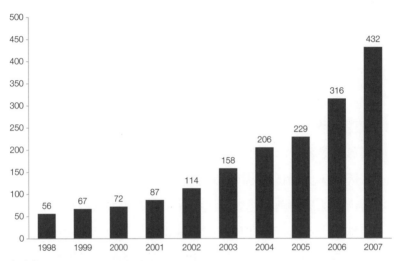

資料來源：Bank of International Settlements

（equity swap）的金額高達68兆美元。[15]

　　根據金融危機調查委員會（Financial Crisis Inquiry Commission）的報告，不光是標的抵押貸款靠債務支撐（當時貸款價值比節節攀升），不動產抵押貸款證券和擔保債權憑證也是用債務融資，槓桿進一步擴大。甚至擔保債權憑證也時常被當成抵押品，供其他擔保債權憑證的發行者使用，帶來另一波債務。信用違約交換所組成的合成型擔保債權憑證（Synthetic CDO）

15　Perez, C. (2009). The double bubble at the turn of the century: Technological roots and structural implications. *Cambridge Journal of Economics*, **33**(4), pp. 779-805.

更是放大了槓桿，甚至連購買擔保債權憑證的投資人也可以開槓桿。結構性投資工具（structured investment vehicle, SIV；投資AAA級證券為主的商業本票商品）的槓桿率平均將近十四倍，換言之，結構性投資工具每14美元的資產僅含1美元的資本，資產是靠債務融資而來。但是問題還不只如此：這些商品（尤其是避險基金）的投資人也開了高槓桿。[16]這些金融商品的監管程度也不如其他投資工具嚴格，並且通常屬於大型金融機構的資產負債表外項目（off-balance-sheet），對於發行銀行的資產與負債影響較低；因此問題變得更加複雜。

　　因此，大量的槓桿仰賴高漲的房價（在1980年代末，日本房市泡沫破裂前也是如此）。看似良性的循環拉高了私部門的債務水準，銀行、非銀行的金融機構（例如避險基金）、企業和家庭的槓桿都大大增加，唯一可以制衡槓桿的是政府部門。按照現在的標準來看，政府的債務水準相對低且穩定許多。這場榮景結束之後，情況也跟1980年代末的日本泡沫破裂一樣，體制下的惡果重創了金融市場和經濟。由於背負龐大債務的私部門被迫「去槓桿」（de-lever）並提高儲蓄，政府選擇進場干預。但是這次僅憑降息也無法刺激需求，因此政府必須增加支出，結果導致私部門的債務轉移到公部門（如圖表7.4所示）。第十章將會進一步討論這個議題。

16　The Financial Crisis Inquiry Commission (2011). The CDO machine. *Financial Crisis Inquiry Commission Report*, Chapter 8. Stanford, CA: Financial Crisis Enquiry Commission at Stanford Law.

圖表7.4　私部門的債務失衡轉移至公部門和央行

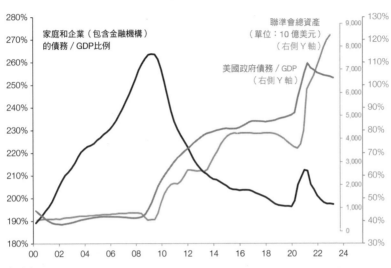

資料來源：Glodman Sachs Global Investment Research

2007年8月，金融市場的壓力開始攀升，同時由於投資人試著降低高風險抵押貸款銀行的曝險，資產擔保商業本票（asset-backed commercial paper）市場也面臨壓力。其中，貝爾斯登投資銀行（Bear Stearns）的曝險和槓桿都非常高。

2007年，貝爾斯登的衍生性商品合約名目本金（或面額）高達13.4兆美元，其淨資本是111億美元，支援資產（supporting assets）卻高達3,950億美元，槓桿率將近三十六倍。該銀行的資產負債表也有許多非流動和價值存疑的資產。[17]

17　Weinberg, J. (2013). The Great Recession and its aftermath. Available at https://www.federalreservehistory.org/essays/great-recession-and-its-aftermath.

貝爾斯登不得不搶救其中一檔大筆投資擔保債權憑證的基金，然而不久之後，該公司兩檔重押次級房貸的避險基金價值盡失。隨著恐慌情緒擴散，紐約聯準銀行（Federal Reserve Bank of New York）進行干預。一開始它提供貝爾斯登250億美元的貸款，但不久之後計畫變更，改為成立一間新公司好買下貝爾斯登300億美元的資產；而就在計畫變更的兩天前，摩根大通（JPMorgan Chase）剛以不到7%的市值減價收購了貝爾斯登。[18]

擔憂情緒在夏天持續攀升，投資人的目光轉向了雷曼兄弟銀行（Lehman Brothers）。信用違約交換（允許投資人互相交換信用風險的衍生性金融商品）的價差（spreads）原本相對穩定了一陣子。投資人似乎以為監管機構既然在六個月之前為貝爾斯登紓困，那應該也會幫助規模更大的雷曼兄弟。[19]

然而，事態發展卻出乎投資人預料之外，監管機構決定不為雷曼兄弟提供聯邦擔保或紓困措施，而是提出其他搶救方案取而代之。其中，參與討論的美國銀行（Bank of America）

---

18 Torres, C., Ivry, B. and Lanman, S. (2010). Fed reveals Bear Stearns assets it swallowed in firm's rescue. Available at https://www.bloomberg.com/news/articles/2010-04-01/fed-reveals-bear-stearns-assets-swallowed-to-get-jpmorgan-to-rescue-firm.

19 Skeel, D. (2018). History credits Lehman Brothers' collapse for the 2008 financial crisis. Here's why that narrative is wrong. Available at https://www.brookings.edu/articles/history-credits-lehman-brothers-collapse-for-the-2008-financial-crisis-heres-why-that-narrative-is-wrong/.

決定不收購雷曼兄弟。另一項方案則是將雷曼兄弟的「優質」資產（像是經紀部門和其他資產）賣給巴克萊銀行（Barclays Bank），有問題的不動產「不良資產」則由其他重要銀行合組的財團資助。

但是這個方案也失敗了，因為英國證券監管機構——金融服務管理局（Financial Services Administration）拒絕讓巴克萊銀行在這段出售時期為雷曼兄弟的營運提供擔保。搶救方案一個個消失後，雷曼兄弟於2008年9月15日申請破產。但是，金融體系種下的惡果尚未結束，大型的貨幣市場基金「首選準備基金」（Reserve Primary Fund）因大量持有雷曼兄弟的商業本票，宣布其淨值將「跌破1美元」（break the buck）（該術語的意思是基金無法等價支付投資人每一美元的投資金額），導致更多投資人試圖撤回資金，進一步引發恐慌。

雷曼兄弟倒閉當日，標普500指數下跌將近5%，貨幣和商業本票市場的壓力上升，促使監管機構在雷曼倒閉隔天進場干預，為美國國際集團（American International Group, AIG）紓困。不久之後，美國國會通過7,000億美元的「問題資產紓困計畫」（Troubled Asset Relief Program, TARP），以穩定金融體系。

但問題是，房市走下坡時已逐漸形成惡性循環，就跟1980年代的日本一樣。銀行紛紛倒閉，信用風險擴散到全球各地機構，兩者造成資產市場的體制缺陷。由於許多擔保債權憑證是按「市值計價」（mark to market），所以價格走跌就引發了信用

市場崩盤及其外溢效果。銀行被迫大幅沖減（write-down）。[20]

　　無論是風險資產價值崩盤，或是全球經濟衝擊，2007年到2009年間的金融危機及其餘波都帶來極大的傷害。從2007年第一季到2011年第二季之間，美國房價的跌幅超過20%。走勢下跌再加上暴露出來的槓桿，導致金融壓力在2007年夏天浮上檯面。由於投資人和貨幣市場基金試圖降低次貸曝險，資產擔保商業本票的需求一落千丈。

　　金融危機對全球經濟的影響估計超過10兆美元，比2010年全球經濟規模的六分之一還高。超過2兆美元的金融機構資產遭到沖減。雖然整體的經濟活動起初下滑不多，但是到了2008年秋天，金融市場的壓力達到巔峰，經濟活動的跌幅隨之加劇。美國的GDP從高峰到谷底下滑了4.3%，這場經濟衰退是二戰以來最深、最久的一次，維持了十八個月之久。失業率翻了超過兩倍，從未滿5%增加到10%。[21]

　　某些分析師認為這場衰退的影響可能更加嚴重。有一項研究估計，金融危機讓美國產值長期下滑約七個百分點，若按折現值來看，每位美國公民的終身收入大約損失了7萬美元。[22]

20　Pezzuto, I. (2012). Miraculous financial engineering or toxic finance? The genesis of the U.S. subprime mortgage loans crisis and its consequences on the global financial markets and real economy. *Journal of Governance and Regulation*, **1**(3), pp. 113-124.

21　Weinberg, J. (2013). The Great Recession and its aftermath. Available at https://www .federalreservehistory.org/essays/great-recession-and-its-aftermath.

22　Romer, C. and Romer, D. (2017). New evidence on the aftermath of financial crises in advanced countries. *American Economic Review*, **107**(10), pp. 3072-3118.

英格蘭銀行前總裁莫文・金恩（Mervyn King）當時表示：
「這次是1930年代以來最嚴重的金融危機，甚至可能是史上之
最。」[23]

　　不出所料，由於經濟影響甚鉅，股市也同樣大崩盤：美國
股市下跌57%，而全球股市（MSCI全球指數）下跌59%。按
照本書第二章的定義，這個時期屬於罕見的「結構性」熊市。
市場的暴跌讓公部門不得不介入，債務也從私部門轉移到公部
門（圖表7.4），雖然最終緩和了去槓桿化升溫的風險，但是
也讓政府背負龐大的債務；外界也對政府資產負債表的持久程
度抱持疑慮，尤其在南歐更是如此。

　　陷入危機並迎來熊市的市場經歷了最初的崩盤和希望階段
的反彈之後，一開始的走勢仍依照「典型」的路線發展。然
而，觸底後的反彈走勢卻打破了以往的模式：由於危機的第二
輪效應（second-round effect）席捲全球，典型的週期發展階段
被一連串的衝擊波打斷。雖然這次危機的震央源自美國房地產
市場，以及次貸崩潰及相關的信用與銀行問題，但是這波壓力
也擴散到歐洲各大銀行（當時的槓桿率很高，而且房地產的重
押區又位於損失慘重的南歐）。因此，這件事後來演變成2010
年至2012年的歐洲主權債務危機（European sovereign debt
crisis）。第三波危機主要在亞洲相當有感：2015年8月，經濟
疲弱的中國允許人民幣兌美元的匯率走貶。物價同樣崩潰，布

23　Mason, P. (2011, October 7). Thinking outside the 1930s box. BBC News.

倫特原油（Brent）的價格從2014年夏天每桶將近100美元跌至2016年1月的46美元。

下一章，我會探討金融危機後的超級週期。

長期成長預期下滑

金融危機的後果、私部門去槓桿化、通膨下跌，均導致人們對長期實質經濟成長的預期下滑。由於股市是基於對未來成長的預期，因此經濟活動放緩的疑慮進而影響了利潤成長預期和股票報酬率（見圖表7.5）。

圖表7.5　美國和歐洲的長期實質GDP預期雙雙下跌：本圖表呈現美國和歐洲對於未來六到十年的GDP成長預期

資料來源：Glodman Sachs Global Investment Research

股票風險溢酬上升

除了成長預期崩盤之外，不確定性也明顯攀升。這不僅反映出未來經濟成長的疑慮升溫，也反映出人們失去信心，不敢相信1990年代末科技泡沫的科技革新能發揮潛力。1990年代末的科技熱潮激起了新一代的私人投資人，即使是之前較少接觸股票投資的歐洲也是如此。

舉例來說，德國電信（Deutsche Telekom）於1996年民營化的其中一個動機就是提振股權文化。雖然這次是全球發行，但是三分之二的股份都分給了德國投資人，其中大約40%分給散戶。超過三百萬名德國散戶對此次發行深感興趣，超額認購率達到好幾倍。[24] 然而，泡沫破裂的損失也很嚇人。德國電信的股價在高點時將近100歐元，但是到了2002年卻跌到8歐元的低點。這場崩盤大大打擊了投資人的信心。2014年，德國最高法院（BHG）表示，德國電信在2000年首次公開發行時，並未充分告知投資人購買股票的風險。這只是眾多案例的其中之一，說明科技股的崩潰不僅提高了投資人的不確定性，也會提升投資人所要求的未來報酬。

股票風險溢酬（意即跟政府債券等無風險利率相比，投資

---

24 Gordon, J. N. (1999). Deutsche Telekom, German corporate governance, and the transition costs of capitalism. Columbia Law School, Center for Law and Economic Studies, Working Paper No. 140.

人對於股票等風險資產所要求的超額報酬，參見圖表7.6）[25]提高也反映出這個趨勢。金融危機過後，通縮風險升溫和歐洲償還主權債務的隱憂導致股票風險溢酬再度大幅上揚。

圖表7.6　股票風險溢酬提高反映出市場不確定性升溫：本圖表呈現Consensus Economics網站當時顯示美國的多期股票風險溢酬與長期成長預期

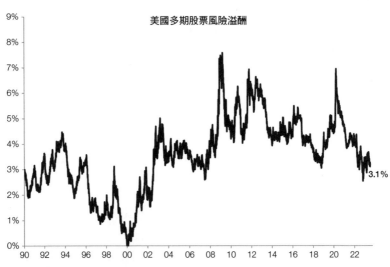

註：高盛多期股票風險溢酬

資料來源：Glodman Sachs Global Investment Research

25　單期的股息折現模型（DDM）讓我們可以透過以下公式估算預估的（事前）股票風險溢酬：股票風險溢酬＝股息殖利率＋預期名目股息成長－無風險利率。股息殖利率通常是可觀察的當前歷史殖利率，並且假設股息成長與實質GDP成長趨勢一致，預期通膨等於過去五年的平均通膨率，而無風險利率則可使用十年期公債殖利率。

　　雖然股票所需的報酬率提高了（風險更大也就代表投資人會要求更高的預期報酬率），但是跟政府債券相比，股票的實質報酬率卻表現不佳。「事後風險溢酬」（ex-post risk premium）顯示這段期間的整體報酬率表現相對不佳（圖表7.7），尤其跟前一週期的報酬率相比更加明顯。報酬率越低，投資人投資股票等風險資產的擔憂就越大。

圖表7.7　這段時期的事後風險溢酬顯示整體報酬率表現不佳：本圖表對比歐洲股票的年化超額報酬率與德國十年期公債殖利率（以十年總報酬率為基礎）

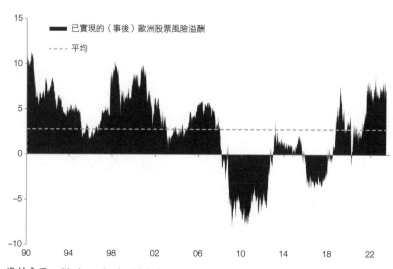

資料來源：Glodman Sachs Global Investment Research

股債負相關

　　在不同的超級週期當中，股債的關係會出現變化；從股價和債券殖利率（或利率）在這些週期的相關性變化也可看出一二。一般來說，股價和債券價格會呈現正相關，代表利率下滑（債券價格上漲）的時候，股市也會成長。

　　然而在2000年科技泡沫的尾聲，股債負相關〔也就是殖利率下跌（或債券價格走揚），股價會下跌〕變成常態（見圖表7.8）。在這之前，只有1920年代、1950年代和1960年代的

圖表7.8　自從2000年科技泡沫結束之後，股債負相關變成常態：本圖表呈現標普500指數與美國十年期公債的相關性（按日報酬率計算，如無數據則按月報酬率計算）

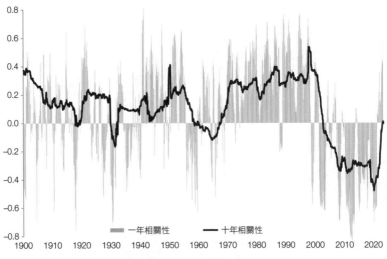

資料來源：Glodman Sachs Global Investment Research

股債呈現負相關，當時的通膨率都很低。在這些時期，超低利率（推升債券價格）通常代表經濟衰退的風險，因此股價較為疲弱。這個現象在全球金融危機過後的十年特別明顯，極低的通膨和成長率讓經濟停滯和通貨緊縮的風險節節攀升，這對於仰賴未來成長的股票來說相當不利。因此不難想見，這段時期的股票風險溢酬上升：股票殖利率必須比債券殖利率更高才能彌補通縮的風險。

　　自從新冠疫情危機放寬管制以來，由於強勁經濟成長和較高通膨率對股票的正面影響優於債券，股債的十二個月滾動相關性再次變成正值。

第八章

2009年到2020年：
後金融危機週期與零利率時代

我們沒辦法用和創造問題時相同的思維來解決那些問題。

——愛因斯坦

　　2009年到2020年這段期間是二戰以來第三次大規模的長期牛市。

　　總報酬率在考量通膨與股息後達到417%，年化報酬率達到16%（圖表8.1）。利率下滑使估值大幅上升。席勒本益比〔即「股價除以過去十年經通膨調整後的十年平均每股盈餘（EPS）」〕從2009年的20倍上升到2020年的31倍以上。與此同時，企業獲利強勁成長（企業盈餘年均成長率超過10%），締造了驚人報酬。

　　這個時期的主要特徵是：

圖表8.1　計入通膨與股息後的總報酬率較2009年到2020年間的週期高出417%，年成長16%

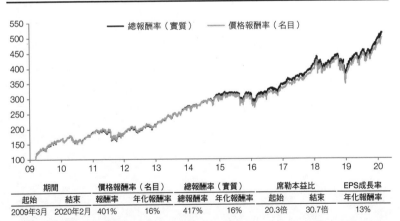

期間		價格報酬率（名目）		總報酬率（實質）		席勒本益比		EPS成長率
起始	結束	報酬率	年化報酬率	總報酬率	年化報酬率	起始	結束	年化報酬率
2009年3月	2020年2月	401%	16%	417%	16%	20.3倍	30.7倍	13%

註：席勒本益比是一種衡量估值的指標，計算方式是將指數價格除以通膨調整後的十年平均每股盈餘（EPS）。

資料來源：Glodman Sachs Global Investment Research

1. 經濟成長疲軟，但股市報酬率高。

2. 免費資金的時代。

3. 波動性低。

4. 股票估值上升。

5. 科技股帶動成長股表現優於價值股。

6. 美國相對於世界其他地區的表現亮眼。

1. 經濟成長疲軟，但股市報酬率高

與過去七十年間的大規模牛市不同，金融危機後的經濟復甦異常疲軟。

圖表8.2以美國為例，美國實質GDP的成長率，比起自1950年代以來其他經濟衰退期過後的平均成長率來得低，而且低非常多。

金融危機後經濟復甦不溫不火，促成市場上對於經濟未來成長率與企業獲利預期雙雙下滑的趨勢。為使數據看起來較為平整，圖表8.3呈現的是歐洲、日本、美國和全球股票市場的企業銷售成長率十年滾動平均值。低通膨、經濟活動復甦腳步緩慢導致企業銷售普遍疲弱。已開發國家的企業營收十年年化成長率逐漸接近日本自1980年代後期資產泡沫破裂以來的水準。

儘管經濟與獲利成長積弱無力，股市復甦仍遠較1960年代以來的「平均」表現強勁（圖表8.4）。

圖表8.2　經濟復甦疲軟：本圖表呈現美國實質GDP從低谷算起十年間的變化（以100為基準）

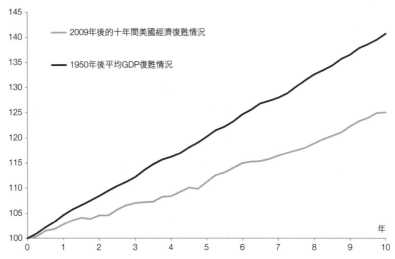

資料來源：Glodman Sachs Global Investment Research

圖表8.3　頂線銷售成長率隨著名目GDP下滑而降低：本圖表呈現除金融業以外的上市企業銷售額年成長率（十年滾動平均值）

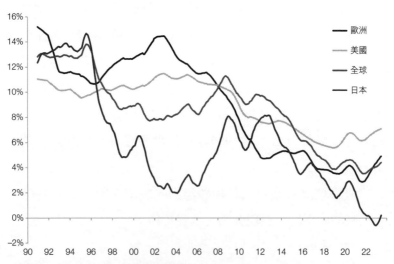

資料來源：Glodman Sachs Global Investment Research

圖表8.4　金融復甦異常強勁（以2009年3月9日標普500指數為基準）

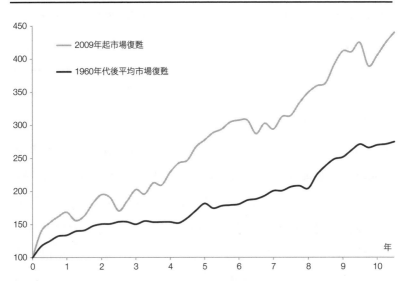

資料來源：Glodman Sachs Global Investment Research

　　經濟復甦與股市報酬之間的落差，很大一部分要歸因於零利率政策和量化寬鬆（QE）政策的實施。

金融危機的餘波

　　雖然金融危機造成的熊市在2010年因政策強力支持而逆轉，但後金融危機週期因為初始危機的餘波（aftershock）而遭扭曲，先後造成歐洲與新興市場和美國脫鉤。金融危機的餘波像波浪般一波波襲來，不同的波段可以依據在不同地區爆發時顯現的壓力源區辨。

波浪一出現在美國。從房市崩盤開始，並在雷曼兄弟申請破產時擴大為更廣泛的信用危機。最後以「問題資產紓困計畫」（TARP）[1]和QE收尾。[2]

波浪二出現在歐洲。起因是歐洲的銀行遭美國槓桿損失連累，接著由於歐元區缺乏債務分享機制而演變為歐元區整體的主權債務危機。波峰出現在希臘債務危機、民間投資人因虧損而需要「紓困」的時期。最後靠著導入直接貨幣交易機制（Outright Monetary Transactions, OMT）、歐洲央行（European Central Bank, ECB）「不惜一切代價」的承諾與QE政策作結。[3]

波浪三出現在新興市場（EM）。與大宗商品價格及交易活動崩盤同時發生。新興市場股市大受打擊，在2013年至2016年初這段期間最為嚴峻。

雖然所有主要股市都在2009年觸底後急遽復甦，但在那之後的長期牛市非比尋常。因為在第一波波浪來襲後，市場衝擊分地區蔓延，致使各地表現截然不同。在危機接踵而來的背景下，2016年標誌著一個重要的轉折點。當時，全球股市因

1　「問題資產紓困計畫」（TARP）是美國政府為了穩定金融體系而提出的一系列政策措施，其中包括授權挪用7,000億美元為銀行、美國國際集團（AIG）、汽車公司紓困，這就是所謂的「TARP紓困計畫」。該計畫還為信用市場和屋主提供了紓困措施。

2　量化寬鬆（QE）是一種大規模購買資產的貨幣政策。中央銀行創造貨幣並用於購買預定數量的政府公債或其他金融資產，以向經濟體挹注流動性。

3　直接貨幣交易機制（OMT）是歐洲央行的一項計畫。在特定情況下，由歐洲央行在次級主權債券市場上購買（「直接交易」）歐元區成員國發行的債券。

為各地經濟同步強勁成長且政治及系統性風險減弱而上漲（圖表8.5）。經濟成長與企業獲利狀況改善意味著，這個週期中股市報酬率首度靠獲利成長推升，而非仰賴估值擴張。

從圖表8.5可以清楚看出這三個波浪對美國、歐洲和新興市場股市的影響。美國波浪使全球信用市場與銀行的資產負債表都遭受損傷，因而迅速發展為全球性的衝擊。主要股市全面下挫，而新興市場（Beta係數較高且最容易受到全球貿易成長崩盤衝擊）受創最深。由零利率政策和美國啟動QE觸發的反彈也帶來了全球性的影響，一開始受損最嚴重的新興市場股市強勁反彈。

圖表8.5 全球股市隨著新興市場波浪在2016年結束而走揚（價格以美元呈現）

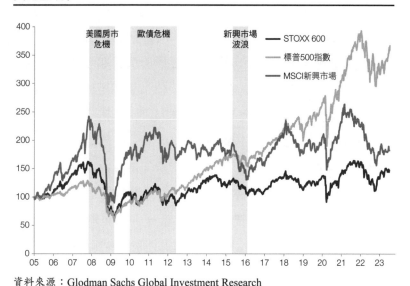

資料來源：Glodman Sachs Global Investment Research

　　然而，當危機延伸到歐洲時，這段復甦之路就被打斷了。歐洲銀行槓桿度程度高，加上歐元區財政框架存在體制性的弱點，導致主權債務危機和另一波資金大撤退。這段期間的大部分時間裡，美國經濟和股市成功與世界其他地區脫鉤，持續快速擴張。

　　希臘受創極深。希臘債券利差急遽上升，政府被迫在2010年至2016年間十二度加稅並削減政府支出。此外，國際貨幣基金組織（IMF）、歐元集團（Eurogroup）和歐洲央行在2010年、2012年和2015年提供一系列紓困計畫，2011年民間銀行與希臘達成債務協議，同意減債50%。上述紓困計畫與債務協議總計提供希臘1,000億歐元的債務救濟。到了2012年7月，歐元區金融圈陷入嚴重危機。市場擔心希臘可能退出歐元區，因而使希臘公債殖利率飆升至50%。西班牙十年期公債殖利率突破7.5%，二年期公債殖利率接近7%。西班牙政府公債殖利率曲線趨於平坦，與財政和總體經濟長期發展水準不一致，差點使主權債市場癱瘓。由於公債市場在西班牙金融體系中扮演關鍵角色，銀行與政府間連結又深，西班牙的銀行受到牽連。義大利公債殖利率朝7%步步進逼，使危機急遽向其他南歐國家擴散。各界普遍認為歐元與歐元區危在旦夕。

　　直到2012年中期，靠著歐洲央行激進的政策干預，加上口頭保證會「不惜一切代價」守護歐元，終於壓低了風險溢酬並帶動全球股市反彈。這段故事再次展示了央行改變市場預期的力量。時任歐洲央行總裁的馬力歐・德拉吉（Mario

Draghi）在向外界掛保證後，於2012年9月的記者會上公布歐洲央行的OMT計畫。歐元區的國家如果可以接受歐洲穩定機制（Eruopean Stability Mechanism, ESM）中的隱含條件且同時維持市場開放，歐洲央行已經準備好購買短期政府公債，金額可能無上限。

　　但就在局勢似乎開始平靜下來的時候，大宗商品市場和新興市場股市的顯著疲軟引發了第三波下跌。這次，中國成了震央。由於對新興市場曝險程度高，歐股再次受創。美國股市則經歷了相對溫和且短暫的調整，並再度被視為相對安全的避風港。

　　自2016年中期以來，雖然股債之間報酬率落差顯著，但從整體趨勢來看，股票和固定收益（債券及信用商品）市場同步走揚。政府積極推動貨幣寬鬆政策有效拉高了金融市場的估值。許多學術論文以QE對債券價格的影響為研究主題，在政府宣布QE計畫之後出現了更多相關研究。其他研究顯示，QE對股市也有顯著影響。有些學者估算，以英國富時全股指數（FTSE All-Share index）和美國標普500指數為例，政府採取「非例行性政策措施」使股價上漲了至少30%。[4]

4　Balatti, M., Brooks, C., Clements, M. P. and Kappou, K. (2016). Did quantitative easing only inflate stock prices? Macroeconomic evidence from the US and UK. Available at SSRN: https://ssrn.com/abstract=2838128 or http://dx.doi.org/10.2139/ssrn.2838128. 作者群在論文中主張，根據中位數估算，二十四個月後政策對股票市場的影響會達到高峰。英國富時全股指數漲幅約為30%，美股標普500指數漲幅則約為50%。

2. 免費資金的時代

　　然而，會出現這種不尋常的報酬模式主要還是得歸因於金融危機後的通膨和利率變動，拉低了資本成本並墊高估值。

　　1982年以來的週期中，名目與實質利率下降幾乎是不變的特徵。從2000年代開始，央行的預測指引效力更強，加上新科技和全球化的影響，都有助於使通膨偏低且穩定，進而使菲利普曲線（呈現失業與通膨之間的關係）變得更加平坦。市場對通膨的預期因此穩定得多。[5]

　　還有其他因素造成利率走低。其中一種解釋是，全球儲蓄超過了投資，甚至在金融危機爆發之前就已經壓低實質利率。桑默斯（Summers, 2015）發表的論文中提出「世俗停滯假說」（secular stagnation hypothesis），主張總體需求長期疲軟，加上超低政策利率，使預期儲蓄超過投資，並將自然利率壓低到市場利率以下。[6]全球儲蓄過剩（Bernanke, 2005）與安全資產短缺（Caballero and Farhi, 2017）造成新興市場經濟體中的儲蓄過剩（從經常帳盈餘可以看出）流向已開發經濟體，壓低了當地的實質利率。[7]另一種說法是，經濟成長放緩與通膨降溫（部

5　Cunliffe, J. (2017). The Phillips curve: Lower, flatter or in hiding? Speech given at the Oxford Economics Society. Available at https://www.bankofengland.co.uk/speech/2017/jon-cunliffe-speech-at-oxford-economics-society.

6　Summers, L. H. (2015). Demand side secular stagnation. *American Economic Review*, **105**(5), pp. 60-65.

7　Bernanke, B. S. (2005). The global saving glut and the U.S. current account deficit.

分反映人口結構的影響，也有部分是出於科技日新月異造成的衝擊）壓低了利率。

　　無論原因為何，在金融危機後利率顯著下滑是事實。與此同時，市場上的通膨指標相對於其他週期顯著下降。在某種程度上，QE的影響也是原因之一。[8]

　　根據英國央行長期彙整的數據，全球利率在金融危機後大幅下降，迅速趨向歷史最低水準（直到2021年急遽上升，這個議題留待第三部分討論）。

公債殖利率的崩跌

　　這段期間顯著的趨勢是不僅名目利率和通膨率下降，實質長期利率（名目利率減去通膨率；圖表8.6）也顯著下滑。

　　某些情況下，債券殖利率的跌幅甚至大到在2020年以前，全球已經有大約30%的政府公債殖利率為負，這意味著投資人實際上是付錢給政府來保管他們的錢。甚至有四分之一的投資級企業債券（也就是那些具有穩健資產負債表的公司所發行的債券）殖利率也是負值（圖表8.7）。

Speech at the Sandridge Lecture, Virginia Association of Economics, Richmond, VA, March 10. Caballero, R. J. and Farhi, E. (2017). The safety trap. *The Review of Economic Studies*, **85**(1), pp. 223-274.

8　Borio, C., Piti, D. and Rungcharoenkitkul, P. (2019). What anchors for the natural rate of interest? BIS Working Paper No. 777. 作者主張，「在一定程度上，貨幣政策設定槓桿價格，可能影響金融週期，因此也可能對經濟的長期走向產生持續性的影響，進而影響實質利率。如果在界定均衡點時預先排除經濟中合理預期的興衰週期，可能就無法在不考慮貨幣制度的情況下，界定出自然利率」。

圖表8.6　德國公債實質殖利率轉負：本圖表呈現十年名目殖利率扣
除當前通膨率

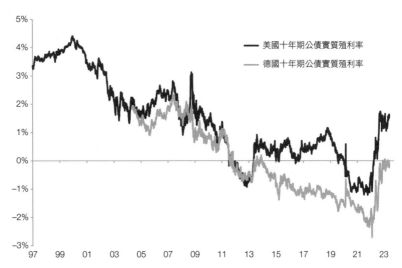

資料來源：Glodman Sachs Global Investment Research

圖表8.7　負殖利率債權佔全球公債比重

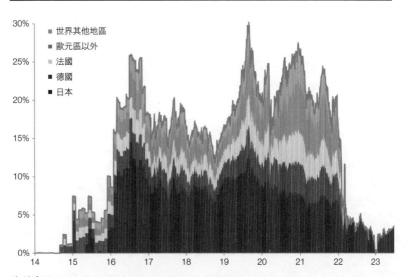

資料來源：Glodman Sachs Global Investment Research

　　這個概念乍看或許有點怪，但在金融危機後的時代化為了現實。各國央行快速降息，希望能減緩經濟衝擊，並避免此前金融崩盤後太慢採取行動的覆轍（特別是在1980年代末的日本和1930年代的美國）。央行設定政策利率後，又接著透過QE計畫壓低長期利率和債券殖利率，確立了低利率水準。

　　理論上，QE會使投資人降低對未來利率的預期，藉此影響殖利率。這是一種「訊號效應」（signalling effect），也就是央行靠著購買政府公債，對外釋放目標利率將維持低水準的訊號。另一種論點是，央行藉由購買政府公債鼓勵投資人增加對風險資產的需求，因為他們會想獲得可接受的報酬率，從而壓低其他類型債券的殖利率，例如企業債、風險更高或天期更長的債券。[9]雖然QE對債券殖利率的直接影響各界估算落差甚鉅，但大多數研究的結論都是：美國聯準會的QE計畫對公債殖利率水準有顯著影響。針對其他國家購買金融資產的計畫，學術研究也得出了類似的結論。[10]

　　金融危機過後，通膨預期下降，加上經濟產出疲軟，使債券殖利率下滑變得合理。雖然很難區別QE和經濟成長對通膨預期的影響，但當央行導入負利率政策（例如歐洲央行和日本

9　Christensen, J. and Krogstrup, S. (2019). How quantitative easing affects bond yields: Evidence from Switzerland. Available at https://res.org.uk/mediabriefing/how-quantitative-easing-affects-bond-yields-evidence-from-switzerland/.

10　Gilchrist, S. and Zakrajsek, E. (2013). The impact of the Federal Reserve's large-scale asset purchase programs on corporate credit risk. NBER Working Paper No. 19337.

央行分別在2014年和2016年導入），市場對中期通膨的預期
也下降了（圖表8.8）。[11] 美國和歐洲的通膨交換利率（inflation
swap rate，未來通膨預期的衡量標準）在QE開始後也顯著下
降。

　　歐洲央行施行QE和德國公債殖利率轉負對歐洲整體的主
權利差造成顯著影響。身為2011年歐債危機的重災區，希臘
公債殖利率在2012年3月飆升至40%以上，並在2015年短暫
下降到約20%（圖表8.9）。希臘被迫實施一系列撙節計畫並與

圖表8.8　市場對未來通膨預期下滑

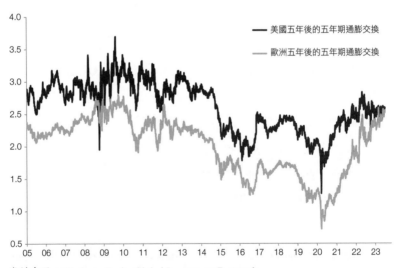

資料來源：Glodman Sachs Global Investment Research

11　Christensen, J. H. E. and Spiegel, M. M. (2019). Negative interest rates and inflation expectations in Japan. *FEBSF Economic Letter*, **22**.

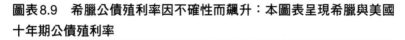

圖表8.9 希臘公債殖利率因不確性而飆升：本圖表呈現希臘與美國十年期公債殖利率

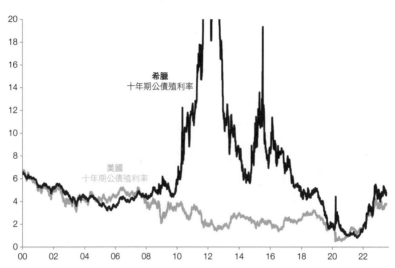

資料來源：Glodman Sachs Global Investment Research

他國洽談債務減免，藉此穩定市場。此後，隨著對歐元區解體的擔憂消退和QE政策的增強，德國公債負殖利率對其他歐洲債券市場的外溢效應越來越明顯，導致希臘十年期公債殖利率在新冠疫情期間朝美國公債殖利率靠攏。現在，希臘公債殖利率與美國、英國差不多。

債券殖利率的下滑也反映了期限溢酬（term premium）的崩盤。依據理論，無違約風險的政府公債殖利率是存續期間的預期政策利率平均值加上期限溢酬。因此，當債券殖利率出現變化時，要麼是短期利率預期修正，要麼是因為與長期借貸〔「存續期」（duration）〕相關的風險程度改變。

　　之所以會存在期限溢酬是因為投資人承擔經濟風險時會要求補償（就像股票和股權風險溢酬一樣）。對債券持有人來說，有兩項風險格外重要。第一是通膨，因為通膨超乎預期會侵蝕名目固定收益的實質價值，拉低名目債券的實質報酬率。這意味著當投資人預期通膨會很高且／或對中期走向的不確定性較高時，就會要求更高的期限溢酬。第二是經濟衰退的風險，這是股票投資人面臨的主要風險。經濟衰退代表預期財富和消費成長會降低，也會使投資人更不願意承擔風險，從而使投資人要求在持有高風險資產時獲得較高的補償。反之，投資人對較安全的固定收益資產要求的溢酬較低。

3. 波動性低

　　金融危機接踵而來造成的衝擊，使市場調降對經濟長期成長率的預期。然而，即便企業營收增速放緩，低利率與充足的流動性有助於減少企業盈餘（或EBITDA）的波動性，進而降低金融市場的波動性，就像1990年代的大溫和時期一樣（圖表8.10）。[12] 在極低的通膨率與利率支持下，經濟週期保持了長時間的穩定，直到疫情帶來衝擊。

12　EBIDTA ＝稅前、息前、折舊及攤銷前的盈餘（earnings before interest, taxes, depreciation, and amortization）。

圖表8.10　標普500指數中位數企業過去十年EBITDA成長率變動

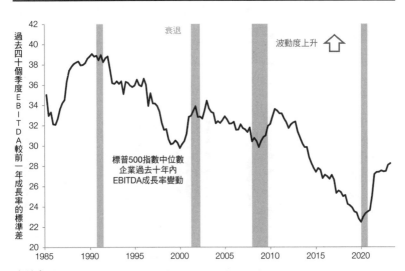

資料來源：Glodman Sachs Global Investment Research

　　實施零利率政策也減少了企業倒閉的數量，因此在金融危機後的十年間，盈餘成長相對較低但比典型週期穩定得多（圖表8.11）。

　　私部門（包括銀行、企業和家戶）執行資產負債表去槓桿化，提升了對衝擊的抵禦能力，讓報酬率更容易預期，墊高企業價值。

　　股票市場因此得以創造穩定的報酬率並維持合理波動。以標普500指數為例，1900年以來，股市首度有這麼長的時間不曾出現超過20%的修正（圖表8.12）。

圖表8.11　除了經濟衰退期，EPS幾乎不曾下滑：本圖表呈現MSCI AC世界成分股指數每年實現的盈餘成長。灰底區域是衰退期（美國、歐洲、日本或新興市場）

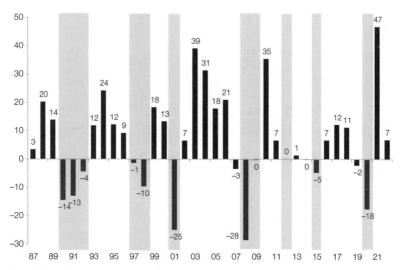

資料來源：Glodman Sachs Global Investment Research

4. 股票估值上升

　　理論和歷史經驗都顯示，利率較低會提高未來現金流的折現值，因此拉升股票價值。這在美國股票市場上尤其明顯，在科技公司驅動之下，美股對長期成長的信心最為顯著。

　　與此同時，與「安全」的政府公債相比，股票的相對價值下降。對未來的不確定性使股票收益相對於政府債券收益上升。衡量兩者關係與演變狀況時，其中一個標準是收益差額

圖表 8.12　2009 年到 2020 年是股市最長一段時間沒有遇過大於 20% 的期間：本圖表呈現標普 500 指數走勢

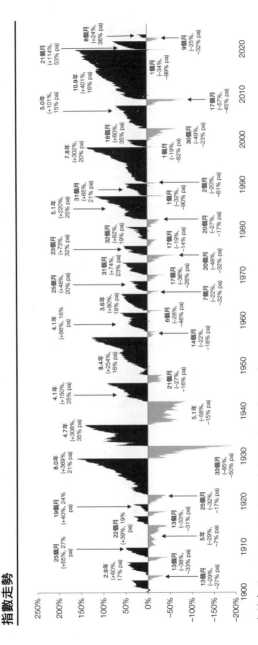

資料來源：Glodman Sachs Global Investment Research

（yield gap），也就是標普500指數收益（本益比的倒數）與美國十年期公債殖利率之間的差異。

在2008年金融危機後的十年間，隨著債券殖利率一瀉千里，債券和股票的收益差距擴大。換言之，雖然無風險利率或長期債券殖利率大減，但股票的本益比並沒有如預期般大幅上升（或者說現金殖利率沒有大幅下降）。這種效應在政府公債殖利率轉負的歐洲更為顯著。市場對於企業未來成長和獲利疲軟的擔憂是造成這種現象的部分原因。

金融危機開始時，德國十年期公債殖利率約為4%，與當時的美國十年期公債殖利率相當。但爾後德國公債殖利率下降的速度比美國更快，並隨著通膨預期下降和QE政策上路而轉為負數（圖表8.13）。

美股總體現金殖利率與美國公債殖利率之間的差距從未像在歐洲那麼大，主要原因是市場比較看好美國企業盈餘成長的長期前景。但即便在美國，股票的現金殖利率與債券殖利率的相對關係也與二十一世紀初截然不同，舉例來說，在1990年代初期，一位投資人在股市中可以享受約4%的現金殖利率，而當時十年期公債殖利率為8%；到了2020年，十年期公債殖利率已經下降到約1.5%，但股票的現金殖利率則超過5%（圖表8.14）。兩者間的差異反映出市場對長期成長預期的顯著下降。接著在2022年和2023年，美國十年期公債殖利率上升到約4%，是標普500指數現金殖利率的兩倍。

圖表8.13　歐洲股債利差擴大：本圖表呈現STOXX 600未來十二個月現金殖利率，以及德國十年期公債的名目與實質殖利率

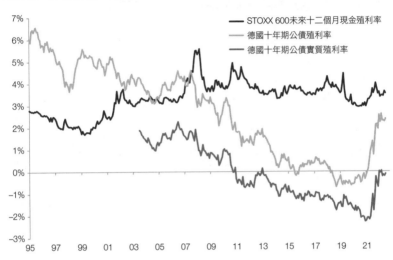

資料來源：Glodman Sachs Global Investment Research

5. 科技股帶動成長股表現優於價值股

　　自金融危機以來，影響股市週期演變的另一個重要因子是科技對金融報酬率的影響。部分科技公司的驚人成長（或利用新科技顛覆傳產，包括零售、餐廳、計程車、飯店和銀行）意味著獲利分布較以往的週期集中。如圖表8.15所示，科技業自金融危機以來，獲利顯著增加。雖然全球股市（不包括科技業）在2016年全球經濟復甦時，盈餘大幅改善，但在2020年新冠疫情爆發之際，才剛剛恢復到金融危機前的水準。同一段時間

圖表8.14　2022年，美國十年期公債殖利率上升至約4%，是標普500指數現金殖利率的兩倍：本圖表呈現標普500指數未來十二個月現金殖利率，以及美國十年期公債的名目與實質殖利率

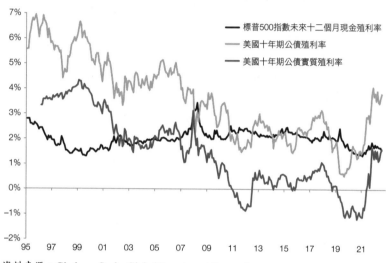

資料來源：Glodman Sachs Global Investment Research

內，科技業每股盈餘急遽上升（部分受股票回購熱潮推動）。[13]

　　這項明顯的趨勢導致股市中的贏家與輸家之間，報酬率差異大幅擴大。

成長股與價值股之間的巨大差距

　　後金融危機週期也導致股市內部與跨市場間報酬率持續且穩定地拉開差距，這在其他週期中極為罕見。特別是價值股與

13　Lazonick, W. (2014). Profits without prosperity. *Harvard Business Review*, **Sept.** https://hbr.org/2014/09/profits-without-prosperity.

圖表8.15　科技業盈餘超越大盤：本圖表呈現過去十二個月EPS走勢（以美元計並以2009年1月的數值為基準100）

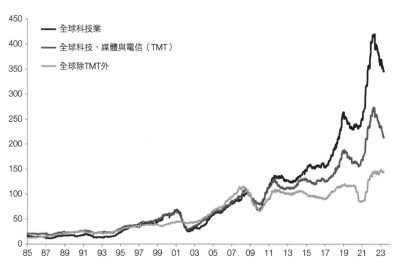

資料來源：Glodman Sachs Global Investment Research

成長股的落差。如圖表8.16所示，價值股（低估值公司，通常是成熟產業中的老字號）顯著落後成長股（未來成長預期較高的公司，通常是以科技為主的「新經濟」產業）。

　　造成這種情況的因素有幾個，與後金融危機週期的獨特特性有關。

　　首先，市場缺乏成長性，因此成長前景佳的公司受到高度珍視。我們已經看到，金融危機後營收成長呈現下降趨勢。整體而言，高成長公司在大多數股市中的佔比也下滑了。舉例來說，圖表8.17呈現全球高成長公司與低成長公司的佔比變化，圖中對成長型公司的定義是未來三年年營收預期成長率超過

圖表8.16 MSCI全球價值股指數表現明顯不如成長股指數：本圖表呈現價格相對表現

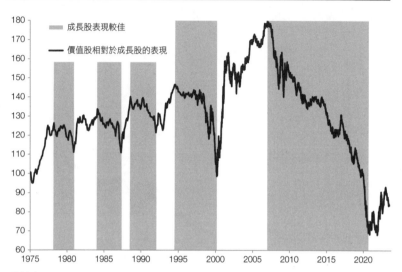

資料來源：Glodman Sachs Global Investment Research

8%，低成長公司則是年營收預期成長率低於4%。

第二，債券殖利率下滑提高了成長股相對於價值股的價值，因為成長股的「存續期」較長。換言之，成長股的估值對利率的變化較為敏感（圖表8.18）。預期未來獲利會成長的公司對利率變動更敏感，是因為它們的未來獲利淨現值隨著利率（未來獲利的折現率）降低變得更有價值；反之，利率上升時價值減損。

第三，如圖表8.19所示，低殖利率提振了防禦型公司（Defensive companies，指那些在經濟週期中較不受影響的產業，如醫療保健或消費必需品）相對於景氣循環型公司

圖表8.17　未來營收預期成長率高的企業寥寥可數：本圖表呈現MSCI AC世界成分股指數表現

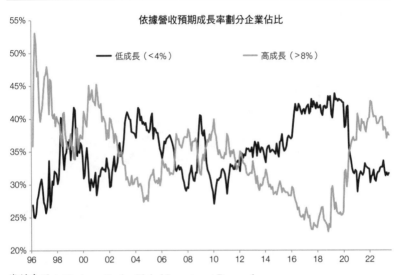

依據營收預期成長率劃分企業佔比

—— 低成長（＜4%）　　—— 高成長（＞8%）

資料來源：Glodman Sachs Global Investment Research

（Cyclicals，指那些對廣泛經濟成長變化較敏感的公司）的表現。這一點和成長股與價值股落差擴大的投資題材相似。許多景氣循環型產業的本益比較低，而大多數防禦型產業被認為成長性較高，或者更重要的是，在充滿不確定性的經濟背景下有辦法創造可預期的成長。

　　第四，債券殖利率下滑讓波動性低、資產負債表穩健的企業價值提升（圖表8.20）。那些常被稱為「高品質」（quality）企業的價值也水漲船高。這種投資風格在經濟和政治不確定性高的環境中獲得青睞，使得未來營收穩定度或預期性高的企業投資溢酬上升。

圖表8.18　債券殖利率低通常會對價值股的股價造成壓力

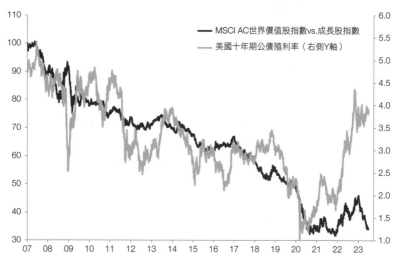

資料來源：Glodman Sachs Global Investment Research

圖表8.19　景氣循環股與防禦股的相對表現也隨著美國十年期公債殖利率變動

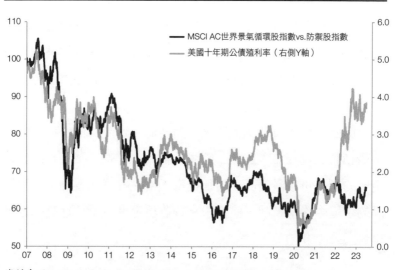

資料來源：Glodman Sachs Global Investment Research

圖表8.20　殖利率與通膨預期上升，低波動性股票表現不如大盤

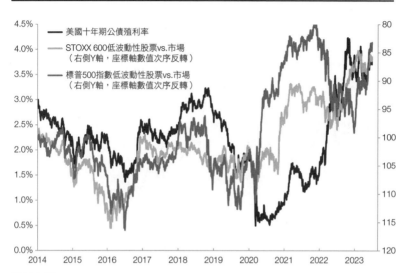

資料來源：Glodman Sachs Global Investment Research

6. 美國相對於世界其他地區的表現亮眼

　　相較於價值股，投資人偏好成長股的趨勢變化，對世界各地股市的相對表現造成重大影響。自金融危機以來，美股持續且顯著地超越其他地區，與歐股的對比尤其明顯。圖表8.21呈現標普500指數和歐元區STOXX 50指數（歐元區股票的主要基準）的相對表現。1990年至2007年間，兩者之間的相對表現沒有明顯趨勢，而是週期性變化——有時候美國表現較好，有時候則相反。但金融危機以後，就出現了美股持續超越歐股的趨勢。

圖表8.21　歐股與美股的相對表現與價值股和成長股的相對表現呈現鏡像關係

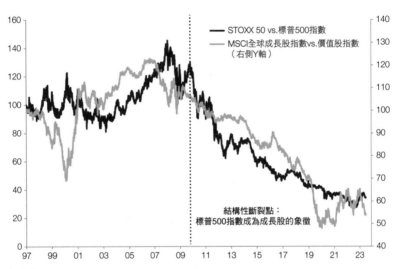

資料來源：Glodman Sachs Global Investment Research

　　有趣的是，這種美歐股市相對表現的趨勢以及價值股與成長股指數相對表現的趨勢具相關性。美國市場被認為是一個成長型的市場，因為高成長公司（如科技公司）在股市中的佔比高。相形之下，歐洲市場則有較高比例是低成長、「較便宜」的公司並屬於相對成熟的產業（如工業、汽車、商品、金融等），高成長公司的佔比較低。

　　金融危機以來，各地股市表現明顯分歧，也反映出主要股市EPS成長的差異。如圖表8.22所示，從金融危機開始前最後一個EPS高峰到2020年疫情爆發前，美國EPS增加了近

圖表8.22　美股與歐股的EPS落差在經過類股組成調整後約減半：本圖表呈現美股標普500指數和日股TOPIX指數的EPS在2006年觸頂；歐股SXXP指數與亞洲除日本外MXAPJ指數的EPS在2007年觸頂

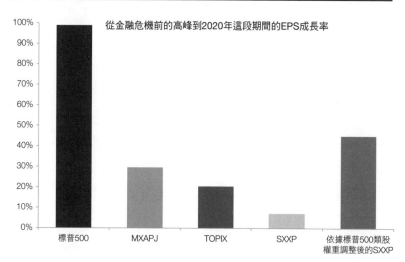

資料來源：Glodman Sachs Global Investment Research

80%。其中大部分由科技業創造，但即使扣除科技業，美股EPS也穩健上升了75%。

在日本，同期EPS成長率20%，以歐洲前六百大上市公司組成的STOXX 600指數EPS成長率則僅7%。就和美股一樣，這些股市內部的產業權重會影響EPS的成長幅度。美股科技公司的權重高，帶動EPS成長，歐股則以銀行業權重較高（銀行盈餘大多下跌）。如果把歐股中各個產業的比重調到跟美國一樣（例如科技公司佔比增加、銀行佔比降低），EPS成長可能會更強勁，接近45%。

零利率和對風險性資產的需求

金融危機後，零利率或負利率的環境還有一個有趣的觀察面向，就是它對於長期投資機構（如退休基金和保險公司）對風險性資產的偏好造成影響。

對這些機構來說，主要影響之一是隨著利率下降，退休金計畫或保險公司的未來負債淨現值（即未來現金流的折現值）增加。以典型的確定給付制（defined benefit）退休金計畫來說，長期債券殖利率下降一百個基點可能意味著在其他條件不變的情況下，負債瞬間暴增約20%。[14]

經濟合作暨發展組織（OECD）表示：「放眼未來，最主要的擔憂是退休基金和保險公司在試圖兌現承諾受益人或要保人的報酬水準時，過度『追求收益』，而增加破產風險。」[15]

美國有些證據顯示，隨著無風險利率和籌資利率下降，機構整體而言承擔了更大的風險。[16]還有研究指出，追求收益的

---

14 Antolin, P., Schich, S. and Yermi, J. (2011). The economic impact of protracted low interest rates on pension funds and insurance companies. *OECD Journal: Financial Market Trends*, **2011**(1), pp. 237-256.

15 關於資產／負債組合及「追求收益」的風險，有一段不錯的討論可以參閱。請見：*OECD Business and Finance Outlook* 2015, Chapter 4: Can pension funds and life insurance companies keep their promises?

16 Gagnon, J., Raskin, M., Remache, J. and Sack, B. (2011). The financial market effects of the Federal Reserve's large-scale asset purchases. *International Journal of Central Banking*, **7**(1), pp. 3-43. 這些作者還發現，當債券殖利率下降時，負責支應公基金但財務狀況較差的美國州政府和市政府增加了曝險程度。他們估算，2002年至2016年間，多達三分之一的基金總體風險和資金不足與低利率有關。

現象不僅限於機構，也適用於投資人。[17]

　　對於背負巨額未來退休金負債的退休基金和保險公司而言，利率下降推升了赤字的淨現值，意義重大。[18]對保險公司而言，利率下滑可能威脅到人壽保險契約的保證收益，並使這些合約在遇到經濟衰退期時更容易受創，或者如果調高政府公債的權重，基金可能會陷入結構性低報酬率的窘境。[19]

　　在某些地區（特別是歐洲），政府嚴格規定退休基金和保險公司對高風險股票的權重不得過高，使得大型基金更難以增加風險性資產的投資權重，因而增加了對債券的需求。結果就是為了針對利率和負債風險進行避險操作，對債券的需求增加了，使殖利率承受更大的下行壓力。如圖表8.23所示，近年歐洲的退休金和保險公司整體而言確實繼續專注於債券投資，例如政府公債。即使債券殖利率降到零以下也不例外，但問題是，如同之後會提到的，隨著通膨在新冠疫情過後開始爬升，資產與負債不匹配的風險增加了。

17　Lian, C., Ma, Y. and Wang, C. (2018). Low interest rates and risk taking: Evidence from individual investment decisions. *The Review of Financial Studies*, **32**(6), pp. 2107-2148.

18　Antolin, P., Schich, S. and Yermi, J. (2011). The economic impact of protracted low interest rates on pension funds and insurance companies. *OECD Journal: Financial Market Trends*, **2011**(1), pp. 237-256.

19　Belke, A. H. (2013). Impact of a low interest rate environment – global liquidity spillovers and the search-for-yield. Ruhr Economic Paper No. 429.

圖表8.23　退休金與保險基金持續側重債券投資（基本上忽略股票）：本圖表呈現歐元區退休金與保險基金每季流入股票與長期債券的資金流（單位：10億歐元）

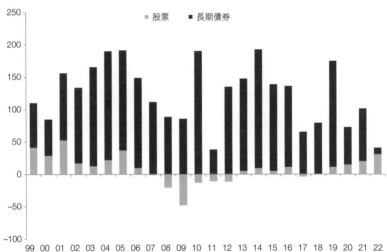

資料來源：Glodman Sachs Global Investment Research

小結：

2009年到2020年超級週期的特徵如下：

1. 名目與實質GDP成長率相對較弱的經濟週期，催生出異常積極的貨幣寬鬆期與QE政策的推展。

2. 儘管政府降息，市場依舊下修了長期成長預期，西方經濟體的企業平均營收成長放緩。

3. 雖然經濟和獲利成長低於平均水準，金融市場表現仍異常強勁，無論是固定收益市場（受益於政策利率和通膨

緩和）還是股票和信用市場（低利率推升估值）都是如此。

4. 通膨預期崩盤，債券殖利率降至歷史新低。全球與許多個別經濟體都面臨相同局面。

5. 低成長與刷新歷史紀錄的低利率帶來影響，意味著收入和成長相對稀缺，驅動長期轉向趨勢。波動性低的優質股與成長股相對表現佳，只要是能締造收益成長的資產（如高收益企業債）表現都較為突出。

6. 金融危機和隨後的復甦伴隨著科技轉變的長期、巨大週期，或稱超級週期。營收與獲利因此快速集中到為數不多的幾個超級大企業身上，且當中有好幾家都在美國。在這樣的背景下，加上美國國內經濟成長較強勁，美股得以實現相對於世界其他大多數市場的優異報酬。

第九章

疫情與「高波動、低報酬」再現

經濟活動崩潰的規模與速度是我們此生未曾經歷過的。

——吉塔・戈皮納特（Gita Gopinath）

　　新冠肺炎疫情造成的經濟衝擊使股票投資人經歷了一段報酬率下滑的時期（圖表9.1）。後來靠著政府支持與疫苗普及，市場逐漸復甦。

疫情帶來的騷動

　　新冠肺炎疫情的爆發讓通膨降溫、量化寬鬆（QE）、史上最低利率的時代戛然而止，令決策者和投資人大為意外。

疫情衝擊

　　新冠疫情爆發及隨之而來的全球大流行，導致全球經濟活

圖表9.1　新冠肺炎疫情重啟「高波動、低報酬」時期

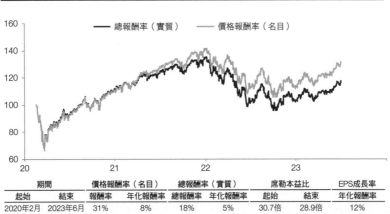

期間		價格報酬率（名目）		總報酬率（實質）		席勒本益比		EPS成長率
起始	結束	報酬率	年化報酬率	總報酬率	年化報酬率	起始	結束	年化報酬率
2020年2月	2023年6月	31%	8%	18%	5%	30.7倍	28.9倍	12%

註：席勒本益比是一種衡量估值的指標，計算方式是將指數價格除以通膨調整後的十年平均每股盈餘（EPS）。

資料來源：Glodman Sachs Global Investment Research

動突然中斷，全球股市因此面臨自二戰以來速度最快的一次價格崩盤，進入熊市。美國股市2020年3月8日開盤下跌7%，自2007年至2008年金融危機以來首度觸發熔斷機制。其他股市跟著崩跌。由歐洲最大的幾間企業組成的STOXX 600指數較年初下跌了超過20%。隨著經濟衰退加劇，政府公債的殖利率暴跌，美國十年期和三十年期公債殖利率首次跌破1%。[1]

世界各國陸續祭出封鎖政策，導致全球多數地區的經濟陷入停滯。到2020年4月的第一週，全球已經有過半（即三十九億人口）被關在家裡，使未來充滿不確定性，也引發了恐慌性購買潮（圖表9.2）。[2]

幾乎所有經濟體的產出都顯著減少。2020年前三個月，二十大工業國（G20）經濟體的總產出較去年同期下滑3.4%。[3]

英國是一個高度依賴服務業的經濟體，因此格外脆弱。2020年英國國內生產毛額（GDP）大減11%，這是自1948年有連續官方紀錄以來最大的跌幅，同時估計也是自1709年大霜凍（Great Frost）以來最大減幅（圖表9.3）。

1　Franck, T. and Li, Y. (2020, March 8). 10-year Treasury yield hits new all-time low of 0.318% amid historic flight to bonds. CNBC.

2　Sandford, A. (2020, April 2). Coronavirus: Half of humanity on lockdown in 90 countries. Euronews.

3　Organisation for Economic Co-operation and Development (2020). G20 GDP Growth – First quarter of 2020.

圖表9.2　2020年3月英國因新冠疫情實施封鎖政策前夕，中倫敦一家超市貨架被掃空

資料來源：由本書作者奧本海默拍攝。

　　第一次封鎖期間，英國GDP在2020年4月比僅僅兩個月前低了25%。[4] 疫情對社會和就業的廣泛影響很快就清楚顯現。疫情期間，全球超過十五億學生受到學校和大學關閉的影響。最脆弱的學習者受創最深。[5]

　　截至2020年3月，美國已經有六百六十萬人申請失業救濟。英國商會（British Chamber of Commerce）的報告指出，2020年4月初，已經有32%的企業裁員。2020年前九個月，全

4　Harari, D., Keep, M. and Brien, P. (2021). Coronavirus: Effect on the economy and public finances. House of Commons Briefing Paper No. 8866.

5　UNESCO (2020). Education: from school closure to recovery. Available at https://www.unesco.org/en/covid-19/education-response.

圖表9.3　2020年英國GDP創1700年代以來最大減幅：本圖表呈現英國實質GDP年成長率

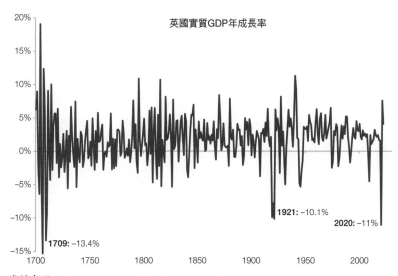

資料來源：Glodman Sachs Global Investment Research

球勞工的收入下降了10%，相當於超過3.5兆美元的損失。[6]

　　對大規模失業的恐懼不斷加深。聖路易斯聯邦準備銀行（Federal Reserve Bank of St. Louis）總裁詹姆斯・布拉德（James B. Bullard）表示，如果不採取緊急行動，美國失業率可能會上升至30%。[7]必須做點什麼，而且動作要快。全球各地的政府開始加強放款力道並施行各種援助方案。截至2020

6　Strauss, D. (2020, September 23). Pandemic knocks a tenth off incomes of workers worldwide. *Financial Times*.

7　Matthews, S. (2020). U.S. jobless rate may soar to 30%, Fed's Bullard says. Available at https://www.bloomberg.com/news/articles/2020-03-22/fed-s-bullard-says-u-s-jobless-rate-may-soarto-30-in-2q.

年5月，二十大工業國（G20）祭出的財政支持已經達到9兆美元，平均約佔各國GDP的4.5%。這些援助計畫的規模超越了金融危機期間的政府支持，而道德風險問題使這次干預的情況更為複雜。[8]

　　經濟活動的中斷甚至導致油價出現負值。2020年4月，石油儲存容量嚴重不足導致實物石油供過於求，西德州原油（West Texas Intermediate, WTI）買家在期貨合約到期時收下實物石油，每桶可以換得約30美元。[9]

　　經濟危機與財政支持的增加大幅推升政府債務水準。

　　同時，各國央行繼續向全球經濟注入大量資金。在2007年（金融危機）到2021年間，歐洲央行（ECB）的資產負債表擴張了四倍以上，日銀（Bank of Japan, BoJ）的資產負債表擴張約六倍，美國聯準會的資產負債表則擴張了八倍（圖表9.4、圖表9.5）。到了2021年初，歐洲央行的資產負債表已經突破7兆歐元，相當於歐元區GDP的60%以上，而日銀的資產負債表規模則達到日本GDP的130%。[10]

8　這些援助計畫的成果顯著，例如：2020年新冠疫情期間，美國有61.7%僱有員工的公司透過「薪資保護計畫」（Paycheck Protection Program, PPP）申請財政援助，其中58.3%的公司成功獲得了資助。United States Census Bureau (2022). Impacts of the COVID-19 pandemic on business operations. Available at https://www.census.gov/library/publications/2022/econ/2020-aces-covid-impact.html.

9　Reed, S. and Krauss, C. (2020, April 20). Too much oil: How a barrel came to be worth less than nothing. *The New York Times*.

10　Cerclé, E., Bihan, H. and Monot, M. (2021). Understanding the expansion of central banks' balance sheets. Banque de France Eco Notepad, Post No. 209.

**圖表9.4 2007年至今，央行資產負債表大幅擴張：本圖表呈現央行
資產負債表佔GDP比重**

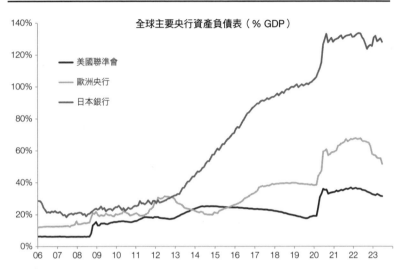

全球主要央行資產負債表（% GDP）

— 美國聯準會
— 歐洲央行
— 日本銀行

資料來源：Glodman Sachs Global Investment Research

因此，利率進一步下降，創歷史新低（圖表9.6）。

另一個科技泡沫

隨著封鎖和限制措施的普及，科技公司成為主要的受益
者，這意味著股市反彈又一次高度集中。消費者被迫留在家
中，對硬體和科技服務的需求飆升。根據經營雲通訊平台的
Twilio的一項調查顯示，疫情使數位轉型加快了六年。報告指
出，97%的企業高層因新冠疫情而加速推進數位轉型，又有

圖表9.5　2007年起，美國聯準會大幅擴張資產負債表：本圖表呈現美國政府與公家機關發行的證券由各州聯邦準備銀行完全持有的總額（單位：兆美元）

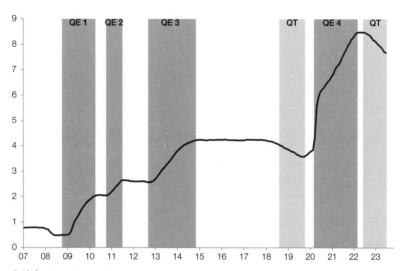

資料來源：Glodman Sachs Global Investment Research

79%的企業增加數位轉型的預算。[11]

　　晶片製造商輝達（Nvidia）是2021年表現最突出的巨型科技股，股價大漲127%（自2020年3月以來漲幅超過350%），將市值推上7,410億美元，使輝達成為第七大科技股。[12]

11　Koetsier, J. (2020). 97% of executives say Covid-19 sped up digital transformation. Available at https://www.forbes.com/sites/johnkoetsier/2020/09/10/97-of-executives-say-covid-19-sped-up-digital-transformation/.

12　Levy, A. (2021, December 24). Here are the top-performing technology stocks of 2021. CNBC.

圖表9.6　2020年，利率崩跌至當代史上最低水準：本圖表呈現有效聯邦基金利率

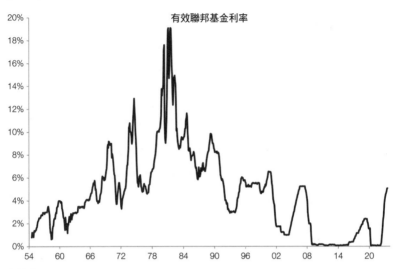

資料來源：Glodman Sachs Global Investment Research

　　然而，輝達2022年表現嚴重落後大盤，股價從高峰期下跌了50%以上。直到2023年因為人工智慧（AI）掀起的樂觀氛圍而再創新高，市值站上1兆美元，一舉成為美國第五大科技股（股價較2022年10月低點大漲300%）。

　　其他科技公司漲得更凶。以Zoom為例，Zoom的股價在2020年3月到10月的峰值之間，漲幅超過700%，但隨著各國解封，股價回落至疫情前水準。與此同時，在超低資本成本的支持下，流入私募市場以資助新企業發展的資金暴增。根據《金融時報》（*Financial Times*）報導，2021年有3,300億美元的新資金流入美國科技新創，是2020年的二倍；而2020年的數

字已經是三年前的二倍。[13]

　　創投投資（早期投資）也大幅成長。FactSet估算，2021年全球創投投資額超過6,000億美元，是2020年的二倍以上。[14]低利率將估值越墊越高。2021年，超過五百家接受創投支持的公司成為「獨角獸」（估值超過10億美元），幾乎是2020年的三倍。部分新創在私募市場上的估值超過了100億美元，其中包括加密貨幣交易所FTX Trading。FTX Trading的估值一度高達250億美元（後來在2022年11月11日倒閉）。

　　根據顧問公司麥肯錫（McKinsey）的資料，2021年私募股權領域的募資額增加了20%，達到1.2兆美元；總管理資產接近10兆美元的歷史新高。[15]

　　超低利率和政府的無薪假計畫（furlough schemes）讓散戶對股票的需求大增。散戶缺乏其他選擇來獲取合理的回報，因此出現了「TINA效應」（TINA是「there is no alternative」的縮寫，也就是別無選擇的意思）。[16]光是2021年1月，就有約六百萬美國人下載了零股交易應用程式（2020年已經有一千

13　Waters, R. (2022, August 1). Venture capital's silent crash: When the tech boom met reality. *Financial Times*.

14　Haley, B. (2022). Venture capital 2021 recap–a record breaking year. Available at https://insight.factset.com/venture-capital-2021-recap-a-record-breaking-year.

15　Averstad, P., Beltrán, A., Brinkman, M., Maia, P., Pinshaw, G., Quigley, D., *et al.* (2023). McKinsey Global Private Markets Review: Private markets turn down the volume. Available at https://www.mckinsey.com/industries/private-equity-and-principal-investors/our-insights/mckinseys-private-markets-annual-review.

16　「別無選擇」這個說法是柴契爾夫人執政時期創的政治口號。

萬人次下載）。[17]

這次泡沫最具象徵性的標誌之一是「迷因股」（MEME stocks）。迷因股透過Reddit等社群媒體的討論，受到散戶近乎偶像崇拜般的追隨。其中最惡名昭彰的當屬遊戲公司GameStop的股票。GameStop成為對沖基金賣空的目標，約140%的流通股遭賣空（對沖基金支付費用以「借」股票來賣，之後再以較低價格買回股票，藉股價下跌來獲利）。2020年夏天，GameStop的股價僅5美元，2021年1月已經漲破300美元，並在同年站上483美元的高點。部分對沖基金因此蒙受巨額損失。[18]

美國政府支付無薪假支票（furlough cheque），讓民間投資人開始加大槓桿。根據《富比世》（*Forbes*）雜誌的報導，2021年初的保證金債務餘額（借錢買股票的資金）達到7,780億美元，創下歷史新高，接近2000年3月科技泡沫高峰期的三十七倍。與此同時，保證金債務與現金的比率（用來資助股票投資的債務相對於投資人手中的現金餘額比例）達到72%，而科技泡沫高峰時的比例是79%。[19]

投資人相信任何與科技沾上邊的事情都會因為超低資本成

17 Deloitte Center for Financial Services (2021). The rise of newly empowered retail investors. Available at https://www2.deloitte.com/content/dam/Deloitte/us/Documents/financial-services/us-the-rise-of-newly-empowered-retail-investors-2021.pdf?ref=zoya-blog.

18 Kaissar (2021). GameStop Furor Inflicts Lasting Pain on Hedge Funds. Bloomberg.

19 Ponciano, J. (2021). Is the stock market about to crash?

本而受益。這樣的風潮也蔓延到了公開市場。2021年11月19日，美國以科技為主的納斯達克指數突破16,057點，創歷史新高，比該年3月的低谷高出133%。到2021年底，美股估值不管用什麼指標來看，幾乎都刷新了歷史紀錄。

從金融危機以來持續主導市場的科技類股表現突出，在疫情期間加速稱霸腳步。科技業一般而言盈餘成長就優於大盤，但疫情期間民眾在網路與科技平台上的消費暴增，提振了科技公司的相對競爭優勢。此外，這些「成長型」公司的未來現金流估值隨著利率下降而急遽上升（圖表9.7）。

市值最高的幾檔股票越來越大，主要指數的集中度跟著與日俱增。美國前幾大科技公司〔臉書（Facebook）、蘋果（Apple）、亞馬遜（Amazon）、微軟（Microsoft）和Google母公司Alphabet〕表現持續優於大盤，截至2020年1到7月，這五家公司的漲幅約為30%；同期間，市場其餘股票價格幾乎持平。這些科技巨頭擴張後已經佔標普500指數總市值的22%，創下1980年代初期以來的最高集中度。[20]

讓各界擔心市場會泡沫的另一個原因是近期首次公開發行（IPO）量的異常飆升，特別是特殊目的收購公司（special purpose acquisition company, SPAC）或稱「空白支票」（blank

---

20　Scheid, B. (2020).前五大科技股在標普500指數中的主導地位引發了泡沫破裂的擔憂。此前最高的年度平均集中度出現在1982年。當時AT&T、IBM、埃克森美孚（Exxon）、奇異公司（General Electric, GE）和通用汽車（GM）這五家公司的市值合計達到市場的17%。不過那些股票分屬多個不同的產業。

圖表9.7　2018年以來，成長股相對於價值股的溢酬顯著增加：本圖表呈現未來十二個月本益比溢酬

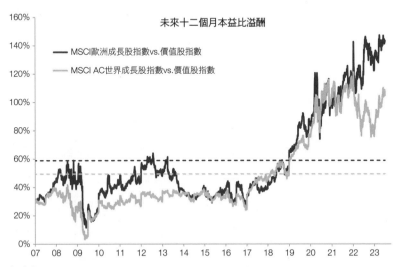

資料來源：Glodman Sachs Global Investment Research

cheque）公司的增加。這些公司是公開發行的投資工具，創建目的就是要與另一家企業合併，藉此讓被併購方上市。2020年美國IPO案件中，超過五成都是SPAC的IPO案，寫下歷史最高的紀錄。光是2021年前三週，就有五十六家美國SPAC上市。[21]

21　特殊目的收購公司（SPAC）一開始先由贊助者設立，並與承銷商合作讓這家SPAC上市。在首次公開發行（IPO）時，SPAC出售由一股股票和部分認股權證組成的單位。SPAC透過IPO募得的資金會被存入信託，並投資國庫券。通常，SPAC有兩年的時間來確定併購目標並完成併購，否則就會清算，並將信託中的資金返還給大眾股東。

藥效顯現

　　極端政策支持與新冠疫苗的成功相結合下，使市場反彈向外擴張。2021年金融市場的反彈規模不容小覷。

　　大規模的財政擴張、零利率政策、QE政策和疫苗接種的成功，提振了樂觀情緒，速度就像之前崩盤時一樣迅速。2021年，標普500指數上漲了27%（含股息為29%），在1962年以來各年度報酬率中為第85百分位。事實上，儘管遇上疫情，2021年仍然標誌著標普500指數自1990年代末以來的最佳三年期（和五年期）表現。撇除美股科技泡沫，如果要找到三年間表現更好的期間，必須追溯到1930年代。與此同時，顯著的政策干預降低了經濟活動崩潰的「極端風險」，有助於消弭金融市場的波動度。讓我們再次聚焦於美國股市，2021年標普500指數全年最高至最低點的跌幅僅5%，是二十五年來最溫和的一年（僅次於2017年）。「報酬率對波動度比率」〔return-to-volatility，或稱夏普值（Sharpe ratio）〕，也就是根據市場波動度調整後的報酬率是2.2，在歷史上排名第83百分位，約為歷史平均水準的二倍。

　　隨著科技股泡沫越吹越大，整體市場也因為低利率推升了股票估值而變得更加緊張。正如圖表9.8所示，美股股市最廣泛使用的幾個估值指標相較長期歷史走勢而言，都明顯偏高。這種情況不僅適用於指數整體，也適用於中位數股票，特別是美股。

圖表9.8　截至2021年12月31日，標普500指數絕對與相對估值：本圖表呈現1972年至今的百分比

估值指標	指標整體		中位數股票	
	12月21日	歷史百分位	12月21日	歷史百分位
美股市值 / GDP	221%	100%	NA	NA
EV / 銷售額	3.5x	100%	4.0x	99%
現金流收益率	5.3%	98%	5.3%	100%
EV / EBITDA	16.5x	97%	15.1x	98%
股價淨值比（P/B）	5.0x	96%	4.5x	100%
週期調整後本益比（CAPE）	34.7x	95%	NA	NA
預估本益比	22.0x	3%	20.4x	97%
自由現金流收益率	3.5%	63%	3.7%	73%
絕對數值指標中位數		97%		99%
與十年期美國公債實質殖利率差值	582bp	63%	634bp	29%
與投資級債券殖利率差值	243bp	46%	295bp	33%
與十年期美國公債殖利率差值	326bp	42%	378bp	28%
相對指標中位數		46%		29%

資料來源：Glodman Sachs Global Investment Research

　　另一個觀察角度是市場市值（即企業市值）與GDP的比率。當然，這兩個指標截然不同：GDP是單一年分的產出價值，而公司市值反映的是長遠的未來將創造的預期報酬。但無論如何，這個比例已經超過了2000年科技泡沫時期的高點，並且直到疫情結束後利率開始上升才逐漸逆轉（圖表9.9）。

　　疫情熊市也標誌著新週期的開始，投資人對通縮的擔憂（自本世紀初科技泡沫破滅以來主要的風險）開始消退。隨著

圖表9.9　拉長比較期間，美股看起來估值仍高：本圖表呈現市值對GDP比率

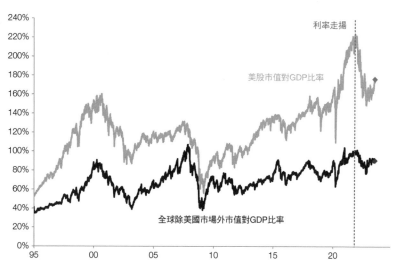

資料來源：Glodman Sachs Global Investment Research

投資人對深度衰退的擔憂減少，多年下滑的債券殖利率開始上升。美國十年期公債（到期期限為十年的政府債券）的報酬率是−4%，僅排名第8百分位。標普500指數與美國十年期公債報酬率相差三十三個百分點，位居第95百分位。

疫情與通貨膨脹

　　然而，2021年主導市場的樂觀情緒即將因為通膨再現而再次受到打擊。由於通膨已經沉寂好一段時間，投資人和政策制定者都忽略了這項風險。根據世界銀行的數據，2021年底，三

十四個被定義為「先進經濟體」的國家中，有超過一半的國家過去十二個月通膨率超過5%，而一百零九個新興經濟體中有超過70%的國家達到這個水準，大約是2020年底的一倍。

　　一開始，很多通膨問題看起來似乎都與疫情引發的供應鏈問題、過度儲蓄（圖表9.10）和受壓抑後爆發的需求有關。

　　到了2022年1月，油價已經從2020年12月的水準大幅上漲了77%。強勢美元拖累了新興經濟體，許多國家因貨幣疲軟而面臨更加嚴峻的問題。食品價格也開始上漲，2021年新興經濟體中有79%的國家食品價格漲幅超過5%（根據世界銀行的資料）。

圖表9.10　疫情期間美國儲蓄率飆破30%：本圖表呈現美國個人儲蓄率

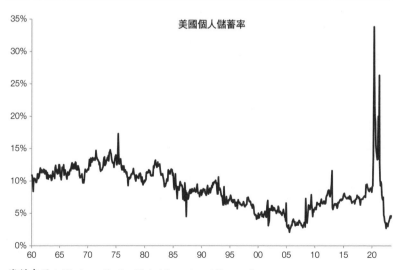

資料來源：Glodman Sachs Global Investment Research

　　從金融危機前到此刻，第一次有好幾個國家的通膨預期開始上升（圖表9.11）。

從通膨減弱到通膨再現

　　全球金融危機爆發的背景是資產價格崩跌、私部門去槓桿化墊高儲蓄，導致實體經濟中通膨趨緩。但後來政府大幅降息並透過QE與相關政策挹注信用，推高了資產價格。如圖表9.12所示，自2009年以來，實體經濟中的價格（圖表右方）基本上沒什麼變化，同期間資產市場卻紛紛出現明顯的漲勢。

圖表9.11　市場定價反映美國CPI未來五年內超過3%的機率達到30%

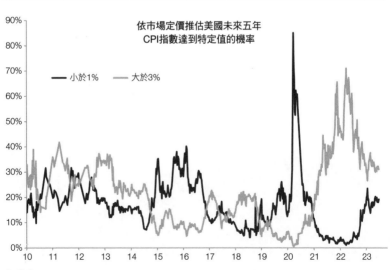

資料來源：Federal Reserve

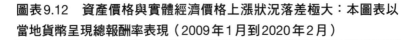

圖表9.12　資產價格與實體經濟價格上漲狀況落差極大：本圖表以當地貨幣呈現總報酬率表現（2009年1月到2020年2月）

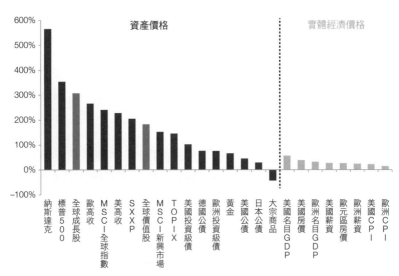

資料來源：Glodman Sachs Global Investment Research

　　漲勢最強勁的就是持有期間最長的成長型資產〔例如納斯達克和「全球成長股」（Global Growth）〕，漲勢最弱的則是較傾向價值股的市場（歐洲和日本）以及持有期間較短的「全球價值股」（Global Value）。

　　相反地，在疫情後的復甦階段，政府轉向提供貨幣政策支持與財政擴張，加上經濟強勁地同步反彈（從創紀錄的深度衰退中復甦），催生出了通膨較高的週期。在封鎖結束時，疫情間累積的儲蓄使壓抑的需求大增，造成供給面的限制問題變得更加嚴峻。

　　如圖表9.13所示，平均而言，通膨率較低時（在1%到2%之間），股票估值最高。只要通膨低於這個水準，市場估值就會因為對經濟衰退的擔憂而開始放緩。高通膨則幾乎總是與低估值連結在一起。

　　通膨的水準和變動還可以從另一個角度來看。通膨從非常低的水準上升（且通縮風險減弱）時，或是高通膨水準逐漸趨緩，這種情境通常可以給予股市最強力的支持。

　　對股票和債券而言，最糟糕的組合是高通膨（高於3%）並且持續上升（圖表9.14），相形之下，當通膨率高於3%但呈現趨緩態勢時，對市場的影響往往較為微弱。特別是對於股

圖表9.13　1970年代至今，通膨率低於3%時股票估值最高：本圖表呈現美國CPI各區間內，未來十二個月美股本益比

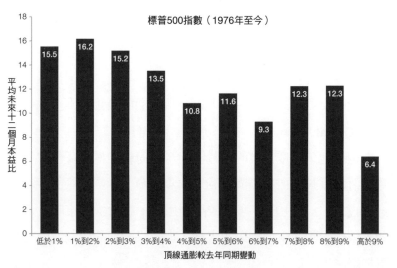

資料來源：Glodman Sachs Global Investment Research

圖表9.14　**通膨率在區間內跳動，股市締造穩定報酬。通膨由極端狀況反轉，通常會激勵股市走揚：本圖表呈現平均每月實質年化總報酬率（自1929年9月起）**

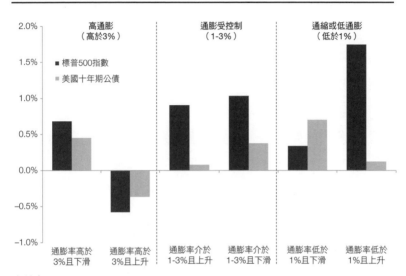

資料來源：Glodman Sachs Global Investment Research

票而言，當通膨率低於1%但呈上升趨勢，通常可以創造最佳報酬率。這種狀況一般而言牽涉到經濟從衰退中復甦以及通縮風險降低，因此對債券市場來說提振效果有限。[22]

---

22 Mueller-Glissmann, C., Rizzi, A., Wright, I. and Oppenheimer, P. (2021). The Balanced Bear – Part 1: Low(er) returns and latent drawdown risk. GOAL – Global Strategy Paper No. 27. Available at https://publishing.gs.com/content/research/en/reports/2017/11/28/d41623eb-3dd2-4e45-a455-3d19d310e998.html.

面對現實──實質資本成本上升

　　隨著通膨加劇,各國央行迅速啟動升息。通膨預期漸進式變動(進而影響債券殖利率變動),對股市的衝擊會比快速變動時來得溫和。債券殖利率急遽且突然變化的時期,股市通常表現不佳,例如:當債券殖利率在幾個月內上升超過兩個標準差時,標普500指數的報酬率通常為負。

　　利率一開始走揚,上升速度就異常迅速(儘管起點極低)。2022年全球利率的上升速度和自十四世紀以來的任何一年相較,名列前十一位,並且是自1900年以來最快的(圖表9.15、圖表9.16)。

　　資本成本如此急遽的變化通常會造成金融市場高速變動,實際上也真的造成了各種不同的影響。估值與分散投資再度成為觀察重點、領漲類股輪轉(價值股表現優於成長股),以及地域上的領導者開始變得分散。

黃金準則再現

　　在後金融危機週期中,投資的黃金準則有兩點似乎反轉了。第一個是分散投資理應提高風險調整後的報酬率。第二個是估值影響甚鉅,也就是比較貴的投資標的報酬率應該相較於便宜的投資標的來得低。但這些黃金準則看起來不再適用。在資產市場中進行分散投資未必能顯著提高回報。百年來,即使

圖表9.15　2022年至2023年全球利率上升速度是自十四世紀以來最快的：本圖表呈現五年內全球名目利率變化（2020年至2023年變動擷取至撰書時最新數據）

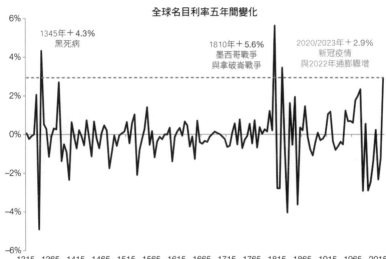

全球名目利率五年間變化

1345年＋4.3%
黑死病

1810年＋5.6%
墨西哥戰爭
與拿破崙戰爭

2020/2023年＋2.9%
新冠疫情
與2022年通膨驟增

資料來源：Bank of England Millennium Dataset

簡單地將資產分為60%的股票和40%的債券，也能在不需要投資其他資產類別的情況下，獲得史上最高的風險調整後報酬率。在股票市場中，分散投資可能不會有幫助。單單持有美國股票的投資組合，尤其是美國科技股，將大幅領先那些地域分散且產業多元化的投資組合。

　　然而，到了2022年，分散投資開始為投資人提振績效，例如：將實體資產與金融資產混合在一起的組合可以提高報酬率。在股票市場中，美國的領先地位不再顯著，地域分布更廣

圖表9.16　全球名目利率在2020年達到歷史低點

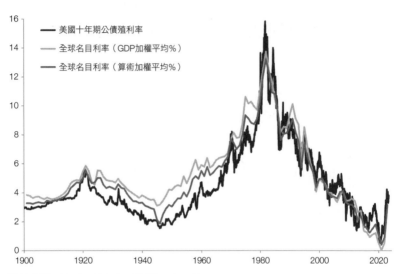

資料來源：Bank of England Millennium Dataset

的投資組合將獲得較高的報酬。隨著資本成本增加，估值再次變成考量要點。自金融危機前到現在，估值首度再次具有重大意義。

產業龍頭與轉向價值股的輪動

如前所述，後金融危機週期由成長型公司（存續期長且受益於利率下行的股票）主導，顯著跑贏價值型公司（價格較低、通常屬於成熟且受低通膨與利率變化衝擊較大的產業）。

隨著經濟成長變得強勁、通膨預期上升，股票市場中的領

導者自2008年至2009年金融危機以來首度發生轉變。債券殖利率上升和名目GDP增加（實質GDP加上通膨）對景氣循環股和價值型產業最為有利，例如：銀行、汽車、原物料和營建業。這些產業的營運槓桿（盈餘對全球名目GDP變化的Beta係數）也最高。

通膨和債券殖利率對產業報酬率的影響開始在地區層級上顯現出來，因為部分市場對成長型產業的依賴度較高（例如美國和中國），而其他市場則較為倚重價值型產業（例如日本和歐洲）。大宗商品、銀行這些價值型產業在後金融危機時期曾經敬陪末座，因為它們與高殖利率、通膨率的正面相關性最強。隨著利率和通膨雙雙上升，它們開始領跑大盤。相對報酬率的模式開始變得比較類似1970年代的「高波動、低報酬」時代。圖表9.17呈現出這個時期金融資產報酬率低的特點，通常無法追上實體經濟中的高通膨（圖表右方）。實體資產（如黃金）、房地產、大宗商品表現最好，存續期長的股票（如美股整體與納斯達克指數）表現最差。納斯達克指數在「漂亮50」泡沫破裂之前也受到壓抑。這樣的報酬率模式與圖表9.12呈現的2009到2020年間的模式相反。

如圖表9.18所示，2022年的市場報酬率模式相對於2009年至2020年（圖表9.12）發生了逆轉，更像是1973年至1983年之間的模式（圖表9.17）。

實體經濟中的通膨率上升（圖表右方）使大多數金融資產（圖表左方）進入修正並產生負報酬率。高成長股（低利率的

圖表9.17 1973到1983年間，資產價格與「實體經濟」價格漲幅：本圖表呈現以當地貨幣計價的總體報酬率表現

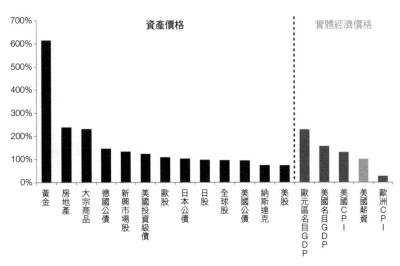

資料來源：Glodman Sachs Global Investment Research

主要受益者）和美國股市（包括納斯達克成分股和一些全球高成長公司）表現墊底，讓領漲群轉向傳統產業（也是高通膨的主要受益者）。舉例來說，大宗商品業者可以在成本上升時，轉嫁給消費者，而銀行通常受益於高利率，因為它們可以拉大存放款利差。正如1970年代的通膨時代一樣，大宗商品與「實體」資產坐上了駕駛座。

向高通膨與高利率轉變也逆轉了地域上的主導模式。美國因為科技與其他成長型產業在市場上權重較高，在2009年至2020年後金融危機週期的低利率背景下，成為主要受益者

圖表9.18 2022年至今的報酬率走勢模式顯示出金融危機後的週期反轉：本圖表呈現2022年1月以來，以當地貨幣計價的總報酬率表現

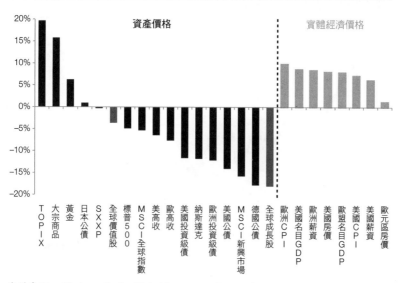

資料來源：Glodman Sachs Global Investment Research

（圖表9.19）。由於折現率下降，預期未來長期成長的淨現值（衡量股市價值的標準）上升。歷史性的低利率也使得成長型企業能夠輕鬆獲得廉價且充足的資金來源。

然而，隨著利率大幅上升，這些好處逐漸減弱。相比之下，歐洲和日本股市中佔比較大的傳統產業，像是銀行、公用事業、工業、汽車製造商和大宗商品生產商，在疫情過後需求增強，且通常能夠在成本上升時，將很大一部分的增幅轉嫁給消費者。

圖表9.19　即便盈餘提升，歐股表現優於美股的情勢仍反轉：本圖表呈現STOXX 600指數與標普500指數價格報酬率與未來十二個月預期EPS（依當地貨幣計價）

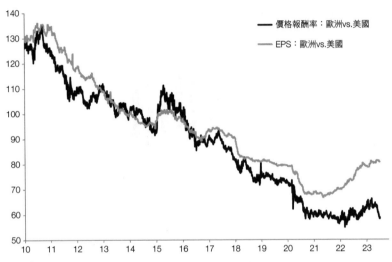

資料來源：Glodman Sachs Global Investment Research

第三部分

後現代週期

第十章

後現代週期

在我們所處的這個後現代世界裡，沒有不可能的事情，但又幾乎每一件事情都難以預料。

——瓦茨拉夫·哈維爾（Vaclev Havel）

　　我把從1982年到2020年的這個超級週期稱為現代週期是因為它和過去多數比較傳統的週期相比，有一些不同。不同之處在於現代週期延續特別久，而且總體經濟上（經濟活動與通膨率）的波動度較低──這是現代週期的特色。還有一點是，現代週期的資本成本逐漸下降。

　　無可否認這一段期間經歷了許多危機，但整體而言，所有金融市場都順利從這些危機中強力反彈。關鍵在於政府政策介入（大多是靠降息）。結果就是投資人越來越傾向認定遇到成長疲軟或是其他外部震盪的時候，政府必然會祭出政策支持。那一段時期，幾乎所有的金融資產創造的投資報酬率都受到利率走低這項趨勢的強烈影響。

　　後金融危機時代，政府紛紛提出量化寬鬆（QE）政策，激勵股市強勁反彈，但是如何選股很重要。報酬率受到不同「因子」影響而分歧的情況越來越顯著。這裡提到的因子指的是企業整體對於一些關鍵驅動因素的敏感程度。在這樣的情況下，投資要點是掌握在低成長背景之下，零利率對企業的影響，結果就是所謂的成長型企業或是長期型企業得以繁榮發展（成長型企業指的是那些在相對長遠的未來有望創造高成長的公司）。相形之下，成熟產業的業者則普遍因為市場供過於求而表現不如大盤。

　　新冠疫情過後各國政府陸續解除封鎖政策，再到2021年的超低利率時代，股王和報酬率表現又一次出現變化。全球金融危機後，利率被降到極低的緊急水位。2021年，嶄新的通

膨動態逐漸展開，迫使利率從史上低點向上提升。利率水位的變化促使經濟體系和金融資產的估值出現新規則，這時候就進入了我所謂的「後現代週期」。

投資人自然會關注市場當中相對短期的轉折點，像是衡量什麼時候降息或是經濟成長會回溫，因此相對沒有那麼重視比較長期的趨勢。然而，檢視那些從現代週期跨入後現代週期後出現變化的結構性因子，有助於投資人在面對後現代週期的風險與機會時，找到更有利於自己的位置。

週期性改變與機會

以投資而言，一場新的典範轉移逐漸展開，反映總體經濟與政治動態的演進。市場上有好幾個在過去一個世代主導市場的重要驅動因素都來到了轉折點。

後現代週期很有可能會反映出一些傳統週期的元素（像是那些在1980年以前會出現的特色──高通膨率與高政府支出），也會展現出一些現代週期的特色（利率與經濟成長率偏低）。但還是會有一些截然不同的發展將圍繞不同議題而生，像是去碳化、區域化增強、人工智慧（AI）的影響，都料將催生新的風險與機會，進而創造出不同的贏家與輸家。此外，隨著新的經濟與地緣政治現實陸續出現，不同風格的投資方式與機會將應運而生。

整體而言，在現代週期中的所有經濟問題，多半都可以歸

咎於需求疲軟。造成意外衝擊的源頭或許不盡相同，但造成的影響基本上就是透過拖累消費，導致經濟活動弱化而衝擊經濟。這件事情在後金融危機時代尤其是如此。那一段時期因為私部門開始去槓桿化（或是為了應對高失業率與低房價而增加儲蓄），造成負面的需求衝擊，才引發了金融危機。最後那一段期間的主要經濟背景就變成低利率與低通膨。

由於這些基本面在很長一段時間內大致保持穩定（基本上現代週期和金融危機後的幾個週期內都一致），投資人越來越傾向在定價時，假定這些趨勢會延續。

相反地，目前正在形成的週期在很大程度上是由疫情本身和俄烏戰爭引發的一系列負面供應衝擊以及需求疲軟所驅動。對龐雜、高度融合的供應鏈與「即時生產」（just in time）庫存的依賴，數十年來首度受到了質疑。相較於供應的效率，很多公司現在更重視供應鏈的韌性。美國和中國之間的地緣政治緊張關係使公司更加重視供應鏈的多元化需求，因此催生出偏重區域性的經濟模式。與此同時，投資不足導致在失業率達到歷史低點的時刻，大宗商品市場越來越緊縮。

與現代週期的不同之處

後現代週期總結來說應該會由下列幾個動態驅使：

1. **資本成本上升**。1980年代初期以來，利率、通膨率都持

續下滑。現在隨著全球從QE轉向量化緊縮（quantitative tightening, QT），兩者都呈現上行趨勢（雖然只是比歷史低點高）。這個週期內，不管是名目或（依通膨調整後的）實質收益應該都會上升。

2. **成長趨勢放緩**。人口成長率下滑拖累了經濟長期成長趨勢，即便AI的發展有望提振生產力並消弭這項衝擊，成長放緩仍是趨勢。

3. **從全球化轉向區域化**。1980年代以來，我們身處的時代背景是這樣的：科技帶來更便宜且有效的溝通模式，加上地緣政治經歷1989年柏林圍牆倒塌、印度與中國分別在1995與2001年加入世界貿易組織（WTO）等事件，促使全球化程度與日俱增。現在，我們則是進到一個因為科技發展而區域化程度加深的時代。生產成本降低，勞動密集度也下降，讓企業轉至本地（on-shoring）或近地（near-shoring）生產的可行度更高。去碳化的趨勢也讓產業界更重視生產時，要盡可能在當地取用資源。與此同時，地緣政治緊張關係與保護主義型貿易政策催生出不同的商業動機。

4. **勞動力成本與大宗商品成本上漲**。過去二十年的特色是能源及勞動力既便宜又豐沛，但現在這個疫後時代，勞動力和大宗商品市場都陷入緊縮。

5. **政府支出與債務增加**。1980年代初期開始，法規陸續鬆綁、政府越縮越小、稅負下降、企業利息支出減少、

獲利佔國內生產毛額（GDP）比重上升、企業利潤上升。現在則是進入另一個時期，法規越來越繁複、政府越來越大（政府部門佔GDP比重上升）、稅負加重、企業利息支出上升、企業獲利佔GDP比重可能下滑。

6. **資本支出與基礎建設支出上升**。本世紀初開始，資本支出（對廠房、設備等傳統資本投資）佔銷貨收入的比例呈現下行趨勢，同一時期名目GDP還下滑。由於資本成本極低，大量資金流入新科技平台與軟體的建置，但往往在過程中犧牲了對實體資本支出與基礎建設的投入。未來十年，以安全以及「環境、社會和企業治理」（environmental, social and governance, ESG）為出發點要求簡化供應鏈的訴求，加上對國防及去碳化支出的增加，料將推升資本支出。

7. **人口結構變化**。許多已開發經濟體人口老化、撫養比上升之外，政府背負的成本也越來越高。政府借款因此上升，稅務負擔也越來越重。

8. **地緣政治緊張局勢增加與世界多極化**。蘇聯垮台後，單極世界創造出了地緣政治穩定度較高的環境。現在邁向相對多極的世界，不確定性可能上升，進而拉高風險溢酬與資本成本。

1. 資本成本上升

現在這個低通膨的時代始於1980年代早期。1979年夏天，伏克爾出任聯準會主席時，美國通膨率超過11%，美國十年期公債殖利率高達近16%。聯準會因此祭出限制性的貨幣政策，希望能藉由控制需求來平抑通膨。這樣的政策最終在正面供給面改革的支持下，開創了很長一段低通膨、高成長的年代（圖表10.1）。

圖表10.1　美國金融情勢在2022年以後大幅縮緊。陰影部分是美國全國經濟研究所（NBER）認定的美國衰退期

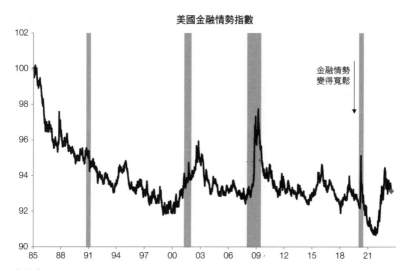

資料來源：Glodman Sachs Global Investment Research

1990年代全球央行及目標通膨率獨立性日益增加支撐著通膨下行的趨勢，這樣的趨勢在2000年科技泡沫破裂、2001年中國加入WTO以後，進一步加速推進。

2008年全球金融危機過後，通膨進一步下滑。當時，私部門去槓桿化對需求造成另一波重大衝擊。[1]1980年代到二十世紀末這段時間，股票強勁成長，最後以科技泡沫破裂作結。用來衡量貨幣政策全面性影響的金融情勢指數進一步下行。[2]

這段期間，股票的投資報酬率處在高點。舉例而言，在1982到1992年間購入的美國股票，十年間實質年化報酬率約15%。與此同時，企業獲利強勁成長。不過，利率下滑造成估值擴張（例如本益比上升）是墊高報酬率的重大因素。

即使在金融危機帶來的痛苦過後，股市的長期牛市依舊在史上最低利率的支持下延續下去。美股標普500指數總報酬率在2021年之前的十九年中，有十七年都是正數。通膨率與利率雙雙崩跌也激勵了債券的表現。

通膨再現

新冠疫情期間，金融市場定價時，預期通膨率獲利率在

1　Oxenford, M. (2018) 的論文指出，金融危機造成的影響是需求銳減。據估算，光是2010年，需求減幅就達到約GDP的六分之一。與此同時，金融機構的資產縮水超過2兆美元。查塔姆研究所（Chatham House）專家指出，金融危機造成的長遠影響，至今還沒有讓人感受到。

2　金融情勢是廣泛市場指數（broad index），用來估算各種金融變數對經濟活動的整體影響。這些變數通常包括政策利率、信用利差、股價和匯率。

未來上升的機率非常低（圖表10.2）。舉例來說，在2020年年底，選擇權定價反映市場認為歐元區通膨低於2%的機率約九成。從另一個角度來看，市場在定價時認為，通膨不會超過3%的機率接近百分之百。現在我們已經知道，這樣的預測最終被證實是完全錯誤。歐元區整體通膨率在2022年10月觸頂，達到10.7%。

　　局勢瞬息萬變讓投資人與政府都措手不及。

　　通膨率預期大幅下修，政府公債殖利率跟著崩跌。兩個數值在那之前好幾年來，都在央行QE政策大幅購債的背景下獲

圖表10.2　新冠疫情期間，金融市場定價反映通膨發生機率非常低：本圖表呈現依據五年期通膨率上下限計算出選擇權價格反映的通膨率分布

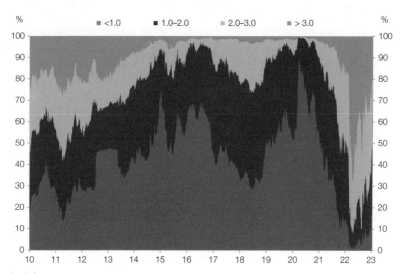

資料來源：Glodman Sachs Global Investment Research

得支撐。

　　通膨帶來的負面需求衝擊比原本預期的還要短暫。需求只是延後浮現，而不是真的減少；家戶的資產負債表因為被迫儲蓄加上政府的「無薪假計畫」而變得強健。結果就是負面的供給面衝擊反而比需求疲軟來得更為顯著，也持續得更久。俄烏戰爭加深了這些供給面的問題，最終在所有衝擊加成下將物價推得更高。

　　新冠疫情後，封鎖政策陸續解除、需求復甦之際，全球央行因為通膨持續居高不下而亂了手腳。美國聯準會主席鮑爾曾主張，疫情擾亂供給造成的通膨現象只是「暫時性的」。直到2021年11月底，鮑爾才在參議院銀行委員會（Senate Banking Committee）作證回應委員提問時坦言，「現在應該是時候拋棄這個說法了」。聯準會在2021年暗示市場要預期利息微幅上升後，於2022年3月升息二十五個基點，這是三年來美國首度升息。同年5月，聯準會再升息五十個基點，接著6月、7月、9月和11月接連升息七十五個基點。

　　最後，從利率到股市，金融市場得全面依據這樣的巨變調整定價。

　　不過，股市投資人獲得了一些保障。股市是企業股票的價格，而企業會對未來成長做出預測。由於企業營收都是名目值，意味著營收成長途徑會與名目GDP相同。因此，企業獲利與股息在通膨上升時，通常也會增加。如果企業調漲價格的幅度可以追上成本增幅，就可以一定程度保護投資人免受通膨

率上升的衝擊。

　　當然，政府公債或現金就不適用這套邏輯了。這些投資標的或許安全，只要支持它們的政府能夠履行債務（並避免違約）投資人就不會賠錢，它們也可以提供利息或保證收入。然而，這種收入並沒有與通膨率掛鉤，因此在價格上漲的環境中變得不那麼有價值。投資人未來收到的固定收入在考量通膨後，也會大打折扣。

　　金融危機過後因為擔心經濟衰退和通縮，加上QE的影響，投資人增加對低風險政府公債的投資。保險公司與退休基金也因為法規限制而必須購買一定量的政府公債。在這樣的背景之下，名目與實質現金殖利率差距極大（圖表10.3）。雖然股票在絕對值上可能沒有太多的上升空間，但風險平衡已經改變，從而提高了實體資產與股票在資產配置上的相對吸引力。

　　但無論如何，如果看整體金融資產的話，資本成本與通膨上升應該會壓縮估值擴張的空間，拉低總體報酬率。那些能夠在較長時間內創造複利回報的公司應該也能繁榮發展，包括再投資比率高以實現長期成長的公司，以及那些定期發配股息、股息金額又可預測的公司。

2.成長趨勢放緩

　　資本成本上升理應降低股票的當前價值，長期經濟成長疲軟（企業界目前說法）也會有相同效果。全球實質（經通膨調

圖表10.3　金融危機過後，股票現金殖利率與公債的名目／實質殖利率落差極大：本圖表呈現標普500指數未來二十四個月平均配息率與美國十年期公債殖利率差值

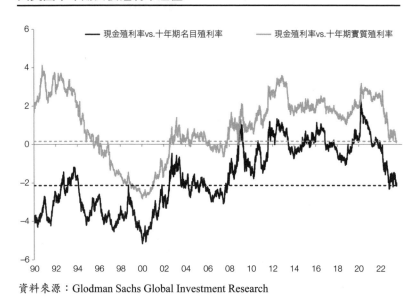

資料來源：Glodman Sachs Global Investment Research

整後）GDP成長率已經從金融危機前十年的平均每年3.6%放緩到3.2%。這一波GDP成長放緩的主要驅動因素是人口成長放緩以及生產力減弱，後者有部分是受到全球化程度降低的影響（圖表10.4）。

　　然而，高盛銀行的經濟學家認為，我們已經過了全球經濟成長的巔峰。他們預測，2024年到2029年間的年均經濟成長率平均是2.8%。[3]

3　Daly, K. and Gedminas, T. (2022)。The path to 2075—slower global growth, but

圖表 10.4　依預測，未來全球經濟成長率將逐漸下滑：本圖表呈現全球 GDP 成長率。實線為五年中心移動平均值；虛線為年成長率

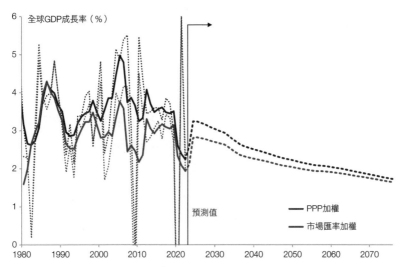

資料來源：Glodman Sachs Global Investment Research

　　人口將是全球成長大減速的重大因素。過去五十年來，人口成長率從每年約 2% 減半至目前的約 1%，而根據聯合國的預測，到 2075 年就會零成長。[4]

　　其他因素也可能造成影響，例如：美國國會預算辦公室（Congressional Budget Office, CBO）估算，2021 到 2051 年間，

convergence remains intact. Goldman Sachs Global Investment Research, Global Economics Paper. Available at https://publishing.gs.com/content/research/en/reports/2022/12/06/af8feefc-a65c-4d5e-bcb6-51175d816ff1.html.

4　United Nations (2022). *World Population Prospects 2022: Summary of Results.* New York: United Nations Department of Economic and Social Affairs.

相較於氣候條件維持與二十世紀末相同的情況，氣候變遷將使實質 GDP 下滑 1%。[5]

經濟成長放緩意味著公司營收和盈餘整體成長腳步放緩，再加上利率及資本成本上升，意味著投資人的長期指數報酬率會下滑。不過有些因素或許可以抵銷上述趨勢造成的衝擊。在有望拉高未來經濟成長率的驅動因素中，最重要的或許當屬生產力提升。雖然近年來生產力成長普遍難以捉摸，但機器人和 AI 領域的新技術有望使經濟成長較目前趨勢預測來得高（如果是以人口趨勢預測的成長結果，這樣的差異將更顯著）。我將在下個章節中討論這件事情以及科技對市場的影響。

3. 從全球化轉向區域化

地緣政治環境也在演進，且演進模式與塑造 1990 年代和 2000 年代「現代」時期的長期牛市顯著不同。1970 年代的經濟問題促成了 1980 年代的全面經濟改革。雷根與柴契爾夫人的「革命」致使法規大幅鬆綁、工會力量減弱、企業民營化、減稅、信用管控終結。

1986 年，《關稅與貿易總協定》（GATT）烏拉圭回合談判議題涵蓋服務和資金，以及紡織品、農產品，這是開發中國家

5　Congressional Budget Office (2021). Budgetary effects of climate change and of potential legislative responses to it. CBO Publication No. 57019.

首度積極參與貿易談判的指標事件，也標誌著全球化新時代的開端。這個新時代從1989年柏林圍牆倒塌後迅速開展，延續至1994年《北美自由貿易協定》（North American Free Trade Agreement, NAFTA）的簽署，以及印度與中國分別在1995年與2001年加入WTO。中國的加入大約落在「杜哈回合貿易談判」〔Doha Development Round，又稱杜哈發展議程（Doha Development Agenda）〕進行之時。「杜哈回合貿易談判」的目標是降低世界各地的貿易壁壘，從而提振全球貿易。

　　1995年至2010年間，全球貿易成長速度是GDP的二倍（圖表10.5），不過最高點是落在金融危機後。[6]

　　正如圖表10.6所示，隨著中國如同工業革命期間的英國，逐漸肩負起世界工廠的責任，中國在全球貿易中的佔比急遽上升。

　　製造業外包到中國和其他低成本地區的做法推升了全球貿易和企業獲利佔GDP比重，也使得資本財（capital goods）再輸入西方的成本大幅下降。德國就是這一項進程的重大受益者（圖表10.7）。

　　在這樣的背景下，已開發國家的製造業就業機會銳減，即使像德國這樣以製造業為基礎的經濟體也不例外（圖表10.8）。企業因此得以壓低成本並提高利潤率。

6　Cigna, S., Gunnella, V. and Quaglietti, L. (2022). Global value chains: Measurement, trends and drivers. ECB Occasional Paper No. 2022/289.

圖表10.5　全球商品貿易佔GDP比重在2008年達到最高點：本圖表呈現全球商品進出口總和（%GDP）

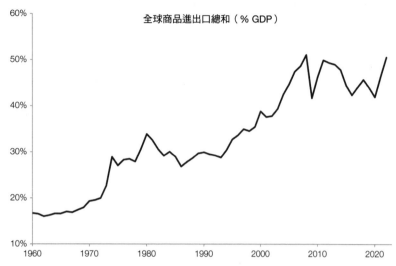

資料來源：Glodman Sachs Global Investment Research

圖表10.6　中國佔全球貿易與製造比重在加入WTO後急遽上升

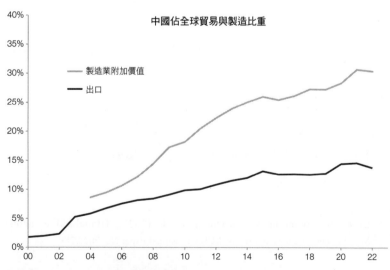

資料來源：Glodman Sachs Global Investment Research

圖表 10.7　中國加入 WTO 後，德國進口價格下降

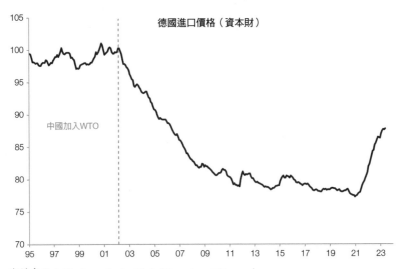

資料來源：Glodman Sachs Global Investment Research

圖表 10.8　1995 年以來，製造業僱用人數大幅減少：本圖表呈現歐元區就業——工業情況（依季節性進行出勤天數調整，單位：百萬人）

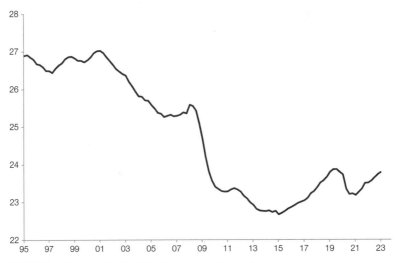

資料來源：Glodman Sachs Global Investment Research

　　然而，在當前的週期中，這些趨勢開始逆轉。與日俱增的 ESG壓力（一種專注於以環境、社會和企業治理為優先的投資模式）、對去碳化和地緣政治考量的關注，可能使區域化及製造回流的趨勢加劇（圖表10.9）。政治壓力反映了地緣政治緊張關係的新局勢，以及西方民主國家選民對全球化日益加深的不滿（圖表10.10）。

　　保護主義扮演的角色越來越重要，反映了上述政治現實與社會態度的變化：現在幾乎所有國家對全球化的看法都較過去來得負面。從民粹主義政黨和領導人崛起，以及許多國家的民族主義抬頭，可見一斑。

圖表10.9　西方民主國家對全球化越來越不滿：本圖表呈現受訪者認同「整體而言，全球化對我的國家有利」這個說法的比例

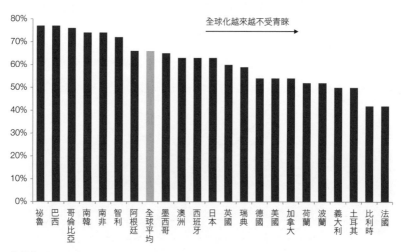

資料來源：Ipsos

圖表10.10　全球化與日俱增的時期，社會不平等加劇：本圖表呈現美國前1%富人與後50%窮人的收入與財富比率

資料來源：World Inequality Database、Glodman Sachs Global Investment Research

　　儘管導致輿論對全球化的看法改變有很多可能的原因，包括西方製造業工作職位流失，但焦慮感因為社會不平等加深而增強。不平等的情況從收入與財富都可以看出來。[7]

　　根據世界經濟論壇（World Economic Forum）進行的益普索（Ipsos）調查顯示，全球化支持度下滑。調查顯示，在接受調查的二十五個國家中，只有48%的人認為全球化對他們的國家有利，比2019年少了十個百分點。在美國，全球化的支

7　Organisation for Economic Co-operation and Development (2017). Towards a better globalisation: How Germany can respond to the critics. Better Policies Series.

持率僅42%，而義大利和法國各為40%及27%。此外，二十五個國家中有37%的人同意應該增設貿易壁壘來限制外國商品及服務進口，不同意的比例只有27%。

地緣政治變化也影響世界兩大經濟體的態度。2021年皮尤研究中心（Pew Research Center）的一項調查顯示，89%的美國成年人現在將中國視為競爭對手或敵人，67%對中國感覺「冷淡」，高於2018年的46%。[8]

新冠疫情對全球貿易的影響，進一步推進了在地化與區域化的轉變。疫情爆發突顯供應鏈的脆弱及對「即時」庫存系統的過度依賴，加上日益加劇的貿易緊張局勢，促使許多企業積極分散供應鏈，靠著多角化提升韌性。

全球貿易減少且重複打造供應鏈，應該會墊高企業成本並壓低利潤率。投資人可能會繼續獎勵那些能夠保持利潤率高且穩定的企業。

4. 勞動力成本與大宗商品成本上漲

1990年代和2000年代的大量投資意味著在金融危機過後那段時間裡，大宗商品開採產能過剩。與此同時，全球化壓低了實質勞動力成本。對非技術型勞工的影響尤其明顯，因為全球化促使西方經濟體中低技術製造業工作大量外包。兩項因素

8　Myers, J. (2021). This is what people think about trade and globalization. World Economic Forum.

相結合下，催生出能源和勞動力充裕且廉價的時代。

　　企業投資誘因很少。經濟合作暨發展組織（OECD）計算，以1990年到2009年這段期間為例，三十個先進國家中有二十六個國家勞動報酬（labor compensation）佔國民所得比例下降。所有國家勞動報酬佔國民所得比例中位數從66.1%下降到61.7%。英國國家統計局（Office for National Statistics）的數據顯示，從2009年到2015年，勞動力相對價格下降了約20%，而勞動力供給增加了將近四百萬人，相當於12.5%。

　　有效的全球勞動力供給擴張使勞動力產出佔比呈現下行趨勢（圖表10.11），獲利佔比則達到歷史高點。

　　自金融危機以來，企業利潤率不斷上升，無疑有助於抵銷銷售成長疲軟的大趨勢（圖表10.12）。有很多原因可以解釋為什麼在這個時期企業利潤率大幅增加。勞動市場缺乏定價權（反映了科技力量增強），以及科技公司利潤率快速上升都是原因。此外，全球化趨勢的增強也帶來重大影響。直到新冠疫情爆發前，德國的工資通膨率都穩定維持在低點，部分原因是如果工會和工人要求提高工資，就會使得這些高薪工作轉移到其他地方（像是中歐或其他勞動市場與德國經濟密切整合的國家）的機率提高。

　　在勞動力供給增加的同時，大宗商品的供給也增加了（但原因不同）。在科技泡沫和金融危機破滅後，能源供給過剩（圖表10.13）。

圖表10.11　有效全球勞動力供給擴張拉低勞動力佔經濟產出的比重：本圖表呈現美國非農產業勞動力佔比（以報酬形式返還給勞工的產出比重）

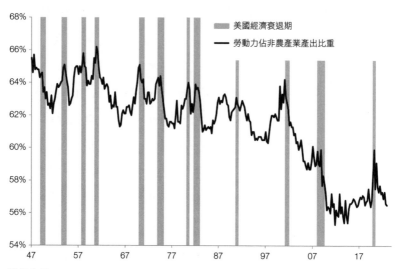

資料來源：Glodman Sachs Global Investment Research

圖表10.12　企業獲利佔GDP比重大幅增加：本圖表呈現美國數據

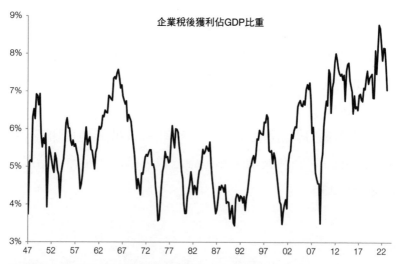

資料來源：Glodman Sachs Global Investment Research

圖表10.13　能源與鋼鐵的實質資本支出（通膨調整後）在過去幾年雙雙下滑。進行通膨調整時以2002年的美元購買力計算，表內數字單位為10億美元

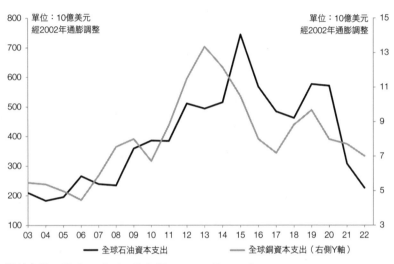

資料來源：Glodman Sachs Global Investment Research

　　頁岩氣革命使美國天然氣價格創下歷史新低，並對全球能源產業產生了深遠影響。[9]

　　油價從1990年代末每桶約10美元上漲到2008年年中的140美元以上，然後在2008年金融危機期間需求下滑後，回落到30美元左右。然而，價格在2014年年中再次加速回升到約100美元，帶動美國頁岩氣勘探與生產急遽上升。低成長環境導致需求疲軟、供給過剩、投資誘因不足，在全球需求疫後復

9　Medlock, K.B. (2016). The Shale revolution and its implications for the world energy market. *IEEJ Energy Journal*, **Special Issue**, pp.89-95.

甦之後，造成能源短缺。

新冠疫情後的逆轉

　　新冠疫情大流行以來，企業進一步本土化的轉變支持勞動力市場收緊。失業率創歷史新低（圖表10.14），許多國家工資水漲船高。美國勞工統計局（Bureau of Labor Statistics, BLS）的數據顯示，2021年參與重大停工事件（罷工與類似活動）的工人人數是2020年的三倍左右。亞馬遜紐約倉庫的工人首次投票加入工會，成為這個時代的指標事件。美國和其他

圖表10.14　新冠疫情後，失業率達到歷史新低：本圖表呈現美國失業率

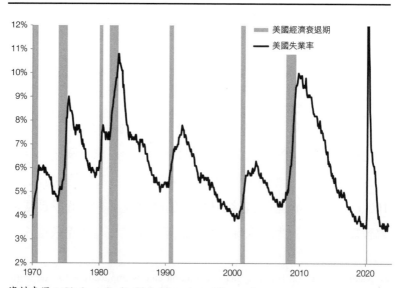

資料來源：Glodman Sachs Global Investment Research

已開發經濟體的勞動爭議變得更加常見。

勞動力市場的緊縮至今仍是一把雙面刃，一方面支撐消費，另一方面增加了長期高通膨的風險。德國2023年夏季通過一項協議，為約二百五十萬公務員提供兩年近12%的加薪幅度（即每年約6%），設下強而有力的標準。但即便如此，勞動力市場緊縮仍可能墊高通膨。

金融危機後，在供給過剩的背景下，企業投資動能不足，導致能源市場也變得緊縮。以ESG為基礎的指引在投資圈越來越常見，又致使傳統碳運營商資本不足。[10]

影響和投資意涵

勞動力和能源市場緊縮的轉變將創造贏家和輸家。如同1970年代的景況，高勞動力和大宗商品成本可能會促使公司加強投資，以提升效率，採行的方式可能是科技公司創造的物流解決方案，或企業使用勞動節約技術（包括機器人科技）來進行生產。

由約翰·哈巴庫克（John Habakkuk）爵士啟始的研究顯示，勞動力短缺和隨之而來的高工資促成十九世紀機械的採用，而且由於美國勞動力短缺更嚴重，因此美國的採用速度比

---

10 Oppenheimer, P., Jaisson, G., Bell, S., Peytavin, L. and Graziani, F. (2022). The postmodern Cycle: Positioning for secular change. Goldman Sachs Global Investment Research, Global Strategy Paper. Available at https://publishing.gs.com/content/research/en/reports/2022/05/09/521c316d-2d20-4784-b955-57641712e9d0.html.

英國更快。[11]勞動力和大宗商品短缺應該會激勵更多的技術投資，以幫助公司提升效率。

商品和勞動市場動態的轉變與1970年代石油衝擊的影響有幾個有趣的雷同之處。美國總統尼克森對能源危機的回應是啟動「獨立計畫」（Project Independence），希望讓美國達成自給自足、滿足自身能源需求。時下西方政府的措施也有異曲同工之妙。尼克森的計畫呼籲美國公民做出犧牲，包括調降家中暖氣溫度設定。俄羅斯入侵烏克蘭後，歐洲也推行了類似計畫。

高能源成本催生了顯著的投資和能源效率創新。美國為了提高汽車業的燃油效率訂定多項新法，例如：1975年的《能源政策與節能法案》（Energy Policy and Conservation Act）。1985年，法令要求汽車達到每加侖燃油所行英里數（miles per gallon, mpg）為27.5英里的燃油效率，否則製造商必須支付罰款。每台車每超標0.1 mpg的罰款是5美元（圖表10.15）。

美國車廠從燃油效率低落的大型車轉換到效率較高的小型車時，腳步緩慢。相形之下，日本車廠手腳更快，順利搶攻市佔率。此外，燃油成本上升也帶動了對新科技的投資，包括巴西的乙醇革命和使用渦輪加壓、前輪驅動傳動系統、輕量材料和八速自動變速器的技術。其他高耗能產業也採行不同的節能

---

11 Habakkuk, H.J. (1962). *American and British Technology in the Nineteenth Century: The Search for Labour-Saving Inventions.* Cambridge: Cambridge University Press.

圖表10.15　1950至今，燃油效率上升了約50%。其中，1970年代末到1980年代，提升幅度最大：本圖表呈現短軸距輕型車的燃油效率

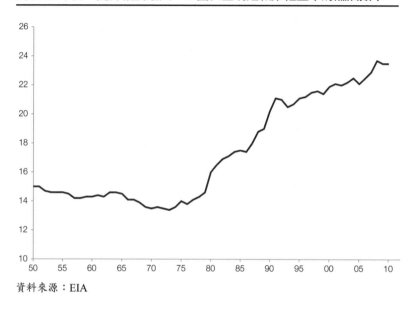

資料來源：EIA

措施，例如：嚴格的監管幫助瑞典的紙漿和造紙行業在1973年至1990年間，將化石燃料使用量壓低了80%。[12]

　　因此，雖然較高的投入成本對企業利潤率和股東權益報酬率構成整體性的風險，但投資人應該關注「創新者」。也就是那些可以撙節成本的企業，特別是在能源和勞動力替代相關領域的企業。與能源效率相關的領域包括碳儲存、模組化核能、電池儲存技術。創新趨勢也料將提升對勞動力替代方案的投

12 Bergquist, A.-K. and Söderholm, K. (2016). Sustainable energy transition: The case of the Swedish pulp and paper industry 1973-1990. *Energy Efficiency*, **9**(5), pp. 1179-1192.

資，例如：機器學習、機器人技術、AI領域。

人工智慧和勞動力市場

第十一章會更深入說明AI對後現代週期的影響。不過在此先討論勞動力市場和勞動力不確定性上升與科技的關聯性。隨著人口高齡化和勞動參與率下降，各界將更加關心如何以科技替代勞動力。從這個角度來看，至少AI的可擴展性和商用計畫可能正值良機。

歷史上，機械化和電腦運算技術往往會擾亂勞動力市場，因為機器替代了勞工，特別是那些執行「例行」任務的勞工。執行「非例行」任務的勞工因為更需要應用認知能力或對靈巧度要求高，通常比較難複製。

這種演變在1980年代到2010年之間增加了「工作極化」程度。科技在減少對常規中等工資工作的需求的同時，增加了對非常規、低工資和高工資工作的需求，例如：美髮師和律師很難被機器取代。相比之下，製造業和常規服務流程工作，例如：工廠流水線和打字員，非常容易遭到顛覆。戴倫·艾塞默魯（Daron Acemoglu）和大衛·奧特（David Autor）（Acemoglu & Autor, 2011）發表的研究顯示，1993年到2010年間，在他們研究的十六個西歐國家都出現了這樣的情況，而美國也有類似情形。[13]

---

13 Acemoglu, D. and Autor, D. (2011). Chapter 12 – Skills, tasks and technologies: Implications for employment and earnings. *Handbook of Labor Economics*, **4**(Part

AI可能會以不同的方式顛覆勞動力市場。由於AI的技術可以用來執行「非常規」的任務，因此需要高認知能力的高薪工作變得較過去脆弱。整體而言，這意味著大範圍的勞動力市場替代，可以緩解人口高齡化造成的勞動力短缺問題，也可望消弭收入鴻溝。[14]

但即便是如此，AI對勞動力和工資的總體影響相當複雜。雖然AI可能會取代工作，但也可能會創造新的工作。這個過程當然不是史上第一次發生。科技往往會藉由提振生產力而拉高經濟成長及收入，進而創造更多需求，也就是所謂的「X效應」（X effect）。[15]

奧特（Autor, 2022）的研究估計，2018年的美國有超過六成的工作是1940年不存在的職缺。AI可能會在取代部分工作的同時，創造新工作，進而抵銷勞動力緊縮的趨勢。

根據普華（PwC）受英國商業、能源暨工業策略部（UK Department for Business, Energy and Industrial Strategy）委託所做的報告，許多新創造的工作將是「提供相對難以自動化的服

B), pp. 1043-1171.

14　The White House (2022). The Impact of Artificial Intelligence on the Future of Workforces in the European Union and the United States of America. Available at https://www.whitehouse.gov/wp-content/uploads/2022/12/TTC-EC-CEA-AI-Report-12052022-1.pdf.

15　Autor, D. (2022). The labor market impacts of technological change: From unbridled enthusiasm to qualified optimism to vast uncertainty. NBER Working Paper No. w30074. Available at SSRN: https://ssrn.com/abstract=4122803 or http://dx.doi.org/10.2139/ssrn.4122803.

務（如健康和個人護理）。這些服務由於 AI 所產生的高生產力帶來的額外實質收入及支出，而需求變得更大」。[16]

5. 政府支出與債務增加

1980 年代的供給面改革引發了政府規模縮小和政府支出減少的趨勢。1981 年，美國總統雷根在他的就職演說中說了這句名言：「政府不是我們問題的解決方案，政府本身就是問題。」柏林圍牆倒塌後，減少政府支出的機會增加了。1989 年 11 月，老布希總統和英國首相柴契爾夫人談到了「和平紅利」（peace dividend）。

隨著蘇聯解體，1991 年老布希總統在向全國發表的演說中宣布，計畫拆除美國在歐洲和亞洲部屬的戰術核武器，並使長程核轟炸機不再進行二十四小時飛行行動。1990 年夏季，英國宣布「變革選擇」（options for change）政策，重組武裝部隊。1985 年至 1993 年間，美國的國防開支下降，接著在 1993 年至 1999 年間維持平穩。

政府支出佔 GDP 比重下滑，促使 1997 年柯林頓（Bill Clinton）總統領導下的美國在 1969 年以來首度締造預算盈餘。2000 年 12 月，柯林頓宣布美國計畫在未來十年內消除公

16　PwC (2021). *The Potential Impact of Artificial Intelligence on UK Employment and the Demand for Skills*. A Report by PwC for the Department for Business, Energy and Industrial Strategy.

共債務。[17]

　　但 2008 年金融危機爆發時，出現了截然不同的景況。經濟大規模瓦解迫使許多經濟體祭出大規模的財政支持，並大幅向高公共債務、低民間債務轉變。

　　然而，歐債危機後，因為擔心歐洲國家赤字過高而難以持續，政府提出一系列新的撙節政策。直到新冠疫情再次改變了政策重點，使金融危機後受到關注的道德風險問題被擱置（圖表 10.16）。

　　疫情爆發以來，靠借款支持的政府支出驟增，增幅寫下歷史紀錄。新冠疫情和烏克蘭戰爭的影響都導致赤字急遽上升。根據國際貨幣基金組織（IMF）的數據，2020 年出現了二戰以來最大的單年度債務增幅，全球債務上升至 226 兆美元，佔 GDP 比例從 28% 上升到 256%。[18]

　　英國預算責任辦公室（Office for Budget Responsibility, OBR）一份最新的報告顯示，本世紀開始以來，英國公共債務增加了約 70%，其中有四分之三發生在受金融危機、疫情和能源危機打擊最嚴重的六年期間。

　　氣候變遷構成了額外的「或有負債」（contingent liability），可能會導致政府支出大增。隨著氣候相關問題越來越頻繁，不

17　President Clinton (2000). The United States on track to pay off the debt by end of the decade. Available at https://clintonwhitehouse5.archives.gov/WH/new/html/Fri_Dec_29_151111_2000.html.

18　International Monetary Fund (2022). Global Debt Database.

圖表10.16　新冠疫情爆發以來，政府支出增幅創歷史紀錄：本圖表呈現全球債務佔GDP比重

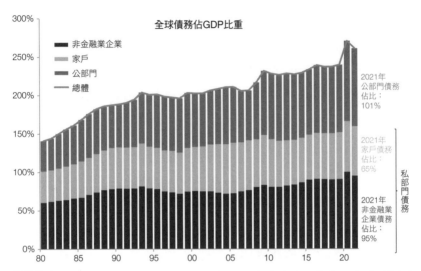

資料來源：IMF Global Debt Database、World Economic Outlook、Glodman Sachs Global Investment Research

再只是少見的極端風險，保險公司對保險範圍的限制可能會抓得越來越緊，迫使政府介入。氣候行動財政部長聯盟（Coalition of Finance Ministers for Climate Action）主張：「額外的財政成本可能會降低財政政策空間，可能需要在關鍵部門（例如醫療保健、教育）中削減預算，迫使政府加稅或舉更多債。」[19]

如果政府赤字擴大的機率上升，可能會導致對主權信用的

19　Dunz, N. and Power, S. (2021). *Climate-Related Risks for Ministries of Finance: An Overview.* Washington, DC: The Coalition of Finance Minister for Climate Action.

不確定性上升，進而導致政府融資成本上升。在債券市場中，長期溢酬（投資人為了補償較長時間借錢給政府的風險而要求的額外回報）仍然異常低（圖表10.17）。根據紐約聯準會的數據，長期溢酬仍是負值，並且較歷史水準低得多。[20]長期溢酬顯然有可能隨時間上升，增加政府、企業和投資人在後現代週期中面臨的資本成本。

圖表10.17　公債期限溢酬相較於歷史水準仍超級低：本圖表呈現以ACM模型計算出的公債期限溢酬

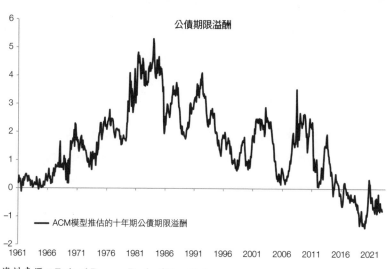

資料來源：Federal Reserve Bank of New York

20　依據以下文獻中的模型計算。Tobias Adrian, Richard Crump and Emanuel Moench (2013). Adrian, T., Crump, R.K. and Moench, E. (2013). Pricing the term structure with linear regressions. FRB of New York Staff Report No. 340. Available at SSRN: https://ssrn.com/abstract=1362586 or http://dx.doi.org/10.2139/ssrn.1362586.

　　支出的增加可能來自多個面向，國防是其中之一，我會在第十二章中進一步探討這個議題。

法規和產業政策的崛起

　　2022年，美國通過了三項法案——《晶片與科學法案》（CHIPS and Science Act）、《基礎建設投資與就業法案》（Infrastructure Investment and Jobs Act, IIJA）和《通膨削減法案》（Inflation Reduction Act, IRA），全部都被視為國家干預和產業政策新趨勢的證據。各界普遍認為，國家干預程度必須提升，才有辦法清楚設定實現淨零碳承諾的政策，也是使供應鏈更具韌性的關鍵。但這種方法與過去二十五年來盛行的手段相去甚遠。1986年，美國總統雷根訴求減少政府干預程度時表示：「英文裡面最恐怖的幾個字就是：我來自政府，我來幫你。」在後現代週期中，新冠疫情和烏克蘭戰爭的影響改變了對政府干預的態度。氣候危機和疫情期間暴露出的供應鏈脆弱性，加上地緣政治變化，使當前的大環境大不相同。這些因素將有助於減少某些部門的不確定性，並增加國家干預的風險溢酬。

　　2022年通過的三項法案一般被解讀為拜登（Biden）政府將產業政策視為美國新經濟框架的訊號。美國國家安全顧問傑克·蘇利文（Jake Sullivan）描繪了現代美國產業戰略的願景，指出這項戰略「辨識出對經濟成長、國家安全具有戰略意義的特定部門，而且只靠民間產業無法提供實現國家目標所需

的投資」。[21]

　　聯合國工業發展組織（United Nations Industrial Development Organization, UNIDO）發布了一份研究報告，利用機器學習技術根據政策描述對各國產業政策進行分類，其中包括旨在「改變經濟行為組成」（UNIDO對產業政策的定義）的行動。研究結果顯示，2010年代，貿易法規資料庫「全球貿易顧問」（Global Trade Advisory, GTA）中，大約20%的政策符合「產業政策」的定義。這個比例在2019年增加到50%。同一份報告指出，60%的產業政策針對特定公司而設立。[22]

　　保護主義抬頭使全球貿易受扭曲的部分佔比節節攀升（圖表10.18）。全球貿易預警組織（Global Trade Alert）資料庫的數據顯示，2017年來自G20國家的出口中，有超過一半受到有害貿易措施的影響，這個比例在2009年是20%。[23]

　　商業領袖預期保護主義將進一步加深。美國研究機構世界大型企業聯合會（The Conference Board）的報告發現，將近八成的企業執行長認為在未來五年內，會有越來越多產業類別被

21　The White House (2023b). Remarks by National Security Advisor Jake Sullivan on Renewing American Economic Leadership at the Brookings Institution. Available at https://www.whitehouse.gov/briefing-room/speeches-remarks/2023/04/27/remarks-by-national-security-advisor-jake-sullivan-on-renewing-american-economic-leadership-at-the-brookings-institution/.

22　Juhász, R., Lane, N., Oehlsen, E. and Pérez, V. C. (2023). *Trends in Global Industrial Policy*. Industrial Analytics Platform.

23　Gunnella, V. and Quaglietti, L. (2019). The economic implications of rising protectionism: A Euro area and global perspective. ECB Economic Bulletin NO. 3.

圖表10.18　政府干預貿易的事件近年大幅增加

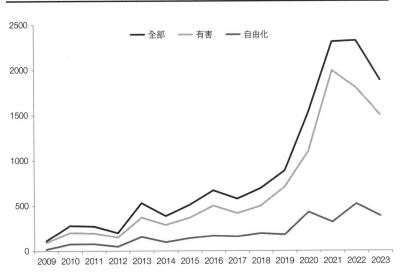

資料來源：Global Trade Alert

歸入「國家安全優先事項」。[24] 五分之四的執行長預期在未來五年內，世界將加速分裂為相互競爭的經濟集團。[25]

能源轉型支出增加

此際，去碳化承諾以及尋求能源安全（特別是在歐洲）的急迫性，可能會墊高政府支出。高盛分析指出，在2004年（科技泡沫後）至2014年間，有一段能源勘探和大型投資案建

24　Hollinger, P. (2022, May 24). European business leaders fear rising protectionism. *Financial Times*.

25　Rowsell, J. (2022, August 19). What's behind the rise in trade protectionism? *Supply Management*.

設的時期，促使資源擴張和非石油輸出國家組織（non-OPEC）成長的復甦。[26] 隨著碳氫化合物投資連七年不足（2015到2021年）、石油儲量壽命縮短（自2014年以來減少50%）、非OPEC頁岩油生產下降，局勢逐漸反轉。不管是長期或短期生產，資本投入都必須要更快速地增加才能改善。

隨著時間的推移，政府增加支出的需求只會越來越大（圖表10.19）。退休金、老年照護與心理健康支出不足、國防支出獲優先地位造成資金待尋的未來負債，這種情況料將持續。

國內政治和地緣政治觀點支持著這項轉變。正如1970年代是國家冠軍的時代（由於安全和政治原因獲得政府扶植的公司，如航空、銀行和汽車業），現在正邁向能源安全、晶片製造和電池技術的區域冠軍時代。雖然結果尚不明確，但政府債務的高負擔很可能需要提高稅收、通膨率上升（這是一種稅收形式）或逐漸減少支出來填補。這是另一個投資人應該關注資產負債表健全、現金流相對穩定的公司的原因。對投資人而言，可以在較長時間內不受加稅、升息影響，繼續提供高複合報酬率（compounded returns）的企業更有價值。

政府債務與日俱增對投資人而言，可能意味著企業稅率走低的趨勢會逆轉。這也代表未來十年左右，通膨和利率平均水準可能拉高，有助於政府償還債務。這些因素可能會逆轉近幾

---

26 Della Vigna, M., Bocharnikova, Y., Mehta, N., Choudhary, U., Bhandari, N., Modak, A., *et al.* (2023). Top projects 2023: Back to growth. Goldman Sachs Global Investment Research. Available at https://publishing.gs.com/content/research/en/reports/2023/06/27/bcd4ad94-6106-4bb89133-fa35a6bfa730.html.

圖表10.19　政府越來越需要擴大支出：本圖表呈現政府債務佔GDP比重

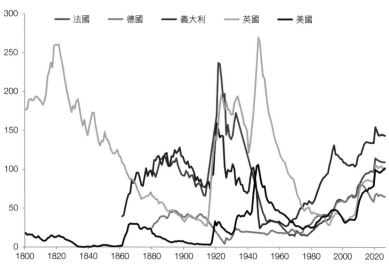

註：美國的數據，在1939年之前使用IMF的政府債務數據，1939年之後，是管理和預算辦公室（OMB）的數據，該數據僅包含所謂「公眾持有的美國聯邦債務」（即不由美國政府機構持有的聯邦債務）。其他國家在整個期間內均使用IMF的數據。

資料來源：IMF、OMB

十年來對企業利潤率的部分支持。斯莫蘭斯基（Smolyansky, 2023）的研究估算，1989年至2019年間，美國企業利潤實質成長中，有40%都可以很單純地用利息支出及企業稅率降低解釋。[27] 最終，這可能會使政府為了爭搶全球存款而拉高債券

27　Smolyansky, M. (2023). End of an Era: The Coming Long-Run Slowdown in Corporate Profit Growth and Stock Returns. Available at: www.fedralreserve.gov/econres/feds/end-of-an-era-the-coming-long-run-slowdown-in-corporate-profit-growth-and-stock-returns.html.

殖利率。上述每一點都會拖累總體投資報酬率。在這樣的背景下，投資人如果可以在總體市場指標中，分散並更審慎地選擇投資標的，將獲得更大的好處。

6. 資本支出與基礎建設支出上升

後金融危機時代最重要的代表性特色之一是虛擬經濟擴張以及「舊」經濟的相對財富下降。結果促使大量資金流入數位經濟，但主要以「實體」經濟的犧牲為代價。自本世紀初以來，主要市場的基礎建設資本支出持續下滑（圖表10.20；另

圖表10.20　歐洲企業對未來成長性的投資不及美國企業：本圖表呈現成長投資比率（成長性資本支出＋研發／營業現金流）

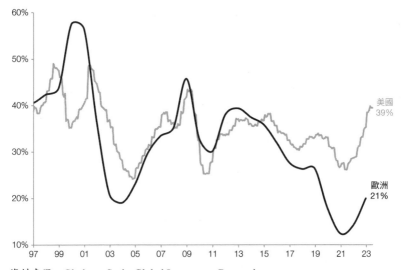

資料來源：Glodman Sachs Global Investment Research

見第十二章）。

　　通膨率偏低減少了投資的動力，企業至少不怎麼需要投資擴增實體產能。資產的平均年限已經比1970年代和1980年代增加了約五年（圖表10.21）。

　　輕資本型產業在金融危機後的十年內表現相當出色。我在第十二章中將說明，未來基礎建設支出增加所代表的意義。當然，這並不代表科技方面的支出不會再上升（這一點留待第十一章討論）。科技解決方案的支出應該還是會非常強勁，在與能源效率和勞動力替代相關的領域，投資動力可能還會進一步加強。不過為了在2050年前實現減碳目標，能源結構的轉變

圖表10.21　資產平均年限上升，並較1970年代和1980年代增加五年左右：本圖表呈現美國固定資產平均年限（年）

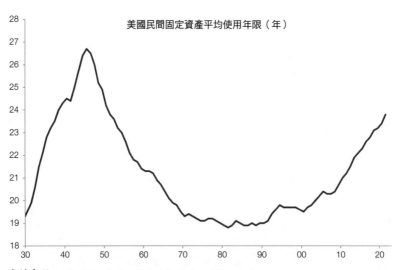

美國民間固定資產平均使用年限（年）

資料來源：Glodman Sachs Global Investment Research

將需要大量資本投入。過去十年間，主要能源領域的資本支出下降了18%。高盛股票分析師預估，2022年至2027年之間，這方面的支出將成長50%，從2022年的1.3兆美元上升到1.9兆美元（圖表10.22）。[28]

圖表10.22　2022年到2027年間，主要能源商的資本支出可能成長近50%：本圖表呈現依據燃料與電力供給比例切分的資本支出（左側Y軸單位：10億美元）與潔淨能源（再生能源及生質能源）佔總體比重（右側Y軸單位：%）

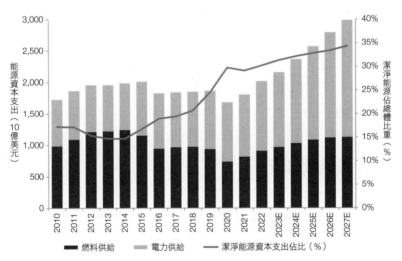

資料來源：IEA WEI(historical data)、Glodman Sachs Global Investment Research

---

28　Della Vigna, M., Bocharnikova, Y., Mehta, N., Choudhary, U., Bhandari, N., Modak, A., *et al.* (2023). Top projects 2023: Back to growth. Goldman Sachs Global Investment Research. Available at https://publishing.gs.com/content/research/en/reports/2023/06/27/bcd4ad94-6106-4bb89133-fa35a6bfa730.html.

由於對ESG投資（特別是減碳）的重視，近年各界把重點轉移到能源永續性。然而，截至目前為止，相關投資尚不足以彌補傳統能源領域投資下滑的影響，因為規模較小，且每單位能源輸出的資本密集度較高。高盛股票分析師估計，低碳能源開發的平均資本支出密集度大約是碳氫化合物的兩倍。能源投資的需求會因此進一步上升，預計在2032年以前，每年資本支出要增加1.5兆美元。[29]

從上述情況可以看到，投資人應該尋找「推動者」（enabler），也就是能夠為企業提供解決方案以降低成本並提高生產力的公司。投資人也應該尋找那些會因為政府支出及資本支出上升而受益的公司。近幾個月來，許多受這些題材影響最深的公司股價略為下滑，並提供了合理的價值和具吸引力的成長前景。

7. 人口結構變化

除了那些影響投資環境的因素之外，顯著的人口結構變化也開始浮現。富裕的已開發經濟體人口高齡化速度非常快。

老齡化速度最快的是日本和韓國。預計到2050年，日本

---

29 Della Vigna, M., Clarke, Z., Shahab, B., Mehta, N., Bhandari, N., Amorim, B., *et al*. (2022). Top projects 2022: The return of the energy investment cycle. Goldman Sachs Global Investment Research. Available at https://publishing.gs.com/content/research/en/reports/2022/04/19/ae5c2010-d7ef-400c-b8e7-1cf25650ef17.html.

有15%的人口將年滿八十歲（與韓國比例幾乎相同）。2017年，G20國家的撫養比為每六名工作年齡（十五至六十四歲）人口撫養一名六十五歲以上的老人。到2050年，這個比率將減半，變成每三名工作年齡人口撫養一名老人。在最富裕的國家，扶養比預計將降至略高於2:1的水準（圖表10.23、圖表10.24）。[30]

圖表10.23　歐元區與日本的工作年齡人口成長將轉負：本圖表呈現15歲到64歲年齡層人口成長率（聯合國預測值）

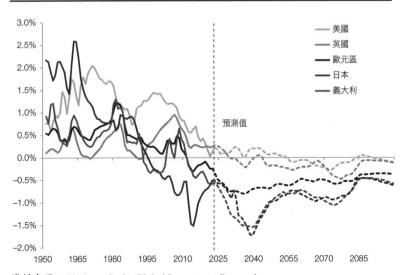

資料來源：Glodman Sachs Global Investment Research

---

30 International Labour Organization and Organization for Economic Co-operation and Development (2019). New job opportunities in an ageing society. Paper presented at the 1st Meeting of the G20 Employment Working Group, 25-27 February 2019, Tokyo, Japan.

圖表10.24　中國與其他新興市場的工作年齡人口成長將轉負：本圖表呈現15歲到64歲年齡層人口成長率（聯合國預測值）

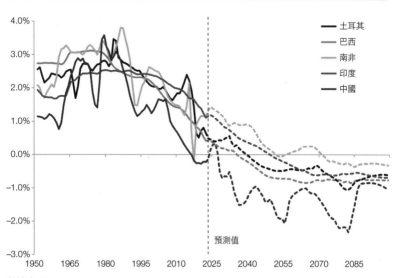

資料來源：Glodman Sachs Global Investment Research

　　原本就已經相當拮据的政府預算將因此承受更大的壓力，因為照顧老年人和其他沒有資金支持的重要負債，偏偏遇上工作人口及稅基下滑的背景。往好處想，這可能成為增加機械化投資的另一項因素。像AI這樣的科技可能會改善護理部門的就業前景和工作品質。

高齡化人口與赤字

　　人口結構轉變對政府赤字和資金的影響非常深遠。根據OECD的說法，未來幾十年內，為了退休金及健康照護而提撥

的公共支出將顯著增加。如果沒有有意義的結構性改革或削減退休金權益，「依據OECD長期模型所做的預測，要穩定公共債務將需要大幅加稅」。[31]

高齡化人口與新市場

高齡化人口也將創造機會。隨著產品和服務越來越傾向以這個未被充分服務的市場為目標，到2030年，全球老年人將成為最富有的群體，預計每年將會消費15兆美元（以2011年購買力平價計），高於2020年的8.7兆美元。[32]

人口結構變化促成的支出模式變化，帶來了另一個重大機會：由於人數眾多，亞洲老年人的購買力成長強勁。中國預計，到2030年老人消費將從每年7,500億美元提升至2.1兆美元，成長三倍；印度的支出增幅最顯著，從目前每年約1,000億美元增加至2030年的約1兆美元。

新興市場（尤其是非洲）可能會從顯著的成長機會中受益。目前，非洲人口約為十四億，但預計到本世紀末會增加到近四十億。這意味著，雖然目前非洲人口約佔全球人口的

31　Crowe, D., Haas, J., Millot, V., Rawdanowicz, Ł. and Turban, S. (2022). Population ageing and government revenue: Expected trends and policy considerations to boost revenue. OECD Economics Department Working Paper No. 1737.

32　Fengler, W. (2021). The silver economy is coming of age: A look at the growing spending power of seniors. Available at https://www.brookings.edu/articles/the-silver-economy-is-coming-of-age-a-look-at-the-growing-spending-power-of-seniors/.

18%，但到2100年這個比例會上升至38%；而亞洲人口佔全球總人口的比例將從目前的60%下降到45%。總體而言，到本世紀末，全球80%的人口將生活在非洲或亞洲。[33]

印度超越中國成為人口最多的國家也是一個重要變化，為該地區的投資人創造了巨大機會（圖表10.25）。

儘管已開發經濟體的高齡化情況最為嚴重，但許多新興市

圖表10.25　2023年，印度超越中國成為全球人口最多的國家：本圖表呈現各國人口佔全球人口比例

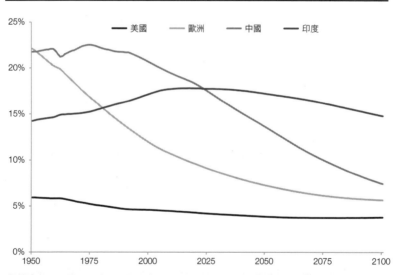

資料來源：UN Department of Economics and Social Affairs、Glodman Sachs Global Investment Research

---

33 Roser, M. and Rodés-Guirao, L. (2019). Future population growth. Available at https://ourworldindata.org/population-growth Our World in Data.

場經濟體也在走向未來勞動參與率下降的道路。這突顯了對國家而言要找到資金來支應負債有多麼困難，即使這些國家成長較快且人口較多也不例外，同時也彰顯了未來AI和其他科技解決方案在協助應對這些問題上的重要性。即使已開發經濟體的高齡化速度最快，但新興經濟體的勞動參與率也在放緩（圖表10.26）。[34]

圖表10.26　許多新興經濟體的勞動參與率未來應該會下降：本圖表呈現2005年到2030年間，工作年齡人口成長率變化

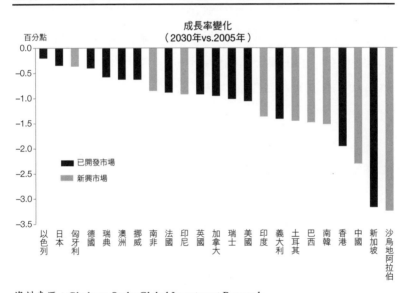

成長率變化
（2030年vs.2005年）

資料來源：Glodman Sachs Global Investment Research

34　針對人口議題的詳細討論請參考：Roy, A. (2022). *Demographics Unravelled: How Demographics Affect and Influence Every Aspect of Economics, Finance and Policy.* Chichester: Wiley.

8. 地緣政治緊張局勢增加與世界多極化

在1982年至2000年之間的現代時代，這個長週期遇上柏林圍牆倒塌與蘇聯解體壓低全球風險溢酬。全球風險偏好受到重大影響。法蘭西斯·福山（Francis Fukuyama）在《歷史之終結與最後一人》（*The End of History*）一書中，記錄了這段期間信心提升的狀況。福山主張，自由民主導向「人類意識形態進化的終點」，而且西方自由民主的普及化是「人類政府的最終形式」。[35]近年來，地緣政治平衡不斷轉變。2022年在達沃斯的一場演講中，德國總理歐洛夫·蕭茲（Olaf Scholz）形容「多極化」的出現。新聯盟逐漸成形，北約外擴，納入芬蘭和瑞典，澳英美三方安全夥伴（AUKUS）將在印太地區深化國防合作。[36]

印度在地緣政治前沿的地位較過去提升。2023年1月，印度總理莫迪（Narendra Modi）呼籲改革：「我們全球南方國家，在未來擁有最大的利益。四分之三的人類生活在我們的國家。我們也應該擁有同等的發言權。因此，隨著維持八十年之久的全球治理模式緩慢變化，我們應該努力塑造新秩序。」

2023年6月，在對美國的國事訪問中，莫迪與拜登簽署了一份合作文件，標記著「我們雙邊關係歷史上最廣泛和全面的

---

35 Fukuyama, F. (1992). *The End of History and the Last Man*. New York: Free Press.
36 AUKUS是澳洲、英國、美國三方安全夥伴關係的簡稱。

進步願景」。[37]

　　這並不是一個新現象。「歐洲協調」（Concert of Europe）指的是從拿破崙戰爭到克里米亞戰爭這段期間，這段時期歐洲列強定期在多極層級上會晤並討論國際問題。第一次世界大戰後的時期也經常被認為是多極化的時期。然而，許多新現實主義者認為，這樣的系統更容易發生衝突，相較於雙極，甚或國際關係中存在霸權的局世，來得更不穩定。舉例來說，國際關係中的「長週期模型」（long cycle model）指出，多極化是最不穩定也最容易發生衝突的系統，而單極化是最穩定和最不易發生衝突的配置。[38]

　　雖然這些發展在金融市場中難以被定價，但它們可能意味著隨時間過去，風險溢酬會增加，因而資本成本隨之提升。

37 The White House (2023a). Joint Statement from the United States and India. Available at https://www.whitehouse.gov/briefing -room/statemtns-releases/2023/06/22/joint-statement-from-the-united-states-and-india/.

38 關於穩定系統的論點在一項關於1494年至1983年間全球大國之間極性與戰爭的實證研究中進行了測試。該研究認為，在單極和接近單極的時期，發生全球戰爭的可能性最低；在兩極的年分，這種可能性稍微高一些；而在多極時期，全球戰爭的可能性則大幅增加。Thompson, W. R. (1986). Polarity, the long cycle, and global power warfare. *Journal of Conflict Resolution*, **30(4),** pp. 587-615.

後現代週期與科技

大腦的電子信號移動速度是晶片信號的十萬分之一！

——比爾蓋茲（Bill Gates）

第四次工業革命與網路商用帶動的興奮感，引發了歷史上最大的金融泡沫之一。這個泡沫在世紀之交達到頂峰，隨後經歷了駭人的崩潰。像歷史上許多圍繞新科技的泡沫一樣，它並非毫無基礎。投資人認為新的創新週期會對經濟成長與企業獲利能力產生深遠的影響，這樣的認知並沒有錯。問題在於，當時對可能的報酬規模與實現的時機點預期過高，而且很多最終的贏家尚未出現。

與之前類似的泡沫一樣，最終的崩盤抹去了許多新進者，但驅動泡沫的科技存活了下來。經過一段時間的估值下修，科技業在後金融危機時期再度成為主要的績效與獲利驅動力。近期對新科技，特別是人工智慧（AI）的關注，應該會讓科技在後現代週期繼續扮演影響股票市場和經濟的重要角色。

自從2007年到2008年的金融危機以來，科技股一直是創造股價報酬的主要驅動力。科技股的表現可以分為四個明顯不同的階段：

1. 2010年到2019年：由於獲利能力增強、智慧型手機的普及、零利率的影響，以及「價值」類股面臨的問題，科技股表現優於大盤。

2. 2020年到2022年：在新冠疫情大流行期間，對科技和相關服務需求的爆炸性成長（當時其他消費受到限制）帶動科技公司表現顯著優於大盤。

3. 2022年到2023年：隨著2022年通膨率和利率上升，科

技股表現顯著回落，特別是尚未轉虧為盈的科技公司，因為它們受到資本成本上升、負面現金流的沉重壓力撼動。許多公司過度擴張，需要減少開支以應對資本成本的上升。

4. **2023年至今**：自2023年初以來，科技業表現在美國大型科技公司的帶動下超越大盤。這些企業被視為AI等新興科技的潛在贏家。

由此可見，過去十五年來科技業的表現反映了幾波樂觀情緒和市場重估價，但主要還是依賴強勁的基本面表現。科技業整體規模與獲利已經超越了股市的其他部分（圖表11.1），長期締造較高的股東權益報酬率（圖表11.2）。

到2023年夏季，這樣的發展已經使市場報酬率再次變得越來越集中。美國的十五家公司在2023年1月至5月之間佔標普500指數報酬率的九成以上。

為什麼科技會贏？

儘管近期對科技的熱情最終可能又一次高估了短期潛力（特別是對個別公司的看法），科技業在後現代週期中還是可能繼續扮演投資人的驅動力。科技將在提高非科技公司的效率和加強生產力方面發揮關鍵作用。

大多數新科技都得仰賴過去的創新成果，使這整個過程比較像是演進而非革命。然而，如同政治與藝術發展歷程，科技

圖表11.1　科技股漲幅與盈餘都優於大盤：本圖表呈現十二個月滾動每股盈餘（以2009年1月數值為100）

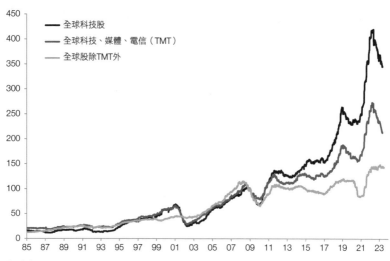

資料來源：Glodman Sachs Global Investment Research

業的歷史上也有一些大躍進的時期。當二次創新和想法在相對集中的時間內接連出現，那幾個階段就會帶來飛躍性的創新，進而促使經濟、股市和社會結構的快速變遷，提供了一個平台催生其他創新，例如：鐵路和電話的發明。

　　從這個層面上來看，上個世紀末由網路商業化引發的創新爆發（現在演進為AI的影響）類似於我們在歷史上其他時間點看到的一些革命性科技進展。圖表11.3呈現了自十八世紀以來的四個創新爆發期。與其他創新週期一樣，由於正面的網絡效應（network effects）加上可以更有效提高生產力的科技用例普及，我們未來幾年比較有可能看到科技對經濟和金融市場影

圖表11.2　科技股股東權益報酬率長期較高

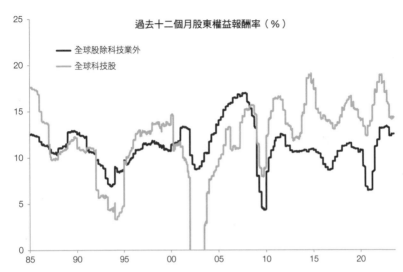

資料來源：Glodman Sachs Global Investment Research

圖表11.3　工業革命的歷史

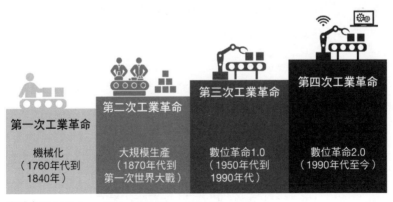

資料來源：Glodman Sachs Global Investment Research

響的速度加快。

科技革命的特徵

回顧歷史，會發現這段時期的科技演進有幾個有趣的觀察點，有助於我們了解當前經濟和社會高速變化的背景。雖然很難一概而論，但科技革命有下列幾個共通點：

- 突破性的科技出現並達到商用規模。
- 新公司和資本湧入這個領域。
- 投機熱潮出現、公司的估值上升，往往會形成泡沫。
- 泡沫破裂，但科技本身往往會再度成為經濟和股市的主要驅動力。
- 科技和產業由少數大企業主導。
- 次級創新（secondary innovations）出現，催生出新的公司和產品。這些產品得以問世的前提是初始科技及該項科技的日益普及。
- 其他產業被創新所顛覆，迫使現有企業要麼就是適應，不然就是被淘汰。
- 產品和服務的次級創新創造了新的就業機會，進而帶來新的需求來源。生產力通常會上升，但往往只有在這項新科技已經普及並促成網絡效應後才會實現。
- 創新的速度通常與社會整體的重大變化相關，例如：社

會態度、消費者行為、政府政策和商業操作的轉變。上述變化創造了新的挑戰和機會，企業必須適應以應對瞬息萬變的需求。

興奮、投機和泡沫

如同之前在網路擴張與商業化時期（乃至於近期的 AI）看見的情況，某個重要的新技術問世時，經常會造成投資人情緒沸騰、大量資本湧入、投入產業的新公司數量迅速增加。隨著對科技的理解和接受度提高，投資人的興趣加深，投機性也隨之增加。

從投資人的角度來看，一項創新的成功和最終影響在初期不可能確定，更難以預測的是哪個競爭者長期而言可能成功。因此，投資人會在多家公司之間分散投資，就像是對那些公司未來的成就購入選擇權。因而，當一項新科技首次商業化時，公司總估值往往會高估實際可以產生的總報酬。此外，泡沫破裂通常是由一家著名企業跌落神壇或資本成本劇烈變動所觸發。

歷史上有非常多例子可以說明這個過程。一份近期的研究發現，在 1825 年到 2000 年之間引入的五十一項重大科技創新中，73% 的狀況可以明顯看出股價泡沫。[1] 舉例來說，運河帶

1　Chancellor, E., and Kramer, C. (2000). *Devil Take the Hindmost: A History of Financial Speculation*. New York: Plume Books.

來的交通工具革新就是第一次工業革命重要的一環。最初建造的幾條運河為投資人創造了豐厚的報酬，吸引新資金流入、推動價格上漲。在1790年代期間，倫敦證交所的運河股票出現了泡沫。運河股票熱潮在1793年達到頂峰。1800年代，運河的資本報酬率從泡沫前的50%下降到僅剩5%。四分之一個世紀後，運河股只剩25%還付得出股息。但無論如何，運河基礎建設都在產業及工廠重組上發揮了重要作用，帶動許多新產業、企業及產品的成長。

　　十九世紀，鐵路的成長也掀起了類似的熱潮。鐵路在經濟成長、企業組織和社會變革上，帶來了與運河一樣的重大變革。在英國，鐵路股票出現瘋狂的投機潮。到1840年代，隨著追尋高成長及報酬率的資金湧入鐵路產業，吹出了泡沫。鐵路股票價格大幅上漲後，在1850年代股價較最高點平均大減85%。這些股票的總價值降至投資資本的一半以下。[2]但就和運河一樣，鐵路基礎建設的遺跡在其他產業的成長中變得至關重要。

　　二十世紀帶來了連續好幾波的新科技浪潮。第一次和第二次世界大戰後的時期，對消費品的巨大需求在新市場參與者出現之際，吸引了大量投資。舉例來說，廣播電台的崛起導致對收音機需求的快速成長。1923年至1930年間，60%的美國家

2　Odlyzko, A. (2000). Collective hallucinations and inefficient markets: The British railway mania of the 1840s. Available at SSRN: https://ssrn.com/abstract=1537338 or http://dx.doi.org/10.2139/ssrn.1537338.

庭購買了收音機，催生出眾多廣播電台。1920年，美國廣播電台由KDKA獨霸，但到了1922年，美國已出現六百家廣播電台。就像後來電視普及，廣播電台數量大增擴大了廣告和其他產品的市場範圍，像是美國無線電公司（Radio Corporation of America, RCA）的股價從1920年代的5美元大幅上漲至500美元，但在1929年至1932年之間暴跌了98%，而大部分的無線電製造商也都倒閉了。

個人電腦（PC）革命引發了類似的熱潮，市場中新進公司的數量和估值雙雙激增。IBM促成PC普遍商業化之際，有數百家公司在1980年代進入市場。然而，1983年，包括雅達利（Atari）、德州儀器（Texas Instruments）和科萊科（Coleco）在內的多家公司宣布虧損，PC類股隨之下跌，許多PC製造商破產，包括康懋達（Commodore）、Columbia Data Systems和Eagle Computer。倖存的企業花了好幾年的時間才恢復，而產業趨於成熟並被少數公司主導。

這種發展模式在1990年代後期的網路泡沫期間重演。隨著投資人開始看到網路的潛力，投機操作快速增加。搜尋引擎公司雅虎首次公開發行時，股價在一天內從13美元飆升至33美元。高通股價上漲了超過2,600%。十三支主要大型股漲幅破1,000%。1999年，其餘七檔大型股各自上漲超過900%。納斯達克指數在1995年至2000年間增加了五倍。2000年，在達到頂峰的一個月後，納斯達克指數下跌了34%，數百家公司市值蒸發超過80%。到了2002年10月，納斯達克指數已下跌近八成。

故事基本上都是這樣寫的：新科技的潛力令人興奮，吸引了新進者和競爭者。隨著對整套論述的興趣越來越濃厚、投資人怕錯過機會，投機的情況開始增加。最終，估值往往會下修，產業大震盪之後競爭者減少。隨後這個產業通常會復甦，經常成為下一個週期的領導者，科技泡沫破裂後的科技產業就符合這樣的發展模式。最新的一波創新（特別是圍繞AI的創新）應該也會依循類似模式發展，並對後現代週期中的投資報酬前景做出重大貢獻。

AI革命的重點在於，那些在AI工具和運算能力上花大錢的公司可能不會是最終新科技的最大贏家，這也是我們之前在網路發展中看到的情況。舉例來說，能夠使用工具改善醫療保健和教育服務的公司可能成為大贏家，還有那些可以採用AI解決方案來大幅重組業務以降低成本的公司。新業務成長領域的創新者，像是數據和事實查核，以及利用AI做出的新產品，最終可能會蓬勃發展。

主導效應

帶來巨變的新科技往往會吸引大量資本和競爭，許多公司最終會倒閉，但這並不代表科技本身的失敗。比較常見的狀況是，隨著科技普及和市場擴張，主導的幾家企業靠創新來擴展科技的範圍和觸及率，最後使得那項科技取得成功。實質收入增加、地理覆蓋範圍迅速擴張，科技被採用的速度往往會加快。

一般而言，市場結構的變化模式在不同的創新浪潮中大同小異。一開始，這個領域由少數幾個贏家主導，隨著網絡效應產生良性循環，贏家會變得越來越強大，市佔率提升並擴建「護城河」來維持主導地位。這樣的主導地位最終可能會因為受到監管（反壟斷）或對創新調適速度緩慢而弱化。

次級科技出現

儘管某個創新科技的市場可能長期被幾個特別大的企業所把持，但最初創造變革的科技會成為媒介，催生出眾多不同的創新，進而使新的公司與商機應運而生。

舉例而言，煤炭和蒸汽是第一次工業革命的基礎，很快就有一系列其他的發展隨之而生。大量群眾向城市遷徙並遠離農業，促成對新消費品的需求。機械化織布機改變了紡織業，家庭日用品（如肥皂）從家庭代工轉向工廠生產。新市場應運而生，成為建立消費者品牌、廣告和行銷的催化劑。在鐵路熱潮期間，蒸汽機促進了鐵路的發展，接著又因為網絡效應和連通性使其他科技得以發展。

同理，在第二次工業革命期間，利用天然氣和石油來發電是主要驅動變革的發明之一，而它促成鋼鐵大規模生產，以及內燃機和汽車的發展。下一步的創新是現代生產線的出現，改變了各種新產品的生產和配送。鐵路熱潮和電報的網絡影響催生出許多新商機與公司，也是相同道理。

　　第三次工業革命的電腦時代來臨，帶動服務業快速發展。1952年出現了第一批搭載電晶體的消費品。由於消費者願意也有能力為低耗能、高攜帶性的產品支付溢價，開啟了新的市場。到1950年代中期，美國北加州開發出矽裝置的原型（prototype）。塑料和較輕的材料也創造了重要的新高成長市場。跨國企業則開發了新商機。

　　此外，科技的採用速度往往會加快（圖表11.4）。

　　這個發展模式在過去二十年間非常明顯。網路和相關科技的推陳出新與採用促進了智慧型手機的發展和普及。進而催生出手機「應用程式」（app）公司並組成一個產業（試想計程車

圖表11.4　採用新科技的速度通常會越來越快：本圖表呈現美國家戶在1860年到2019年間使用特定科技的比例

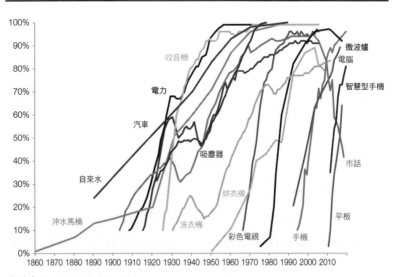

資料來源：Our World in Data

和美食外送的革命），以及「物聯網」（internet of things, IoT）這個連接裝置和家電的世界。

因此，2020年代的主要科技公司很可能會在各自的市場中保持主導地位，而以機器學習和AI相關領域為首的快速創新，可能會創造出新一掛科技界巨星。AI和機器人科技可能不僅會創造出懂得創新的領航者，還會提高非科技業取得重大重組收益的前景。

這樣說來，我們目前處於新科技生命週期的哪個階段？根據上述歷史回顧，科技業在股市中的典型生命週期分為四個階段：

1. 新科技帶來強勁表現並拉高估值，這些估值通常因為未來獲利流的增強而獲得合理支撐。
2. 熱情越來越高漲，推動估值水漲船高，大量新市場參與者出現。最終，估值已經高到由此推估的未來市場規模超出對整體產業而言的合理規模。
3. 泡沫破裂。
4. 許多公司消失，留下新的主導者繼續推動科技演進。科技對經濟體的影響變得更加廣泛，又一次創造了市場中相對的贏家與輸家。

我認為整體而言，我們仍然處於典型科技浪潮的第一階段。如果我是對的，就代表這個領域還會出現更多新進者，估

值也還會進一步上揚。目前的狂熱可能會導致泡沫，或者讓目前已在產業內的公司估值高到超過未來成長潛力。但在我看來，目前還沒走到這一步。

在後現代週期中，非科技業者的數位轉型長期而言為投資人創造的機會更大。在綠色科技、醫療科技、教育科技、AI和機器人科技方面的發展應該會為非科技業者帶來大量的新成長機會，重塑傳統商業模式，像是銀行、零售、娛樂、教育、交通和醫療保健等領域。

科技業能否維持最大業種的地位？

科技業在市場資本化方面（至少在美國）已經相當穩定地保持主導地位，這種情況自1980年代的軟體革命以來就沒有變過，只有在金融危機爆發前，由金融業短暫主導。不過，從標普500指數的類股組成變化史來看，主導的業種可以較長時間保持主導地位。隨著時間推移，不同的科技浪潮會使業種主導階段演進。隨著股票市場變得較為多元，最大的業種佔總體市場比例下降，但即便如此，科技業可能依舊是全球市場中規模最大的產業。隨著信心增強和IPO再現，可能會有許多新公司投入科技業（圖11.5）。

我們可以將美國股市漫長的歷史分為四個主要的領航者時期：

圖表11.5　只有少數幾個產業在市場中長期稱霸，反映出經濟的演進：本圖表呈現美國龍頭產業佔總市值比例（％）

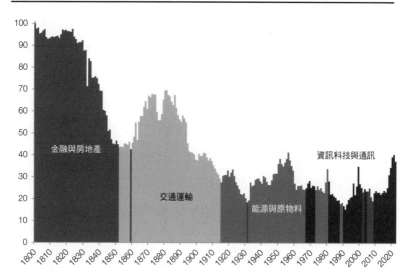

金融與房地產

交通運輸

能源與原物料

資訊科技與通訊

資料來源：Glodman Sachs Global Investment Research

1. **1800年到1850年代：金融業。** 在這段期間，銀行是最大的產業。一開始幾乎百分之百佔據股市。隨著股市的發展和擴張，到1850年代，銀行業的權重已經降到一半以下。

2. **1850年代到1910年代：交通運輸。** 隨著銀行開始為美國（以及其他地方）蓬勃發展的鐵路系統提供融資，交通運輸類股成為指數中佔比最高的業種。全盛時期，交通運輸類股佔比接近指數的70%。但在第一次世界大戰前逐漸下降到總市值的約三分之一。

3. **1920年代到1970年代：能源**。隨著工業的大幅成長，仰賴石油而非蒸汽和煤炭推動的能源股成為最大業種。能源集團一直保持主導地位直到1990年代。不過中間一度經歷科技業的短暫領導期（第一波由大型主機主導，接著轉由軟體主導）。

4. **1980年代至今：科技**。自1970年代大型主機問世以來，科技業幾乎一直都是美國最大的業種（並非在所有國家都是如此），只有在金融危機前被銀行業短暫超越。當然，科技產業內的先驅者在這段期間數度改變。1980年代中期，IBM是最大的公司，推動了資料革命；1990年代，隨著軟體成為科技進步的主要推手，微軟登上龍頭寶座；2000年代，蘋果成為最大的公司，並一直保持至今。這一期間有過週期性波動，像是2000年科技泡沫的興起和隨後的崩盤，但科技很快就又回歸最大業種的地位（在銀行業於金融危機前短暫成為最大業種之後）。

當前這一群主導的科技公司能否保持領導地位？

下一波科技潮的領導者會和過去一樣？抑或有所不同？超大型科技股在美國和其他市場的主導地位相當顯著，然而這種市場主導地位並非當前這場革命獨有，過去，好幾家企業都曾經因為重大創新或科技週期而主導各自的產業。科技業的演變

史顯示，最終它可以成為「贏者全拿」的市場：

- 像是標準石油公司（Standard Oil）在1900年以前，就成功掌控美國超過九成的石油生產，並囊括85%的銷售額。

- 1969年，貝爾電話公司（Bell Telecom）服務美國90%的家庭。在它放棄對貝爾營運公司（Bell Operating Companies）的控制權並在1982年分拆為不同公司之前不久，它約佔美國市場總值的5%。

- 1955年至1973年間，通用汽車的盈餘佔標普500指數的10%以上。在全盛時期，通用汽車在美國的市佔率高達五成，並且從1931年到2007年間一直是世界上最大的汽車製造商。

- 隨著1970年代大型主機的發展，市場明顯變得集中。1981年，IBM在大型主機市場的市佔率超過60%。

- 隨著軟體成為科技的主要驅動力，又出現了另一個主導地位的轉變。到2000年，微軟在作業系統市場的市佔率達到97%，因為它在PC和筆電市場中稱霸。

　　指數中最大的公司歷來都屬於那個時期的主導產業。通常它也會保持相當的市佔率，直到監理單位（反壟斷）介入削弱市場主導地位，或是老企業輸給擁有更尖端技術的靈巧新進者（圖表11.6）。

圖表11.6 指數中市值最高的企業向來都屬於主導產業：本圖表中，1974年以前，以企業淨利佔標普500指數總淨利比例呈現；1974年以後，以市值佔比呈現

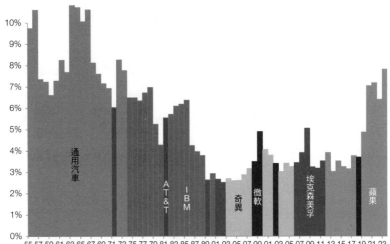

資料來源：Glodman Sachs Global Investment Research

　　但無論如何，新公司橫空出世並隨時間過去逐漸主導新產品和技術，這是很常見的事情，特別是在美國。舉例來說，自1955年以來，一直沒有掉出《財富》五百大（Fortune 500）名單的公司的比例只略高於10%。

　　根據這段歷史，可以合理假設六十年後的《財富》五百大名單中，只有極少數會是目前主導的企業——至少以它們當前的形式和結構來看是如此。會有大量新公司在我們今天還無法想像的新興產業中成立。如圖表11.7所示，1985年標普500指數中的前十大企業到了2020年都不在其列。2000年名單中的

圖表11.7 史上標普500指數前十大股王（依當年度12月31日的市值排名）

1985		1990		1995		2000	
IBM		IBM	2.9%	奇異	2.6%	奇異	4.1%
埃克森美孚		埃克森美孚	2.9%	AT&T	2.2%	埃克森美孚	2.6%
奇異		奇異	2.3%	埃克森美孚	2.2%	輝瑞（Pfizer）	2.5%
AT&T		菲利浦莫里斯（Philip Morris）	2.2%	可口可樂	2.0%	思科（Cisco Systems）	2.4%
通用汽車		殼牌石油	1.9%	默克	1.8%	花旗集團（Citigroup）	2.2%
阿莫科石油（Amoco）		必治妥施貴寶（Bristol-Myers Squibb）	1.6%	菲利浦莫里斯	1.7%	沃爾瑪	2.0%
殼牌石油（Royal Dutch Shell）		默克（Merck & Co）	1.6%	殼牌石油	1.6%	微軟	2.0%
杜邦（Du Pont）		沃爾瑪（Walmart）	1.6%	寶僑（Procter & Gamble）	1.2%	美國國際集團	2.0%
AT&T		AT&T	1.5%	嬌生（Johnson & Johnson）	1.2%	默克	1.8%
雪佛龍（Chevron）		可口可樂	1.4%	IBM	1.1%	英特爾（Intel）	1.7%
2005		**2010**		**2015**		**2020**	
奇異	3.3%	埃克森美孚	3.2%	蘋果	3.3%	蘋果	6.7%
埃克森美孚	3.1%	蘋果	2.6%	Alphabet	2.5%	微軟	5.3%
花旗集團	2.2%	微軟	1.8%	微軟	2.5%	亞馬遜	4.4%
微軟	2.1%	奇異	1.7%	埃克森美孚	1.8%	Alphabet	3.3%
寶僑	1.7%	雪佛龍	1.6%	奇異	1.6%	Meta Platforms	2.1%
美國銀行	1.6%	IBM	1.6%	嬌生	1.6%	特斯拉（Tesla）	1.7%
嬌生	1.6%	寶僑	1.6%	亞馬遜	1.5%	波克夏·海瑟威	1.4%
美國國際集團	1.6%	AT&T	1.5%	富國銀行（Wells Fargo）	1.4%	嬌生	1.3%
輝瑞	1.5%	嬌生	1.5%	波克夏·海瑟威（Berkshire Hathaway）	1.4%	摩根大通	1.2%
菲利浦莫里斯	1.4%	摩根大通	1.5%	摩根大通	1.4%	Visa	1.2%

資料來源：Glodman Sachs Global Investment Research

公司，只有一個在2020年仍在前十名。

　　儘管從過去的經驗可以看到，主導公司可以在自己所屬的產業中長期保持領導地位，但許多公司雖然曾主導一時，卻無法主導一世。關鍵原因就是創新擾亂了市場，或那些公司未能開發新技術。通常它們沒有創新，是因為擔心會侵蝕自己目前在市場上的主導地位。

　　然而，我認為目前主導市場的幾家科技公司在現在的這個週期中，可以比過去幾次科技週期中的企業規模更大，也領跑更長的時間，原因有三。

　　首先，科技業會降低物價。只要這件事情沒有改變，政治人物就沒有實質的動力去攻擊它。從政策的角度來看，科技業可能與銀行、超市、能源這些產業不同。政治人物常常會說，那些產業的利益（例如高存款利率、低食品和能源價格）沒有嘉惠消費者。這並不代表科技公司就不會受監管，但通常被監管的面向會是隱私權和數據使用的問題，或是對心理健康的影響，而非定價。

　　第二，科技越來越常被視為國家安全的重要一環。網路安全、晶片、越來越受重視的AI等科技，都被認為是國家基礎建設和戰略防禦的關鍵。隨著全球地緣政治緊張局勢升溫，這一點變得更加重要。

　　第三，科技業大力投入研發。有鑑於當前的既得利益者現金流充裕，它們有能力維持高投資額，擴大它們的市場「護城河」與未來成長潛力。

為什麼新科技可望提高生產力？

科技創新對生產力的影響很重要，因為它可以影響整體經濟活動，從而影響股市整體價值。在多年的緩慢成長之後，生產力出現了一些改善的跡象（圖表11.8）。有些學者認為，可能與新冠疫情期間的一次性效應有關，但也部分要歸因於J曲線效應（J-curve effect）。[3] J曲線效應指的是網路或AI等帶來

圖表11.8　新科技成功提振生產力：本圖表呈現按通膨與各國物價水準調整後的人均GDP〔以2011年的價格與國際貨幣計算（對數值）〕

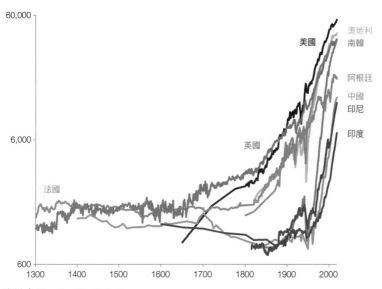

資料來源：Our World in Data

3　Brynjolfsson, E., Rock, D. and Syverson, C. (2021). The Productivity J-Curve: How intangibles complement general purpose technologies. *American Economic Journal: Macroeconomics*, **13**(1), pp. 333-372.

巨變的新科技，需要大量的互補性投資才能充分利用和衡量它們的影響。

　　過去幾十年來生產力也很可能受到低估。因為經濟中的「免費」品成長並沒有被充分衡量。高盛經濟學家指出，如果要完全複製當前智慧型手機最基本的功能，需要超過十種設備和3,000美元。如果沒有考量到Google Maps、具拍照功能的手機、Snapchat等「免費」數位商品的成長，就可能低估經濟活動。[4]在一個實驗設定中，艾瑞克・布林約夫森（Erik Brynjolfsson）等學者要求消費者在放棄社群媒體或支付罰金之間做出選擇。[5]如果從中位數參與者的回應換算，被忽略未計的消費者剩餘高達數兆美元。

　　從歷史經驗可以非常清楚地看出，過往幾波科技浪潮速成的生產力和經濟活動成長幅度都比外界普遍認定的來得低。舉例來說，詹姆士・瓦特（James Watt）在1774年推出了蒸汽機，但直到1812年才出現第一台成功商用的蒸汽火車頭，並且要等到1830年代，英國的人均產出才顯著加速提升，因為這些科技的影響有多大取決於網絡效應。煤炭運輸最終為經濟成長和生產力提供了重大推動力，但在運輸網絡建成之前無法

4　Hatzius, J., Phillips, A., Mericle, D., Hill, S., Struyven, D., Choi, D., et al. (2019). Productivity Paradox v2.0: The price of free goods. Goldman Sachs Global Investment Research. Available at https://publishing.gs.com/content/research/en/reports/2019/07/15/d359dbb5-88ce-4cfb-8fdd-e7687bf2b4e1.html.

5　Brynjolfsson, E., Collis, A. and Eggers, F. (2019). Using massive online choice experiments to meansure changes in well-being. *Proceedings of the National Academy of Sciences*, **116**(15), pp. 7250-7255.

被充分採用。同理，只有當足夠的用戶改用新動力來源時，大規模的固定投資才有辦法回本。與此同時，要先蓋工廠和運輸原料及最終產品的運河，才有辦法使用蒸汽。同理，要從內燃機轉向電力運輸或許在技術上可行，但還是需要整合電力系統與充電點，才有辦法全面普及。

類似的發展模式可以在1880年代的電力時代觀察到。電力的創新直到1920年代工廠真的重新設計，把原本的可行性化為現實之後，才促成生產力大幅成長。[6]1980年代，很多人擔心生產力成長委靡不振，可能代表與科技相關的企業價值遭錯估。1987年，諾貝爾經濟學獎得主羅伯特・索洛（Robert Solow）認為：「除了生產力統計數據外，到處都可以看到電腦時代的痕跡。」[7]這些擔憂在1990年代許多經濟體看到生產力顯著改善時消退了。

資訊科技革命之後可能也會有類似的情況。[8]按照這樣的邏輯，數位革命到現在還沒有提升生產力不無道理。[9]

6　Crafts, N. (2004). Productivity growth in the Industrial Revolution: A new growth accounting perspective. *The Journal of Economic History*, **64**(2), pp. 521-535.

7　Roach, S. S. (2015). Why is technology not boosting productivity? Available at https://www.weforum.org/agenda/2015/06/why-is-technology-not-boosting-productiivty.

8　David, P. A. and Wright, G. (1999). General purpose technologies and surges in productivity: Historical reflections on the future of the ICT revolution. Paper presented at the International Symposium on Economic Challenges of the 21st Century in Historical Perspective, Oxford, 2-4 July.

9　Mühleisen, M. (2018). The long and short of the digital revolution. *Finance and Development*, **55**(2), art. A002.

網路世界中的弱生產力

在上一個週期中，生產力成長令人失望。有些人認為這是悖論，且主張由此可見這些科技的影響有限，因此股價必然是高估了它們的潛力。但是，後現代週期生產力成長可望更亮眼，有下列幾個原因。

首先，持續向電子商務和其他高生產力領域的轉變應該會帶來好處。其次，工作場域的數位化和混合式辦公（辦公室與家裡）的趨勢可能會透過減少通勤、旅行時間來提高生產力。第三，資本成本上升可能會加速科技領域中的「創造性破壞」過程。利潤較低的公司將倒閉（如我們在歷史上的科技浪潮中所見）。第四，也或許是最重要的一點，就是金融危機後的科技時代聚焦「可有可無」的產品，而非「非有不可」的問題解決方案。下個週期的驅動因素則比較可能是側重解決方案的科技。

從「可有可無」到「非有不可」

過去十五年來，幾個最顯著成長的領域是社群媒體、平台公司的建設、便利的交易app。根據網路安全公司RiskIQ的新報告，全球行動app總數已達到八百九十萬個。[10]當然，這些

10　RiskIQ (2021). 2020 Mobile App Threat Landscape Report: Tumultuous year bred new threats, but the app ecosystem got safer. Available at https://www.riskiq.com/wp-content/uploads/2021/01/RiskIQ-2020-Mobile-App-Threat-Landscape-Report.pdf.

app並非全部由新公司開發，也有一些app是為了既有的服務開發的，像是有很多app幫助企業連線到數位平台，讓顧客訂購現有產品，美食外送就是一例。雖然這些app確實有用，但在許多情況下，顧客最終購買的產品並沒有改變。事實上，家庭送貨機制（通常是腳踏車）與一個世紀前相比並沒有比較複雜。此外，根據整合型線上資料庫Statista的估計，2022年下載的app中，超過六成是遊戲，然而手遊不會提升生產力。[11]新科技的採用規模如此之大，以至於有些公司已開始限制員工在特定時間收到的電子郵件數量，以減輕壓力並提高生產力。[12]

隨著我們進入後現代週期，新挑戰將加深對科技作為解決方案的關注，尤其是對能源效率、去碳的重視應該會促使科技公司增加能夠提高效率的投資（而不是把錢投入販賣消費產品）。

與此同時，人口高齡化和勞動參與率的顯著下滑應該會促使公司加強投資機械化，以及用科技替代勞動力。

生產力與AI的影響

最重要的一波科技創新應該是在AI和機器人領域。新語言模型的採用速度驚人。根據Statista彙整的資料，ChatGPT的

---

11 Armstrong, M. (2023). Games dominate global app revenue. Available at https://www.statista.com/chart/29389/global-app-revenue-by-segment/.

12 Clark, P. (2023, June 3). The dismal truth about email. *Financial Times*.

下載量在五天內就破百萬。Netflix達到這一個里程碑所花的時間是ChatGPT的十倍。

這些創新有兩個潛在影響。首先，是對許多現有角色的破壞或替代。其次，是提高生產力和經濟成長，從而有望提振停滯多年的實質收入。如果上述景況成真，實質收入的成長可能會大量催生新的子產業與工作機會。

乍看之下，AI對工作的衝擊令人擔憂。高盛的經濟學家認為，AI可能會取代最多四分之一的現有工作，自動化也可能取代掉三億個現有的全職工作。但是，這並不應該讓人過於擔憂。自動化造成工人失業的問題，通常會被新創造出來的工作或原先難以想像的新產業所抵銷（例如健身產業或餐飲業的激增）。最重要的是，這些經濟學家主張，節省勞動成本和提升留在原崗位的勞工的生產力，有望大幅提振生產力，可能顯著墊高經濟成長率。如果在未來幾十年內，再生能源幾乎免費的願景成為現實，就更是如此。他們預估，光是在美國，生產力成長可能在企業廣泛採用AI後的十年內每年提高近1.5%。換算下來，AI最終可能使全球GDP增加7%。[13]

最近一份研究支持這項論點。研究顯示，自2010年代深度學習技術出現以來，訓練AI模型使用的運算次數大約每六

13　Hatzius, J., Briggs, J., Kodnani, D. and Pierdomenico, G. (2023). The potentially large effects of artificial intelligence on economic growth (Briggs/Kodnani). Goldman Sachs Global Investment Research. Available at https;//publishing. gs.com/content/research/en/reports/2023/03/27/d64e052b-0f6e-45d7-967b-d7be35fabd16.html.

個月就會加倍。[14]比過去六十年作為主流的摩爾定律（Moore's law）算出的翻倍期短了三分之一以上。[15]

美國全國經濟研究所（NBER）近期發布的工作報告研究導入以AI為基礎的對話助理對5,179名客服人員的影響。[16]研究發現，使用該工具後，生產力（以每小時解決的問題數量衡量）平均提高了14%。研究還發現，最大的正面影響是對新員工或低技術勞工的幫助。部分原因是該工具旨在把資深員工的經驗傳承給新員工，使他們能夠更快地成長。此外，AI助理可以改善客戶情緒並提高員工的留任率。這是一個例子，彰顯許多與AI相關的生產力助益也可能幫助到非科技公司，因為它們可以利用AI工具來提高生產力和效率。

AI與科技的「珍珠框架」

那麼有沒有辦法在科技創新的背景下，判斷誰是贏家或輸家？有一種思考模式是建立框架，專注於創新、回應和利用新科技的方法。高盛開發出的「珍珠框架」（PEARLs framework）包含以下幾個部分：

---

14 Sevilla, J., Heim, L., Ho, A., Besiroglu, T., Hobbhahn, M. and Villalobos, P. (2022). Comptue trends across three eras of machine learning. arXiv:2202.05924.

15 摩爾定律指出，每隔大約兩年，晶片上的電晶體數量會翻倍，進而提升電腦的速度與性能。

16 Brynjolfsson, E., Li, D. and Raymond, L. (2023). Generative AI at work. NBER Working Paper No. 31161.

先驅者（pioneers）──早期的創新者。

促進者（enablers）──幫助創新者商轉新科技的公司。

適應者（adaptors）──其他產業中，為了將新科技套用到商業上而改變商業模式的公司。

改革者（reformers）──利用科技來重塑和顛覆其他產業，擴大該科技使用規模的新進者。

落後者（laggards）──面對創新，改變腳步緩慢而被其他公司超越或淘汰的公司。

先驅者

先驅者是新科技的創造者或投入最多資源開發新科技的公司，通常會率先從價格上漲中受益。一般來說，先驅者是最容易辨識的。正如我們所見，這些公司迄今為止表現超越大盤的情況格外顯著，雖然它們的估值依舊較過去週期中的先驅者低，但現金流較強健。

然而，儘管先驅者可能最容易在早期展露頭角，但它們未必是受惠最深的企業。往往會出現更靈活的新進者，甚至可以取代成功的先進者，這一點在線上搜尋引擎領域尤其明顯。不過次級創新通常來自原始技術，且通常由較晚投入的先驅者創造。這類次級創新如果開創出一個嶄新的產品領域，甚至產業，就可能創造顯著的成長。雖然在新科技剛問世的初期階段，不容易識別出這些企業，但它們可能會成為最後幾個大贏家之一。網路世界中，智慧型手機和社群媒體公司都是很好的

例子。

促進者

　　促成科技變革的公司在推動新科技商業化這件事情上，至關重要。在當前的AI浪潮中，促進者包括許多可以讓AI系統廣泛部署的晶片公司。就和先驅者一樣，在科技規模擴大、順利商轉的過程中，這些促進者通常不難識別。但這些公司的長期投資代表什麼，未必那麼直觀。舉例而言，在網路革命中，如果沒有電信公司的參與，網路就不可能商業化也沒辦法擴大規模。電信商促成基礎建設的廣泛建置，而且是它們在投資網絡建設。當時的假設是電信公司因為掌握了「管道」，它們可以獲取最終讓許多其他公司（和消費者）受益的回報。然而，隨著電信商彼此爭搶購買頻寬的許可，並且承擔基礎建設的主要成本，它們沒有辦法實現足夠的投資報酬率來證明當時的高估值是合理的。

　　正如圖表11.9和圖表11.10所示，這些電信公司在此期間的估值成長與科技產業不相上下，但大多未能創造足夠的投資報酬率。

　　到頭來，許多受益者並不是科技的促進者，而是那些在新科技問世的過程中，懂得創新或適應新科技的公司。舉例來說，平台商業世界中的創新者運用新科技來顛覆現有業務並拉高市佔率（例如叫車app）；或是有些開創新的以app為基礎的業務的創新者，而那些業務在網路出現之前不可能存在。

圖表11.9　美國電信公司在2000年代的估值成長與科技業不相上下

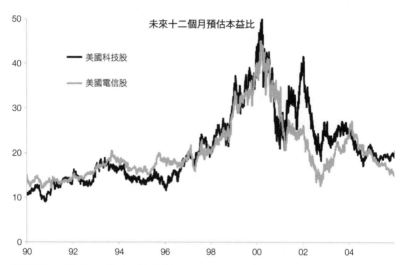

資料來源：Glodman Sachs Global Investment Research

圖表11.10　歐洲電信公司在2000年代的估值成長與科技業不相上下

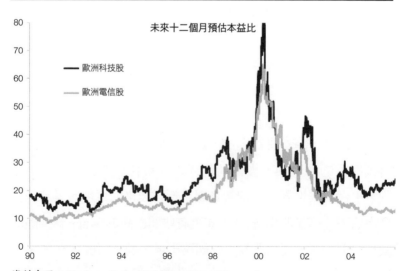

資料來源：Glodman Sachs Global Investment Research

但其他促進者，像是半導體公司，則表現良好。我們認為在AI領域也會出現一樣的狀況。會出現這樣的差異，主要是因為市場存在進入壁壘。關鍵要看這些通常需要巨大資本投入的公司有沒有辦法創造足夠的投資報酬率來支持自己的高估值。

適應者

適應者是非科技業的公司，它們適應新科技的影響並改變自己的商業模式。這些公司相對成功或失敗不容易看出來，例如：懂得利用AI工具來改善醫療和教育服務的公司可能會成為大贏家，那些成功採用AI解決方案來大幅重組業務以降低成本的公司也會勝出。新業務成長領域的創新者，像是數據和事實查核，最終可能會蓬勃發展。最後，消費者可能會因為更便宜的新服務形式而受惠。如果成熟產業的公司全部都採用可以提振效率的新技術，競爭壓力通常會讓消費者成為最大贏家，進而使針對閒暇時間與可支配所得增加設計商業模式的公司得利。

最終，很多事情都得取決於競爭的程度和施行的品質。大多數產業中的公司在1980年代和1990年代都採用了PC並脫離大型主機，儘管這些變化提高了生產力並降低成本，但這是所有競爭者共同面臨的現象，因此主要受益的是消費者。在網路革命中也大致是如此，大多數非科技業的公司已經「上線」，提高效率和服務範圍，但由於幾乎所有公司都這麼做了，競爭

使這些好處大多以服務品質提升、價格下降的形式嘉惠消費者。但無論如何，很多產業都還是出現了主導市場的贏家，要麼是因為它在一開始規模就比別人大，要麼是因為它的執行力更強。以零售業為例，大多數公司都有線上平台，但在某幾個國家，部分主導者在發展全通路銷售方面更成功，並隨著時間過去締造較他人亮眼的表現。

改革者

改革者通常是新進入市場的企業，不會受到遺留成本（legacy cost）的拘束。這些公司可以利用創新來顛覆成熟的非科技產業，藉此創造出比現有競爭對手更有辦法規模化的商業模式。亞馬遜打入零售業、共乘app和線上銀行都是改革者的例子。這些公司的價值水漲船高，因為它們重塑原本主導產業的商業模式和利潤動態，而且可以從既有公司中搶下市佔率並享受高營收成長。

落後者

這些公司通常被認為是隱形的，也許是因為它們在產業中具有主導地位，但出於某種原因，在變革和跟進新的創新方面行動緩慢。由於這些既有公司的估值通常很高，它們面臨的最大風險是被比自己靈活的創新競爭者超越導致估值下修。歷史上有許多名聞遐邇的公司，原本看起來在產業中令人無法望其項背，最後卻被擁有更好、更新技術的靈活公司所超越，經歷

了戲劇性的衰亡。

　　柯達（Kodak）是一個很好的例子。據傳它在1975年發明了第一台數位相機，但工程師未能獲得核准而無法推出產品，理由是管理層擔心數位相機會對傳統相機市場產生負面影響。柯達在2012年申請破產（圖表11.11）。**寶麗來**（Polaroid）的命運類似。到1960年代和1970年代初期，寶麗來已經壟斷了即時攝影市場，並在美國底片市場市佔率約20%、相機市場市佔率15%。雖然寶麗來有投資數位技術，但未能應對新進入市場的大量競爭者，並深信印刷品將永遠是主流（圖表11.12）。

圖表11.11　柯達在1975年研發出世界上第一台數位相機，卻在2012年申請破產：本圖表以相對於最高股價的比率呈現股價走勢

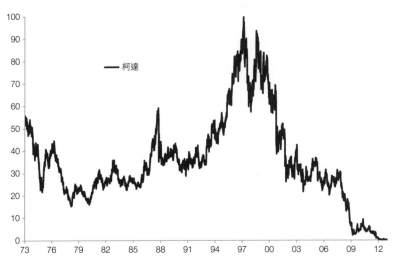

資料來源：Glodman Sachs Global Investment Research

圖表11.12　寶麗來一度壟斷即時攝影市場：本圖表以相對於最高股價的比率呈現股價走勢

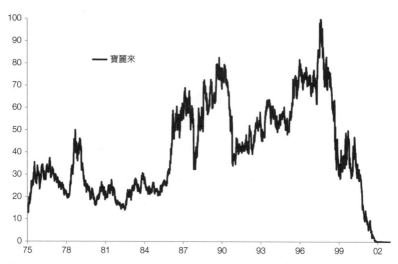

資料來源：Glodman Sachs Global Investment Research

　　全錄（Xerox）是第一家發明PC的公司，但管理層認為要商業化成本太高，而且認定公司的未來要靠影印機。1970年代，全錄坐擁95%的影印機市佔率。

　　百視達影片公司（Blockbuster Video）是一家成功的錄影帶出租公司，引導市場從VHS轉向為DVD，但沒有順利跟上串流媒體的趨勢。2000年，Netflix提議與百視達合作，希望在百視達的門市中宣傳Netflix品牌，以換取由Netflix負責經營百視達的線上業務，但百視達拒絕了Netflix的提議。百視達在2010年申請破產。

　　諸基亞（Nokia）一度佔有全球手機市場的40%以上，佔芬蘭股票市場的70%和芬蘭GDP的約4%。但諾基亞沒有跟上智慧型手機技術的步伐，最終在2013年將手機業務出售給微軟。爾後，諾基亞收購了阿爾卡特朗訊（Alcatel-Lucent），轉而發展電信基礎建設的業務（圖表11.13）。

　　戴爾（Dell）未能跟上科技和消費者需求的變化。大環境中，創新服務的對象從企業客戶轉向消費者，主要的運算平台從桌上型電腦轉向智慧型手機與平板電腦。雲端服務普及讓大多數公司所需的硬體數量減少，戴爾因此被蘋果、亞馬遜和微軟等公司甩在後頭。

圖表11.13　諾基亞在智慧型手機科技上落後他人：本圖表以相對於最高股價的比率呈現股價走勢

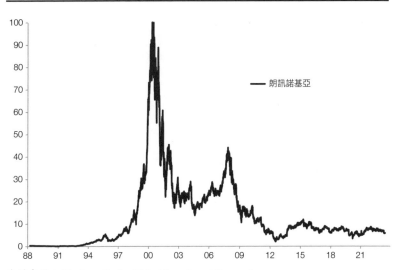

資料來源：Glodman Sachs Global Investment Research

　　不過還是有一些在新進者和新科技出現時，市值崩解的主導企業學會了適應和轉變公司業務。舉例來說，2000年3月，思科成為世界上最有價值的公司，市值超過5,000億美元。主要是因為思科在網路協議中的主導地位，但最後思科的股價崩盤了。隨後思科逐漸發展成為一個扮演重要地位的公司，並將業務轉向線上影片與數據。微軟與愛立信（Ericsson）也做出了類似的調整（圖表11.14）。

　　已經有幾家公司經過大幅估值上修，可以被視為「早期贏家」，也就是在該領域中的先驅者或促進者，這些公司應該會隨著科技規模的擴張繼續締造良好表現。最終，基於原始技術

圖表11.14　微軟在科技泡沫破裂後表現不如大盤，但之後強力反彈：本圖表呈現微軟上市以來股價增幅創造的報酬（1x=100%成長）

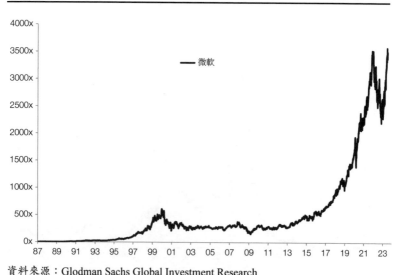

資料來源：Glodman Sachs Global Investment Research

創新的第二波先驅者也可能提供振奮人心的投資機會。隨著時間的推移，比較大的投資機會可能會出現在識別出那些利用AI重塑產業的新改革者上。執行力領先業界又最懂得適應新科技的適應者可能會提供具有吸引力的投資機會。然而，隨著越來越多的公司逐漸適應AI，相對增加的益處應該會移轉到消費者身上。能夠抓住這個機會的公司獲得的利益可望超越市場目前的預期。

第十二章

後現代週期：
「舊經濟」中的機會

全球基礎建設投資需求預計在 2040 年以前將達到 94 兆
美元。如果要達成聯合國訂定的永續發展目標（Sustainable
Development Goals, SDGs），在電力和水資源方面還需要再
投資 3.5 兆美元。

——全球基礎建設中心（Global Infrastructure Hub）

每個時代各自都有些獨特的問題，也經常存在獨特的機會。隨著我們進入後現代週期，人類面臨一連串重大挑戰。地緣政治聯盟的變化、職場的未來、人口老化和環境問題可能會在可預見的未來成為重大議題。

從投資的角度來看，最終目標看起來振奮人心。成功轉向零碳排的世界，不僅會大幅改善人類健康，也顯然有望讓多使用一單位能源的邊際成本趨近於零（無論是從財務角度或地球資源消耗的角度來看都是如此）。國際能源署（International Energy Agency, IEA）估計，即使全球經濟規模預計會在2050年達到現在的二倍，且世界人口會比現在多二十億人，但全球能源需求會低8%。能源及資源使用效率提升、人類行為改變有助於抵銷能源需求的增幅。同理，即便人工智慧（AI）的崛起可能令人生畏也會帶來大幅度的變革，但它會使許多產業的生產力提升並顯著進步。

「舊經濟」中的投資機會

如第八章所述，後金融危機時期股市中最戲劇性的發展之一，就是科技股的優異表現，這很大程度反映了科技業的盈餘及股東權益報酬率成長。在這段期間，許多傳統產業因為產能過剩和低投資報酬率而陷入困境。數位革命的支出大增，有很大一部分是以犧牲實體資產投資為代價。如圖表12.1所示，自

圖表12.1　金融危機以來，多數經濟體中企業資本支出與銷售比率大幅減低：本圖表呈現資本支出佔企業銷售額的比率（％）

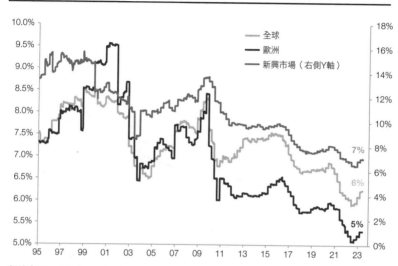

資料來源：Glodman Sachs Global Investment Research

金融危機以來，大多數經濟體的資本支出佔企業銷售比率大幅下滑。

大宗商品整體而言投資前景有限，因為許多商品的價格受全球需求相對疲軟拖累且部分商品供過於求而大幅下跌（圖表12.2）。

超低利率的背景支持了這項**趨勢**，因為它有助於為科技領域中的新事業提供資金，讓科技業者得以享受高流動性及低資本成本。那些沒有獲利且消耗大量創業成本的公司因而可以輕易籌到錢。這些企業的特色是要長期投資才能等到獲利之日，

圖表12.2　能源與大宗商品整體而言投資前景有限：本圖表呈現精煉銅供給 vs. 銅需求（單位：千噸級）

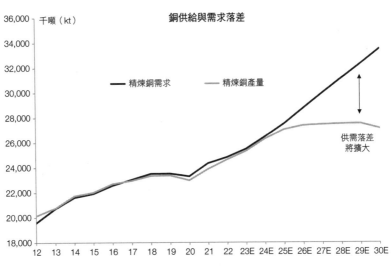

資料來源：Glodman Sachs Global Investment Research

但這件事情並沒有成為阻礙，因為低利率背景代表現金的機會成本（或者說把現金拿來投資其他標的可以獲得的報酬率）非常低。

　　至少有十年以上的時間，輕資本型產業的企業表現遠勝過傳統的資本密集型產業。輕資本企業近來表現相對差，在很大程度上反映了自2021年以來資本成本的上升（圖表12.3）。

　　然而，資本支出的機會集合（opportunity set）正在改變。新的優先事項包括增加國防支出、尋找替代能源來源和去碳化，不僅需要巨額資金，還不能只靠開發智慧型手機應用程式（app）或軟體來實現；它們需要在基礎建設上投入大量資本。

圖表12.3　近來輕資本型產業表現優於資本密集型產業：本圖表呈現全球資本與非資本密集型產業價格報酬率走勢

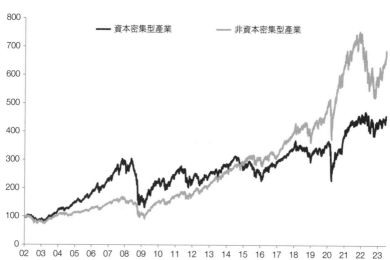

註：資本密集型產業，包括電信服務提供商、汽車與零組件、休閒用品、建築和材料、一般工業、工業運輸、工業材料、工業金屬、礦產、「石油、天然氣與煤炭」、替代能源、「電力、天然氣與水」。非資本密集型產業，包括軟體與運算服務、技術硬體、醫療設備、製藥與生技、消費者服務、家用品、家居物品、個人物品、零售商、飲料、食品生產商、菸草、藥妝店。

資料來源：Glodman Sachs Global Investment Research

國防支出

　　全球國防支出自1970年代以來一直呈下降趨勢（圖表12.4）。根據國際貨幣基金組織（IMF）的數據，全球軍事支出（按未加權國家平均值估算）從冷戰時期（1970年到1990年）佔國內生產毛額（GDP）的3.4%下降到金融危機後

圖表12.4　1970年代以來，全球國防支出呈現下行趨勢：本圖表呈現國防支出佔GDP比重

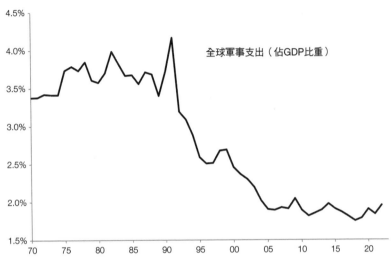

資料來源：SIPRI Military expense Database、IMF

（2010年到2019年）的不到2%。

　　但這樣的趨勢現在出現了變化。根據斯德哥爾摩國際和平研究所（Stockholm International Peace Research Institute, SIPRI）的數據，2021年全球國防支出增加到2兆美元。烏克蘭戰爭可能會進一步帶動這波成長。[1]

　　地緣政治風險上升以及烏克蘭戰爭使許多政府提高國防支出。德國政府已經重新設定後冷戰時期的外交和安全政策，中

1　Marksteiner, A. (2022). Explainer: The proposed hike in German military spending. Available at https://sipri.org/commentary/blog/2022/explainer-proposed-hike-german-military-spending.

止憲法要求的債務上限，並建立了一支 1,000 億歐元的專用基金來資助軍隊現代化。德國還表示，將把提供給北大西洋公約組織（North Atlantic Treaty Organization, NATO）的國防支出增加到 GDP 的 2%，換算下來德國的預算將從 2021 年的 530 億歐元增加到約 700 億歐元。這是德國自 1990 年代初期以來，在國防支出上的一項重大轉變。1990 年代初期至今，德國的國防支出佔 GDP 比重一直維持在 1.0% 到 1.5%。[2]

美國總統拜登簽署了一項 7,680 億美元的國防政策法案，將軍事支出提高 5%；這比他最初的要求金額多出近 500 億美元，因為民主黨和共和黨都認為拜登原始的提案金額不足以應對中國和俄羅斯的軍事進展。

日本也增加了國防預算，終結六十年來穩定的二戰後國安政策。2022 年底發布的新安全戰略指出，「日本的安全環境自二戰以來從未如此嚴峻和複雜」。未來五年，日本計畫花費 43 兆日元（約當 3,130 億美元）加強國防實力，並將軍事支出提高到 GDP 的約 2%。這是一項重大轉變，在此之前，日本自行設定軍事支出不超過 GDP 的 1%。地緣政治現實的變化也反映在供應鏈和國防支出上。《金融時報》在一篇文章中提到，日本藉由與美國及其他盟友更加密切地合作，創造「自由且開放

2　House of Commons Library (2022). Defense spending pledges by NATO members since Russia invaded Ukraine. Available at https://commonslibrary.parliament.uk/defence-spending-pledges-by-nato-members-since-russia-invaded-ukraine/.

的印太地區」以「達成國際關係上的新平衡」。[3]

基礎建設支出

另一個推動實體經濟中資本支出復甦的重要因子是升級基礎建設的迫切需求，同時還需要建立新的基礎建設以滿足不斷增加的人口。這就延伸出了以下問題：誰要付錢？如何讓投資基礎建設的報酬率夠吸引人，以使投資新科技在商業上可行？不過無論如何，需求必然存在。

根據全球基礎建設中心和牛津經濟研究院（Oxford Economics）的數據，全球人口到2040年會增加近二十億人，城市人口會增加近50%（隨著向城市遷移的浪潮增加），這將大幅墊高基礎建設支出。[4]他們估算，到2040年，為了跟上經濟和人口變化的步伐，基礎建設支出的規模可能達到94兆美元。如果要實現聯合國的永續發展目標（SDGs）（包括乾淨水源、衛生和電力），這個金額需要進一步拉高到97兆美元。SDGs要達標，全球基礎建設支出佔GDP的比重得從目前的3%提高到3.7%。

其他預測值都指向類似的投資規模。根據麥肯錫全球研究所（McKinsey Global Institute）的報告，從現在到2030年，建

---

3 Ingaki, K. (2022, December 16). Japan scraps pacifist postwar defence strategy to counter China threat. *Financial Times*.

4 Global Infrastructure Hub (2017). Global infrastructure investment need to reach USD97 trillion by 2040. Available at https://www.gihub.org/meida/global-infrastructure-investment-need-to-reach-usd-97-trillion-by-2040/.

設和維護全球基礎建設的支出將需要57兆美元，超過當今的全球基礎建設總額。[5]這些投資僅僅是為了汰換現有的老舊基礎建設，並反映出全球人口增加對新興經濟體造成的挑戰。

2022年4月26日，中國全國人大財政經濟委員會（CFEAC）的會議上，中國國家主席習近平呼籲全面加強基礎建設投資，並開發現代基礎建設系統。他指出，中國的基礎建設現況仍不足以滿足國家發展的需要，呼籲加強基礎建設投資。在歐洲，基礎建設也是歐洲復甦基金（European Recovery Fund）的核心支柱，這是一個全面性的財政方案，目的是在新冠疫情後重建歐洲經濟。根據歐盟的說法，「下世代歐盟」（NextGenerationEU）這個為了帶動經濟復甦而建立的短期政策工具搭配側重氣候變遷、數位轉型等領域的長期支出計畫，已經促成「歐洲有史以來最大規模的財政方案，總價值超過8,000億歐元」。[6]

綠色支出

減碳的要求或許可說是投資支出中最顯著的變化來源。從基礎建設的角度來看，這項挑戰的規模非常大，國際能源署（IEA）表示：「這必然需要徹底改變我們的生產和運輸

5　McKinsey Global Institute (2013). McKinsey: 57 trillion dollar for global infrastructure. Available at https://www.consultancy.uk/news/153/mckinsey-57-trillion-dollar-for-global-infrastructure.

6　European Commission (2021). Recovery plan for Europe. https://commission.europa.eu/strategy-and-policy/recovery-plan-europe_en.

方式。」[7]

　　根據能源轉型委員會（Energy Transition Commission, ETC）的數據，光是為了實現全球經濟的零碳排目標，2020到2050年間所需的投資總額就會達到3.5兆美元，是目前年均支出約1兆美元的三倍。ETC估算，這些資金中約七成將用於低碳電力的發電、轉型和配電。部分投資將由於化石燃料的投資減少而被抵銷，ETC預測，這將使未來三十年的年均淨成本減少到約3兆美元。[8]

　　越來越多國家宣布會在未來的數十年內達到淨零排放的目標。然而，國際能源署在近期發表的一份報告中說明，即使完全實現政府的承諾，也不足以使全球能源相關的二氧化碳排放量在2050年以前達到淨零目標（達成這項目標有助於防止全球均溫較工業革命前上升超過1.5℃）。[9]報告內容提到，如果要控制全球暖化的速度，各個能源集團必須從今年開始停止新增任何石油與天然氣開採計畫。同時，必須大幅增加對低碳技術的投資——在2030年以前，每年能源投資約5兆美元，遠高於當前的2兆美元規模。

7　International Energy Agency (2021). Net Zero by 2050: A Roadmap for the Global Energy Sector.

8　Energy Transitions Commission (2023). Financing the transition: Making money flow for net zero. Available at https://www.energy-transitions.org/publications/financing-the-transition-etc/.

9　International Energy Agency (2021). Net Zero by 2050: A Roadmap for the Global Energy Sector.

國際能源署還在報告中提供詳細資訊，陳述能源供給的大幅改革。煤炭、石油和天然氣的需求到2050年將因為變革分別下降90%、75%和50%。太陽能將成為單一最大的能源來源，滿足全球能源需求的20%。

能源效率提升意味著到2050年，即使全球經濟規模料將翻倍，全球能源需求應該會較現在低約8%。電力使用將成長，到2050年將佔總能源用量的一半左右。

好消息是，根據聯合國的說法，確保全球新基礎建設計畫與氣候目標相符並不會讓成本大幅上升，但關鍵問題在於初始成本（upfront cost）會上升（儘管它們在投資計畫的生命週期內，基本上都會因為效率提升和省下燃料費用被抵銷）。根據聯合國的數據，「全球南方」（Global South）將佔全球基礎建設投資（每年總額約4兆美元）的三分之二左右，並且將需要國際金融支持。如前所述，儘管成本高昂，但這些新基礎建設案的優勢是可以「跳過」過去低效、雜亂無章、汙染環境的系統，建設可持續的基礎建設。[10]

雖然這些需求的規模可能令人望而生畏，但只要有正確的獎勵措施與投資，這些投資案都是可行的。別忘了在過去的十年間，我們已經看到了能源供給的轉變。美國頁岩氣革命始於2008年，並在爾後十年讓美國轉變為世界上最大的石油和天然氣生產國。頁岩油產量已經差不多要觸頂。由於美國在未來

10 The New Climate Economy (2016). The Sustainable Infrastructure Imperative: Financing for Better Growth and Development.

十年無法繼續依賴頁岩油作為競爭優勢，投資新能源革命的動力增加了，也促使政策獎勵重點轉向。

高盛的分析師估算，再生能源技術可以產生的能源是頁岩油的二倍。到了 2032 年，再生能源可以釋放相當於每天四千三百萬桶油當量的能源，其中 70% 來自「綠色電子」（green electrons，主要是太陽能和風能），30% 來自「綠色分子」（green molecules，主要是氫能和生質能）。分析師也指出，未來十年將有 3 兆美元的基礎建設投資由此而生。[11]

政府政策和支出

為了更新現有的基礎建設並達成減碳要求，需要資本投入，不過應該由誰來支付又是另一回事。話雖如此，在政府計畫達到淨零排放以及「環境、社會和企業治理」（ESG）投資指令相結合下，至少逐漸把將資金導向正確的方向。

雖然所需的投資應該大部分都會來自私部門，但需要政府提出獎勵措施來啟動這些投資。從過去經驗可以看到，投資增加可以靠著規模效益壓低新投資和新技術的成本，從而加速良性循環。

近期的發展令人感到樂觀。2022 年美國簽署《晶片與科

---

11 Della Vigna, M. (2023). The third American energy revolution. Goldman Sachs Global Investment Research. Available at https://publsihing.gs.com/content/research/en/reports/2023/03/22/4b92c394-2af6-4119-b469-0117d9946b71.html.

學法案》將「為美國勞工、社區和企業進行歷史性投資，使其在二十一世紀的競爭中獲勝。這將增強美國製造業、供應鏈和國家安全」。[12]新冠疫情過後，加上地緣政治緊張局勢加劇，各國越來越關切供應鏈韌性及國家安全。2022年的《通膨削減法案》（IRA）是迄今為止美國最具野心且重大的政策干預，美國國會預算辦公室（CBO）估計，IRA關於能源與氣候變遷的條文在2022年到2031年間，將對美國預算造成總計3,910億美元的影響。其中包括約2,650億美元的稅務抵免，藉此激勵企業對再生能源和低碳排燃料的投資。重點在於這套獎勵機制的設計使得大多數潔淨能源產業在大規模生產時有辦法獲利，而獎勵對象應該包含再生電子（如太陽能、風能、儲能、電動車）和再生分子（如生質能、潔淨氫氣、碳捕捉）。這項政策還有一個目標是讓個人在選擇較環保的交通工具和改善居家用能效率時，可以獲得更大的好處，而使這些選項更具吸引力。

　　高盛的分析師預估，IRA可能會在2032年之前花費政府約1.2兆美元，是CBO估計的三倍。不過有一個重點是，這項政策之後可以在2032年以前釋放出約3兆美元的基礎建設投資，也就是原始投資規模的2.5倍。

　　由於IRA的獎勵前提是在美國生產，因此具有保護主義色彩。作為回應，歐洲也提出歐版法案──《綠色新政淨零產業

12　The White House (2022, August 9). FACT SHEET: CHIPS and Science Act will lower costs, create jobs, strengthen supply chains, and counter China.

法》（Green Deal Net Zero Industry Act）。就像各國長年靠著調降企業稅率競搶企業投資，現在他們也在提供補貼和稅務減免上相互競爭，吸引料將推動淨零經濟轉型的新興技術。

　　歐版政策重點聚焦三個核心領域。第一，簡化許可流程，以加速對再生能源的投資。第二，側重「歐洲製造」，以消弭歐洲製造業因為IRA而向美國遷移的風險。為此，歐盟執委會（European Commission）建議，至少40%的潔淨能源設備應在當地生產。歐盟同時也針對關鍵原物料來源訂定《關鍵原物料法案》（Critical Raw Materials Act）。第三，3,750億歐元的資金支持（以補助金、稅務減免、直接投資、貸款的形式發放），這些資金已經獲批〔但尚未依據新冠疫後《復甦法案》（Recovery Act）配置〕。基本上，這整套方案與美國IRA的規模、範疇相匹配，整體而言可以釋放出高達6兆歐元的資金。事實上，到2050年，再生能源可能佔歐盟總發電量的80%到90%，其餘則靠電池、氫氣以及碳捕捉與封存（carbon capture and storage, CCS）產生。[13]

　　這將標誌著與近年來顯著不同的變化。過去這些年來，歐洲整體而言缺乏投資（儘管最近幾年再生能源相關投資呈現上升趨勢）。正如圖表12.5所示，雖然美國和歐洲的總資本支出一直相當平穩，但一籃子歐洲再生能源公司的資本支出卻逆勢

13　Jaisson, G., Oppenheimer, P., Bell, S., Peytavin, L. and Ferrario, A. (2021). Renewables and other companies investing for the future. Goldman Sachs Global Investment Research. Available at https://publsihing.gs.com/content/research/en/reports/2021/06/08/08d49f00-f091-4c9b-ab64-b0a398023f33.html.

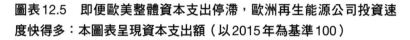

圖表12.5　即便歐美整體資本支出停滯，歐洲再生能源公司投資速度快得多：本圖表呈現資本支出額（以2015年為基準100）

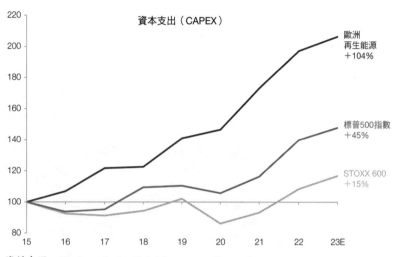

資料來源：Glodman Sachs Global Investment Research

向上。全球再生能源公司的投資數據整體而言也呈現類似的上行趨勢（圖表12.6）。

大宗商品支出

　　另一個應該會吸引投資的領域是大宗商品市場。考量到去碳化的計畫，這可能看起來有悖常理。然而，過渡到去碳化經濟的過程中，整體能源需求將上升，為此，在再生能源發電量可以滿足需求之前，既有能源類型的需求會上升。大宗商品市場的變化通常會是長時間的超級週期，以比爾吉·

圖表12.6　全球再生能源公司的資本支出趨勢相同：本圖表呈現一
籃子全球再生能源公司的資本支出與研發支出（單位：10億歐元）

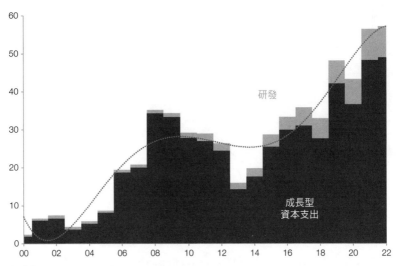

資料來源：Glodman Sachs Global Investment Research

爾頓（Bilge Erten）與荷塞・安多尼奧・歐坎珀（Jose Antonio
Ocampo）的分析為例，十九世紀以來，大宗商品市場已經經
過幾個超級週期。[14]

　　2008年至2009年全球金融危機爆發後，全球需求崩跌中
斷了這個超級週期。標普高盛商品指數（S&P GSCI，衡量大
宗商品市場投資與長時間價格表現變化的基準指標）在接下來
的十年中下跌了60%以上。價格暴跌和極低的資本報酬率加上
與日俱增的ESG政策，削弱了大宗商品產業的資本供給，成

14 Erten, B. and Ocampo, J. A. (2013). Super cycles of commodity prices since the mid-nineteenth century. *World Development*, 44, pp. 14-30.

為全球需求在疫後復甦時，大宗商品價格迅速上漲的背景。

　　雖然有充分理由減少對碳密集型商品的投資，但諷刺的是，從建立在碳氫化合物上的經濟轉型到淨零碳排經濟的過程，必須仰賴許多原物料。銅仍然是電動車、供暖系統、風能和太陽能、能源儲存不可或缺的原料。

　　此外，所謂對銅的「綠色需求」還會對電網需求造成第二輪效應（圖表12.7）。為了建設再生能源基礎建設，各國需要將電網數位化，把使用及運送再生能源的效率推到最大值。數位化電網可以即時監控供給和需求，但它們對銅的需求更高。因此，對綠色投資的需求上升應該會拉高銅的需求量；鋰的情況也類似（圖表12.8）。

圖表12.7　到了2030年，綠色需求將佔額外銅需求的47%

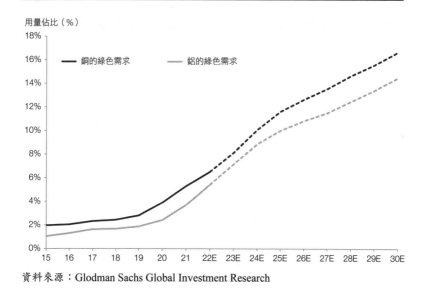

用量佔比（%）

銅的綠色需求　　鋁的綠色需求

資料來源：Glodman Sachs Global Investment Research

圖表 12.8　到了 2030 年，綠色需求將佔鋰需求的約 90%

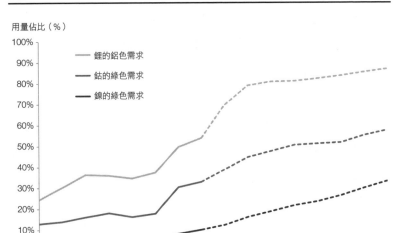

用量佔比（%）

鋰的鋁色需求

鈷的綠色需求

鎳的綠色需求

資料來源：Glodman Sachs Global Investment Research

投資市場如何為資本支出的蓬勃發展提供資金？

　　資本投資需求的規模龐大到嚇人，不過近年這類投資快速增加。在綠色投資方面，聯合國貿易和發展會議（UNCTAD）估計，2020 年全球資本市場中的永續題材投資商品價值增加到 3.2 兆美元，比 2019 年增加超過 80%。到 2020 年中，永續題材投資基金的數量已經增加到近四千檔，比 2019 年增加了 30%。同期間，社會債券（social bonds）與混合型永續債券（mixed-sustainability bond）成長了五倍，主要受非洲開發銀行（African Development Bank）和歐盟這些跨國實體

（supranational entities）激勵。這些投資產品應該有助於透過各種不同的投資工具來為投資需求的增加提供資金，而這裡所說的投資工具，包括永續基金、綠色債券、社會債券、混合型永續債券。[15] 全球 ESG 基金的資金流入量也增加了（圖表 12.9）。

　　舉例而言，過去十年來，投資人在鼓勵企業管理層將氣候變遷納入策略商業計畫這件事情上，態度越來越積極。與氣候相關的股東提案（投票推動企業解決氣候相關問題）在 2011 年

圖表 12.9　全球流入 ESG 基金的資金上升：本圖表呈現累計流入 ESG 與非 ESG 基金的資金（每月 10 億美元）。色塊區域重疊

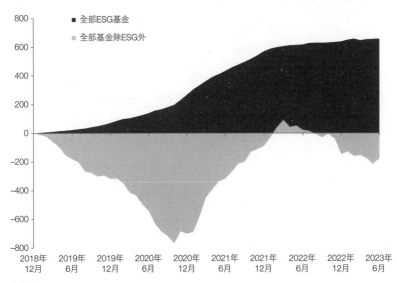

資料來源：Glodman Sachs Global Investment Research

15　United Nations. World Investment Report 2021.

到2020年間幾乎翻倍，之後又進一步增加。根據Proxy Insight
的數據，50%的股東提案都是針對能源公司，又有另外10%是
針對貸款給碳能源生產商的金融機構。2021年「的特徵之一是
環境和社會股東提案背後的動能。這些提案獲得了創紀錄的支
持程度，並顯示投資人投票反對管理層的意願越來越高」。[16]

　　結果是傳統碳能源生產商的資本成本實質上升，反過來推
動了產業內的變化。許多傳統能源公司現在都有投資新的潔淨
能源生產。[17]

工作的未來

　　就業市場的未來充滿了高度的不確定性。如第十一章提到
的，人工智慧（AI）應該會產生重大影響。已開發國家許多
地方面臨人口高齡化的問題，加上「全球南方」人口日益增
加，以及為去碳化提供資金的需求，將帶來重大挑戰。不過這
也會創造新的機會，隨著AI取代許多現有職務，其他工作將
出現。雖然高齡化在已開發經濟體中最為顯著，但許多新興市
場經濟體在未來也將面臨勞動參與率下降的情況。這突顯了即
使對於成長速度較快且人口較多的國家而言，財政負擔依舊沉

16 Smith, J. (2022a). Four key takeaways from the 2022 proxy season. Available at https://
    www.ey.com/en_us/board-matters/four-key-takeaways-from-the-2022-proxy-season.

17 Nathan, A., Galbraith, G. L. and Grimberg, J. (2020). Investing in climate change.
    Goldman Sachs Global Investment Research. Available at https://publishing.gs.com/
    content/research/en/reports/2021/12/13/97ad6bdf-a7c0-4716-80f9-3ee5240036df.html.

重；也彰顯了AI和其他技術解決方案在未來幫助應對這些問題扮演關鍵角色，以及隨著各項進步，勞動力市場的成長機會將如何改變。

根據美國勞工統計局的數據，美國經濟在2021年至2031年間預計將增加八百三十萬個新工作，這當中有許多應該會出現在經濟的傳統領域，特別是與照護相關的產業，例如：醫療保健和「社會援助」（social assistance）預計將增加二百六十萬個工作崗位，居所有領域之冠。在這個領域中，又屬家庭服務相關工作增加最快，這有很大一部分可以歸因於嬰兒潮世代步入高齡，以及慢性疾病越來越普及。[18]

與此同時，為了實現綠色革命所需的資本基礎建設投資也會促進就業。潔淨能源公司已經催生出許多電工、建築工人、機械人員等大量的工作機會。[19]

根據藍綠聯盟（BlueGreen Alliance）近期委託麻州大學阿默斯特分校（University of Massachusetts Amherst）政治經濟研究所（Political Economy Research Institute, PERI）進行的分析顯示，美國的《通膨削減法案》藉由超過一百項氣候、能源和環境的投資，於未來十年內光是在美國就會創造超過九百萬個

18　U.S. Bureau of Labor Statistics (2018). Employment projections: 2018-2028 summary. Available at https://www.bls.gov/news.release/archives/ecopro_09042019.pdf.

19　Climate Power (2023). Clean energy boom: The 142,016 (and counting) new clean energy jobs across the United States. Available at https://climatepower.us/wp-content/uploads/sites/23/2023/04/Clean-Energy-Boom-Report-%E2%80%94-April-2023.pdf.

新的工作。[20]

　　因此，即便AI、機器人和其他技術可能會取代勞工，但它們可能會在傳統領域中創造新機會。此外，許多新的工作將是目前尚不存在的服務相關工作。根據戴爾科技集團（Dell Technologies）在2018年發表的報告〔這份報告由未來研究所（Institute for the Future, IFTF）以及科技、商業、學術專家小組共同編纂〕，2030年的工作中有85%目前尚未產生出來。[21]雖然報告設定的時間點可能過於激進，但它背後的觀念非常重要，那就是未來會有新工作出現，而且這些新工作可以在傳統產業中駕馭技術與新方法進而創造更多新的工作機會。

勿忘懷舊力

　　關於「舊經濟」，我還有最後一點想法。儘管到了後現代週期，科技在經濟與市場中扮演的角色可能會更重要，但我們擁抱科技的程度越高，遺留下來的價值就越大。這似乎是個奇怪的觀點，但歷史告訴我們，取代事物的技術往往會為新市場鋪路。那些新市場會看重那些看似已過時的事物，在這個世界

20　BlueGreen Alliance (2022). 9 Million jobs from climate actions: The Inflation Reduction Act. Available at https://www.bluegreenalliance.org/site/9-million-good-jobs-from-climate-action-the-inflation-reduction-act/.

21　Dell Technologies (2018). Realizing 2030: A divided vision of the future. Realizing 2030: A divided vision of the future. Available at https://www.delltechnologies.com/content/dam/delltechnologies/assets/perspectives/2030/pdf/Realizing-2030-A-Divided-Vision-of-the-Future-Resaerch.pdf.

漸漸把我們推向社交孤立與數位溝通的背景下，尤其是如此。行銷專家越來越常利用「懷舊行銷」的趨勢，看起來這套手法對所謂的千禧世代別具吸引力。[22]

　　這項趨勢橫跨多個產業並為新企業、老企業都帶來顯著成長。對永續及昔日光陰的興趣攜手締造出新的消費者市場。根據研究顧問公司GlobalData為美國二手衣電商ThredUP進行的研究，二手服裝市場的成長速度是傳統零售業的十一倍。這塊全球市場預計在2027年翻倍至3,500億美元。[23]這項趨勢正在加速開展。ThredUP指出，2021年有一億一千八百萬名顧客首次嘗試轉售服裝，而2020年的「轉售新鮮人」只有三千六百二十萬人。與此同時，根據Statista的報告，截至2021年，42%的千禧世代和Z世代受訪者表示他們應該會購買二手物品。[24]《Vogue》、《哈潑時尚》（*Harper's Bazaar*）等時尚雜誌也注意到了這個趨勢。[25, 26]

22　Friedman, L. (2016). Why nostalgia marketing works so well with millennials, and how your brand can benefit. Available at https://www.forbes.com/sites/laurenfriedman/2016/08/02/why-nostalgia-marketing-works-so-well-with-millennials-and-how-your-brand-can-benefit/.

23　ThredUP Resale Report (2023). Available at https://www.thredup.com/resale.

24　Smith, P. (2022b). Female consumer willingness to buy secondhand apparel by age worldwide 2019. Available at https://www.statista.com/statistics/828034/willingness-to-buy-secondhand-itmes-by-age-worldwide/.

25　de Klerk, A. (2021, June 23). Secondhand clothing market set to be twice the size of fast fashion by 2030. *Harper's BAZAAR*.

26　Farra, E. (2020, November 21). 2020 was a big year for old clothes: How vintage, secondhand, and upcycling took off. *Vogue*.

　　還有幾個利用懷舊現象的企業實例。索尼（Sony）最近重新推出隨身聽；電影《捍衛戰士》（*Top Gun*）在2022年票房大開紅盤（首版在1986年上映時也非常成功）；凱特‧布希（Kate Bush）在1985年推出的歌曲《奔越那山嶺》（*Running Up That Hill*，暫譯）因為2021年的影集《怪奇物語》（*Stranger Things*）而再度登上歌曲排行榜榜首，成為她自1978年的《咆哮山莊》（*Wuthering Heights*，暫譯）以來首支英國冠軍單曲；ABBA藉由《ABBA啟航》（*ABBA Voyage*）重現1970年代的成就，這是他們四十年來的首張錄音室專輯，並在倫敦舉辦同名演場會。那是一場虛擬演場會，以四名成員1970年代鼎盛時期的虛擬分身登場演唱。演唱會大獲成功，第一年吸引了超過四百萬名觀眾。這是一個科技創新利用懷舊市場的絕佳案例。[27]

　　對破壞的恐懼往往被高估。舉例來說，當鐵路在十九世紀主導科技時，有人擔心馬匹將不再被需要。但事實證明，鐵路增加了對馬匹的需求，因為還是需要馬匹載運貨物往返車站。[28]這個「最後一哩路」的問題與今天的情況有相似之處。隨著消費者需求轉移到線上，必須有行動通訊與配送解決方案來滿足需求。

27　Kielty, M. K. (2023, April 19). ABBA doesn't know how 'Voyage' show has succeeded. *Ultimate Classic Rock*.

28　Odlyzko, A. (2000). Collective hallucinations and inefficient markets: The British railway mania of the 1840s. Available at SSRN: https://ssrn.com/abstract=1537338 or http://dx.doi.org/10.2139/ssrn.1537338.

科技可以促成非高科技的衍生結果。以應用程式為基礎的業務順利擴大傳統零售商家的規模，並滿足更大的市場。社群媒體和網購的成長也增加了資安和安全問題，讓提供解決方案的企業找到新的市場。因此，解決新科技帶來的問題其實是一個探尋新機會的好地方。

舉例來說，越來越多人上網購買食品，但通常由摩托車、腳踏車和汽車（較舊技術）運送；線上購買消費品也是如此。這反過來又催生出了新公司，利用科技平台更有效率地解決這些物流問題。

騎上你的腳踏車

在城市中出現了一種類似的復古趨勢：共享腳踏車和滑板車。十年前，幾乎沒有人想到腳踏車市場會穩定成長。2022年，全球腳踏車市場估值超過640億美元，預計從2023年到2030年的複合年成長率為9.7%。[29]

更引人注目的是，腳踏車的銷量已經超過汽車。歐洲自行車產業協會（Confederation of the European Bicycle Industry, CONEBI）和歐洲自行車聯盟（European Cyclists' Federation, ECF）針對三十個歐洲國家進行的分析顯示，按照目前的趨勢，到2030年每年歐洲將售出一千萬台自行車，與2019年相

29　Grand View Research (2023a). Bicycle Market Size, Share and Trends Analysis Report, 2023-2030.

比增加47%。以此為基礎計算，歐洲每年售出的三千萬輛自行車將是汽車年銷量的二倍以上。[30]貨運自行車則因為是送貨公司的解決方案而快速銷售出去，雖然現在這些自行車很多都是電動的，不過用自行車送貨是維多利亞時代許多公司採行的送貨機制（圖表12.10）。[31]

　　懷舊行銷價值增加有良好的先例可循。1970年代數位手錶問世時，各界普遍認為機械手錶會消失。但大家都白白擔心了，傳統製錶商重新塑造品牌，並受益於消費者追求品質和復古的趨勢。當今瑞士機械手錶的總價值約為140億瑞士法郎，並持續與時俱進，無畏石英錶、數位錶和智慧型手錶的出現。[32]

　　類似的模式也出現在電影業。1980年代影像科技演進，接著在1997年出現DVD，使電影院將關閉的預期更形普遍，畢竟在家看電影很方便。但事實證明，電影業重生後，成為娛樂業中快速成長的領域。全球電影票房預計到2023年將突破150億美元，並在2027年達到180億美元以上。[33]電影工作室靠著結合院線業務與串流媒體來適應新時代，創造新的收入來源。

30　Sutton M. (2020, December 2). Annual bike sales to run at more than double new car registrations by 2030. *Cycling Industry News*.

31　Market Prospects (2022). The rising popularity of cargo bikes. Available at https://www.market-prospects.com/index.php/articles/popularity-of-cargo-bikes.

32　Shahbandeh, M. (2021). Swiss watch industry – statistics & facts. Available at https://www.statista.com/topics/7813/swiss-watch-industry/.

33　Statista (2023). Cinema tickets – worldwide. Available at https://www.statista.com/oulook/dmo/eservices/event-tickets/cinema-tickets/worldwide.

圖表12.10　二十世紀Hirondelle Saint Etienne貨運自行車的廣告：本圖擷取自 *La Manufacture Française D'Armes et Cycles de Saint-Étienne* 這份法國郵購目錄

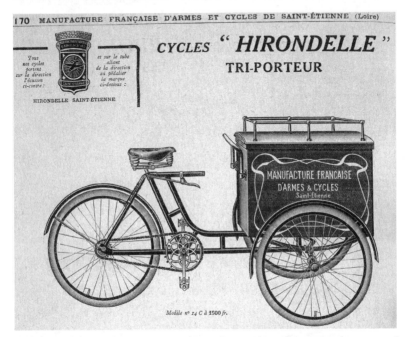

圖片來源：Art Media/Print Collector/Getty Images. https://www.gettyimages.com/detail/news-photo/hirondelle-saint-etienne-delivery-tricycle-advertisement-news-pohto/463927375

就連黑膠唱片都在年輕人之間捲土重來。年輕人受到黑膠唱片的復古風格吸引，光是2018年在英國就賣出超過四百萬張符合排行榜資格的專輯。[34]根據美國唱片業協會（Recording

34 Asprou, E. (2019, October 22). Vinyl records to outsell CDs in 2019 for the first time in 40 years. Classic FM.

Industry Association of America）的數據，2020年黑膠唱片帶來的收入自1986年以來首度超過CD。黑膠唱片銷售按價值計算年成長了28.7%，達到6.26億美元（雖然還是只佔唱片業總營收的5.2%）。CD創造的收入下滑了23%至4.83億美元，延續長期下降的趨勢。這是一個有趣的例子，取代過時技術的新技術最終也可能被淘汰。[35]

作為零售業快速變化和往往不可預測的證據，即是連鎖唱片行HMV即將重新開設在倫敦的旗艦店。[36]販售往日情懷的生意高速成長。2018年，Google的數據顯示「復古」（nostalgia）是網路上與時尚相關的搜尋中最常見的搜尋詞。[37]

在二十一世紀、一個高度數位化的世界中，幾乎所有人都連上了網路，尖端科技威脅著工作與企業的存亡。在這樣的背景下，歐洲最大的企業是LVMH這一個事實別具意義。這是一家販賣歷史品牌的遺產價值的公司，它由兩家老公司合併而成：1987年由路易威登（Louis Vuitton，成立於1854年）和酩悅軒尼詩（Moet Hennessy）。酩悅軒尼詩成立於1971年，本身也是兩家企業合併後的果實：香檳生產商酩悅

35 Friedlander, P. (2021). Year-end 2020 RIAA revenues statistics. Available at https://www.riaa.com/wp-content/uploads/2021/02/2020-Year-End-Music-Industry-Revenue-Report.pdf.

36 Foster, A. (2023, April 28). HMV's flagship Oxford Street store to reopen. BBC News.

37 Fashion Technology Accelerator (2022). Second-hand business growth: Vintage today. Available at https://www.ftaccelerator.it/blog/second-hand-business-vintage/.

（Moet & Chandon，成立於1743年）和干邑白蘭地生產商軒尼詩（Hennessy，成立於1765年）。LVMH的網站自述，公司開發的品牌「完美地將它們過去數百年來為客戶體現的精神結合在一起」。在撰寫本文時，這個銷售老字號奢侈品牌的業務讓集團執行長兼董事長貝爾納‧阿爾諾（Bernard Arnault）成為世界上第二富有的人〔僅次於伊隆‧馬斯克（Elon Musk）〕，個人淨資產估值超過2,000億美元。[38]

隨著科技普及和個人藉由網路進行交流而增加對科技的依賴，人對「真實性」和人際連結的重視應該會增加。這樣的重視會喚醒懷舊的意象，那種數位化之前更單純的生活。在各種不同的產品類別中，都出現類似的情況，食品也不例外。根據市調公司Grand View Research的數據，「職人」（artisanal）烘焙產品市場在2022年全球估值為951.3億美元，預計從2023年到2030年複合年成長率達到5.7%。[39]

在這個瞬息萬變又充滿不確定的世界中，讓消費者在「過去」的舒適感中找到慰藉的公司，應該會在後現代週期中繁榮發展。

38　Forbes Wealth Team (2023). The top ten richest people in the world. Available at https://www.forbes.com/sites/forbeswealthteam/article/the-top-ten-richest-people-in-the-world/.

39　Grand View Research (2023b). Artisanal Bakery Products Market Size, Share and Trends Analysis Reports, 2023-2030.

第十三章

摘要與總結

過去總是令人緊張，未來則完美無瑕。

——查蒂・史密斯（Zadie Smith）

週期

　　從市場的歷史可以看出週期與更長期的趨勢（超級週期）所依循的模式。在《高盛首席分析師教你看懂進場的訊號》一書中，我回顧了歷史上的市場週期，並指出幾個重要指標。那些指標可以幫助投資人找出反覆出現的規律以及可能促成市場轉折點的因子。在這本書中，我把重點放在長期趨勢。大多數週期都是在這些長期趨勢中演變。

　　儘管經濟和政治環境截然不同，股市的週期仍往往會周而復始地反覆推進。在過去七十年間，這些週期通常可以分為四個不同的階段，每個階段由不同的因素驅動（例如對未來成長率或估值變化的預期）：

1. **絕望階段**。市場從高峰下跌到谷底的時期，也被稱為熊市。價格平均在十四個月內下跌約35%。

2. **希望階段**。這個階段通常不長（在美國平均是九個月），市場從谷底估值反彈，或本益比擴張。之所以會進入希望階段，是因為市場預期經濟即將復甦，推升了股市本益比。價格在九個月內平均年化漲幅67%。

3. **成長階段**。這個階段通常持續最久（在美國平均為四十九個月），這段期間企業營收成長拉高投資報酬率。價格在四十五個月內平均年化漲幅7%。

4. **樂觀階段**。這是一個完整週期的最後一環，投資人變得

越來越有信心，甚至自滿，估值再次上升並超過盈餘成長，成為下一次市場修正的基礎。這個階段的價格上升主要由心理因素驅動。價格在二十一個月內平均年化漲幅34%。

由此推斷，投資人應該竭盡所能地避免遇上絕望階段。不過熊市也分成以下幾種類型：

- **結構性熊市**：由結構性失衡與金融泡沫引起。大部分都是某件事情造成價格突然重挫，例如：通貨緊縮、銀行危機。結構性熊市平均股價跌幅57%，持續四十二個月，需要一百一十一個月名目股價才會回到原點（如果考量通膨，實質股價要恢復到原本的水準需要一百一十六個月）。
- **週期性熊市**：通常由利率上升、經濟衰退和利潤下滑引起。這是經濟週期的一部分。週期性熊市平均股價跌幅31%，持續二十六個月，名目股價需要四十八個月復甦（實質股價需要六十一個月才能回到熊市前的水準）。
- **事件驅動型熊市**：由一次性衝擊引發，不會導致國內經濟衰退，也不會暫時性擾亂週期進程。常見的觸發因素是戰爭、油價衝擊、新興市場危機或市場技術性問題。這些熊市的主要驅動因素是風險溢酬上升，而不是利率上升觸發。事件驅動型熊市平均股價跌幅29%，持續八

個月。名目股價十三個月內就可以回到熊市前的水準
（實質股價需要五十五個月）。

超級週期

短期週期固然重要，但長期趨勢或超級週期對投資報酬率
的影響更大。在這本書中，我討論了一些影響金融市場的極
長期趨勢，包括經濟活動、通膨與利率、政府債務、社會不平
等。除此之外，社會態度、政策和地緣政治也會顯著影響投資
報酬率。

整體而言，對於股票等風險性資產來說，上述長期趨勢有
些可以用「高波動、低報酬」來描述。也就是說，在相對較長
的一段時間裡，週期繞著相對變化不大的報酬率波動。其他的
趨勢則是世俗牛市（secular bull markets），也就是長期上升的
週期。這些週期在上升趨勢內繼續運行。

「高波動、低報酬」的時期通常還是可以為投資人提供重
要機會，但Alpha係數（市場內部的差異）比Beta係數（指數
水準的變動）更重要。遇上「高波動、低報酬」的時期，投資
人比較沒辦法仰賴估值擴張創造報酬，而是要靠企業長時間利
用股息與再投資為股東創造複合報酬的能力。

從二戰結束到2020年，已開發經濟體總共經歷了下列五
個主要的超級週期。每個週期都有不同的驅動因素和報酬特
徵，這是經濟、政治和社會驅動因素共同作用的結果：

- 1949年到1968年：**總報酬率1,109%，年化報酬率14%**。這段期間經濟成長強勁，各國積極成立官方機構且地緣政治風險溢酬較低。嬰兒潮和快速的科技變革創造強勁的消費榮景。

- 1968年到1982年：**總實質報酬率–39%，年化報酬率–4%**。這個時期的特徵是高利率和高通膨、勞工反動、全球貿易崩潰與政府赤字上升。

- 1982年到2000年：**總實質報酬率1,356%，年化報酬率16%**。這段時間被我稱為現代週期，因為它與之前的傳統週期相比，持續的時間較長且波動性較小。這個時期主導市場的因素是通膨與資本成本下降。經濟中的供給面改革提振了企業利潤率。蘇聯解體拉低風險溢酬並開啟了全球化時代。

- 2000年到2009年：**總實質報酬率–58%，年化報酬率–9%**。這是一個由泡沫主導的時期。2000年的科技泡沫崩潰主導了這個超級週期的第一部分。利率下降的背景在美國房市吹出泡沫，也成為戳破泡沫的最後一根稻草。隨之而來的金融危機讓市場陷入深度的結構性熊市。

- 2009年到2020年：**總實質報酬率417%，年化報酬率16%**。這是一個由零利率和量化寬鬆（QE）主導的時期。估值上升和美國股票市場及科技的主導地位使成長股和價值股之間的差距加大。

新冠疫情引發了一次短暫的事件驅動型熊市，美國股票市場總實質報酬率下降了34%。不過，各國政府（在還有空間的情況下）降息、擴大QE、提供巨大的財政支持、成功推動疫苗接種促成強勁的反彈。2021年，標普500指數上漲了27%（如果計入股息則是29%），在自1962年以來的所有年度報酬率中排名第85百分位。消費者因為封鎖政策而被迫網購使科技業再次主導市場，通膨與利率走揚使市場進入一個新的「高波動、低報酬」的市場範疇。

後現代週期

萌芽中的後現代週期由以下不同驅動因素的組合促成：

1. **資本成本上升**。不管是名目或（經通膨調整的）實質收益在這個週期中應該都會上升。

2. **成長趨勢放緩**。人口與生產力成長速度放緩拖累全球成長趨勢。

3. **從全球化轉向區域化**。我們逐漸進入一個由科技驅動的區域化時代。生產成本與勞動密集度降低讓企業得以回流本土，或進行近岸外包。去碳化強調增加本地生產。與此同時，不斷加劇的地緣政治緊張和保護主義貿易政策正在創造不同的商業動機。

4. **勞動力成本與大宗商品成本上漲**。在過去的二十年中，

能源和勞動力都很便宜又充足。但現在我們正逐漸擺脫疫情，並進入一個勞動力和大宗商品市場更加緊縮的環境。

5. **政府支出與債務增加**。接下來這個時期，管制會增加、政府擴張（佔GDP比重提升）、稅負加重、企業利息支出上升、企業獲利佔GDP比重可能降低。

6. **資本支出與基礎建設支出上升**。在未來十年內，簡化供應鏈的需求以及來自安全和ESG的需求，加上對國防和去碳化支出上升，可能會推高資本支出。

7. **人口結構變化**。許多已開發經濟體的人口高齡化不僅推高扶養比，也使政府的成本負擔增加，政府因此增加借款與徵稅。

隨著我們進入後現代週期，新挑戰將增加各界對於科技解決方案的關注。特別是對能源效率和去碳化的關注，應該會讓投資人偏好以提升效率為目標的科技公司（相較於販售產品給消費者的企業）。

與此同時，高齡化人口和勞動參與率顯著下降，應該會促使企業增加對機械化與勞動替代技術的投資。

人工智慧（AI）的出現將帶來深遠的影響。首先，它將摧毀或取代許多現有工作。其次，它將藉由提振生產力和成長率，提高停滯多年的實質收入。如果成真，實質收入的增加將催生出大量的新產業和工作機會。

　　後現代週期還可能為「舊經濟」中的成熟產業帶來重大機會。資本支出的機會集合正在改變。增加國防支出、尋找替代能源供應、去碳化這些新的關注重點不僅所費不貲，還不能只靠開發手機app或軟體實現；而是需要大量資本支出來有效重塑現代經濟。此外，許多傳統的勞動密集型、高固定成本的產業可能會成為AI的主要受益者，因為它們可以靠AI提高效率並降低成本。

　　在數位化（甚至是虛擬）程度越來越高的世界裡，消費者應該會珍視傳統。懷舊已經是一塊很大的市場，並且可能進一步成長。高科技和傳統可以共存。在美國，最大的公司是科技公司，而在歐洲，最大的公司生產手工製作的高端皮革製品和時尚產品。對投資人來說，懂得辨別與挑選投資標的是獲利關鍵，正如對企業而言最重要的是創新與調適。

參考文獻

第一章　介紹週期與長期趨勢

Akerlof, G. A. and Shiller, R. J. (2010). *Animal Spirits: How Human Psychology Drives the Economy, and Why It Matters for Global Capitalism.* Princeton, NJ: Princeton University Press.

Aristotle (1944). *Aristotle in 23 Volumes,* Book V, section 1311b, translated by H. Rackham. London: Heinemann (Cambridge, MA: Harvard University Press).

Baddeley, M. (2010). Herding, social influence and economic decision-making: Socio-psychological and neuroscientific analyses. *Philosophical Transactions of The Royal Society, Series B*, **365**, pp. 281–290.

Basu, D. (2016). Long waves of capitalist development: An empirical investigation. University of Massachusetts Amherst, Department of Economics Working Paper No. 2016-15.

Borio, C. (2013). On time, stocks and flows: Understanding the global macroeconomic challenges. *National Institute Economic Review*, **225**(1), pp. 3–13.

Borio, C. (2014). The financial cycle and macroeconomics: What have we learnt? *Journal of Banking & Finance*, **45**, pp. 182–198.

Borio, C., Disyatat, P. and Juselius, M. (2013). Rethinking potential output:

Embedding information about the financial cycle. BIS Working Paper No. 404.

Bruno, V. and Shin, H. S. (2015). Cross-border banking and global liquidity. *Review of Economic Studies*, **82**(2), pp. 535–564.

Dhaoui, A., Bourouis, S. and Boyacioglu, M. A. (2013). The impact of investor psychology on stock markets: Evidence from France. *Journal of Academic Research in Economics*, **5**(1), pp. 35–59.

Eckstein, O. and Sinai, A. (1986). The mechanisms of the business cycle in the postwar era. In R. J. Gordon (ed.), *The American Business Cycle: Continuity and Change*. Chicago, IL: University of Chicago Press, pp. 39–122.

Evans, R. (2014, May 23). How (not) to invest like Sir Isaac Newton. *The Telegraph*.

Fama, E. F. (1970). Efficient capital markets: A review of theory and empirical work. *The Journal of Finance*, **25**(2), pp. 383–417.

Filardo, A., Lombardi, M. and Raczko, M. (2019). Measuring financial cycle time. Bank of England Staff Working Paper No. 776.

Fisher, I. (1933). The debt-deflation theory of great depressions. *Econometrica*, **1**(4), pp. 337–357.

Kahneman, D. and Tversky, A. (1979). Prospect theory: An analysis of decision under risk. *Econometrica*, **47**(2), pp. 263–292.

Keynes, J. M. (1936). *The General Theory of Employment, Interest, and Money*. London: Palgrave Macmillan.

Kindleberger, C. (1996). *Manias, Panics and Crashes*, 3rd ed. New York: Basic Books.

Klingberg, F. J. (1952). The historical alternation of moods in American foreign policy. *World Politics*, **4**(2), pp. 239–273.

Loewenstein, G., Scott, R. and Cohen, J. D. (2008). Neuroeconomics. *Annual Review of Psychology*, **59**, pp. 647–672.

Mackay, C. (1852). *Extraordinary Popular Delusions and the Madness of Crowds*, 2nd ed. London: Office of the National Illustrated Library.

Malmendier, U. and Nagel, S. (2016). Learning from inflation experiences. *The Quarterly Journal of Economics*, **131**(1), pp. 53–87.

Minsky, H. P. (1975). *John Maynard Keynes*. New York: Columbia University Press.

Minsky, H. P. (1986). *Stabilizing an Unstable Economy: A Twentieth Century Fund Report*. New Haven, CT: Yale University Press.

Minsky, H. P. (1992). The Financial Instability Hypothesis. Jerome Levy Economics Institute Working Paper No. 74. Available at SSRN: https://ssrn.com/abstract=161024 or http://dx.doi.org/10.2139/ssrn.161024.

Odlyzko, A. (2010). Collective hallucinations and inefficient markets: The British railway mania of the 1840s. Available at SSRN: https://ssrn.com/abstract=1537338 or http://dx.doi.org/10.2139/ssrn.1537338.

Rose, R. and Urwin, D. W. (1970). Persistence and change in Western party systems since 1945. *Political Studies*, **18**(3), pp. 287–319.

Schlesinger, A. M. (1999). *The Cycles of American History*. Boston, MA: Houghton Mifflin.

Shaw, E. S. (1947). Burns and Mitchell on business cycles. *Journal of Political Economy*, **55**(4), pp. 281–298.

Shiller, R. J. (1981). Do stock prices move too much to be justified by subsequent changes in dividends? *The American Economic Review*, **71**(3), pp. 421–436.

Shiller, R. J. (2000). *Irrational Exuberance*. Princeton, NJ: Princeton

University Press.

Soros, G. (2014). Fallibility, reflexivity, and the human uncertainty principle. *Journal of Economic Methodology*, **20**(4), pp. 309–329.

Thompson, K. W., Modelski, G. and Thompson, W. R. (1990). Long cycles in world politics. *The American Historical Review*, **95**(2), pp. 456–457.

Wilde, O. (1889). *The Decay of Lying: A Dialogue*. London: Kegan Paul, Trench & Co.

Zullow, H. M. (1991). Pessimistic ruminations in popular songs and news magazines predict economic recession via decreased consumer optimism and spending. *Journal of Economic Psychology*, **12**(3), pp. 501–526.

第二章　股市週期及其驅動因素

Oppenheimer, P., Jaisson, G., Bell, S. and Peytavin, L. (2022). Bear repair: The bumpy road to recovery. Goldman Sachs Global Investment Research, Global Strategy Paper. Available at https://publishing. gs.com/content/research/en/reports/2022/09/07/8ebbd20c-9099-4940-bff2-ed9c31aebfd9.html.

第三章　超級週期及其驅動因素

Alfani, G. (2021). Economic inequality in preindustrial times: Europe and beyond. *Journal of Economic Literature*, **59**(1), pp. 3–44.

Álvarez-Nogal, C. and De La Escosura, L. P. (2013). The rise and fall of Spain (1270–1850). *The Economic History Review*, **66**(1), pp. 1–37.

Basu, D. (2016). Long waves of capitalist development: An empirical investigation. University of Massachusetts Amherst, Department of

Economics Working Paper No. 2016-15.

Bernanke, B. S. (2005). The global saving glut and the U.S. current account deficit. Speech at the Sandridge Lecture, Virginia Association of Economics, Richmond, VA, March 10.

Bernanke, B. S. (2010). Causes of the recent financial and economic crisis. Testimony before the Financial Crisis Inquiry Commission, Washington, D.C.

Bernanke, B. S., Bertaut, C. C., DeMarco, L. P. and Kamin, S. (2011). International capital flows and the returns to safe assets in the United States, 2003–2007. International Finance Discussion Paper No. 1014.

Bolt, J. and van Zanden, J. L. (2020). The Maddison Project. Maddison-Project Working Paper No. WP-15.

Broadberry, S. (2013). Accounting for the Great Divergence: Recent findings from historical national accounting. London School of Economics and CAGE, Economic History Working Paper No. 184.

Broadberry, S., Campbell, B., Klein, A., Overton, M., and van Leeuwen, B. (2011). *British Economic Growth, 1270–1870: An Output-Based Approach*. Cambridge: Cambridge University Press.

Bryan, M. (2013). The Great Inflation. Available at https://www. federalreservehistory.org/essays/great-inflation.

Costa, L. F., Palma, N., and Reis, J. (2013). The great escape? The contribution of the empire to Portugal's economic growth, 1500–1800. *European Review of Economic History*, **19**(1), pp. 1–22.

Drehmann, M., Borio, C. and Tsatsaronis, K. (2012). Characterising the financial cycle: Don't lose sight of the medium term! BIS Working Paper No. 380.

Fouquet, R. and Broadberry, S. (2015). Seven centuries of European economic growth and decline. *Journal of Economic Perspectives*, **29**(4), pp. 227–244.

King, S. D. (2023). *We Need to Talk About Inflation: 14 Urgent Lessons from the Last 2,000 Years*. New Haven, CT: Yale University Press.

Lindert, P. H. (1986). Unequal English wealth since 1670. *Journal of Political Economy*, **94**(6), pp. 1127–1162.

Lunsford, K. G. and West, K. (2017). Some evidence on secular drivers of US safe real rates. Federal Reserve Bank of Cleveland Working Paper No. 17-23.

MacFarlane, H. and Mortimer-Lee, P. (1994). Inflation over 300 years. Bank of England.

Maddison, A. (2001). *The World Economy: A Millennial Perspective*. Paris: OECD.

Malanima, P. (2011). The long decline of a leading economy: GDP in central and northern Italy, 1300–1913. *European Review of Economic History*, **15**(2), pp. 169–219.

McCombie, J. S. L. and Maddison, A. (1983). Phases of capitalist development. *The Economic Journal*, **93**(370), pp. 428–429.

Owen, J. (2012). Old Coppernose – quantitative easing, the medieval way. Royal Mint.

Piketty, T. (2014). *Capital in the Twenty-First Century*. Translated by A. Goldhammer. Cambridge, MA: The Belknap Press of Harvard University Press.

Piketty, T. (2020). *Capital and Ideology*. Translated by A. Goldhammer. Cambridge, MA: Harvard University Press.

Poghosyan, T. (2015). How do public debt cycles interact with financial cycles? IMF Working Paper No. 15(248).

Ritter, J. R. and Warr, R. S. (2002). The decline of inflation and the bull market of 1982–1999. *The Journal of Financial and Quantitative Analysis*, **37**(1), pp. 29–61.

Roser, M. (2013). Economic growth. Available at https://ourworldindata. org/economic-growth.

Schmelzing, P. (2020). Eight centuries of global real interest rates, R-G, and the 'suprasecular' decline, 1311–2018. Bank of England Staff Working Paper No. 845.

Schön, L. and Krantz, O. (2012). The Swedish economy in the early modern period: Constructing historical national accounts. *European Review of Economic History*, **16**(4), pp. 529–549.

Schön, L. and Krantz, O. (2015). New Swedish historical national accounts since the 16th century in constant and current prices. Department of Economic History, Lund University. Lund Papers in Economic History No. 140.

Shirras, G. F. and Craig, J. H. (1945). Sir Isaac Newton and the currency. *The Economic Journal*, **55**(218/219), pp. 217–241.

Stockhammer, E. and Gouzoulis, G. (2022). Debt–GDP cycles in historical perspective: The case of the USA (1889–2014). *Industrial and Corporate Change*, **32**(2), pp. 317–335.

Summers, L. H. (2014). U.S. economic prospects: Secular stagnation, hysteresis, and the zero lower bound. *Business Economics*, **49**(2), pp. 65–73.

Szreter, S. (2021). The history of inequality: The deep-acting ideological and institutional influences. IFS Deaton Review of Inequalities.

Thomas, R. and Dimsdale, N. (2017). A Millennium of UK Macroeconomic Data. Bank of England OBRA Dataset.

van Zanden, J. L. and van Leeuwen, B. (2012). Persistent but not consistent: The growth of national income in Holland 1347–1807. *Explorations in Economic History*, **49**(2), pp. 119–130.

第四章　1949年到1968年：二戰後繁榮時代

Anstey, V. (1943). *World Economic Survey, 1941–42* [Book Review]. *Economica*, **10**(38), pp. 212–214.

Crafts, N. (2020). Rebuilding after the Second World War: What lessons for today? Warwick Economics Department, CAGE Research Centre.

Crafts, N. F. R. (1995). The golden age of economic growth in Western Europe, 1950–1973. *The Economic History Review*, **48**(3), pp. 429–447.

Eduqas (2018). *Austerity, Affluence and Discontent: Britain, 1951–1979* [GCSE History Resource].

Federal Reserve Bank of Boston (1984). *The International Monetary System: Forty Years After Bretton Woods*. Boston, MA: Federal Reserve Bank of Boston.

Frankel, R. S. (2021). When were credit cards invented: The history of credit cards. Available at https://www.forbes.com/advisor/credit-cards/history-of-credit-cards/.

Glyn, A., Hughes, A., Lipietz, A. and Singh, A. (1988). The rise and fall of the golden age. United Nations University WIDER Working Paper No. 43/1988.

Goss, J. (2022). *Design, 1950–75*. Essay – The Metropolitan Museum of Art.

International Monetary Fund (2020). The end of the Bretton Woods System (1972–81). Available at https://www.imf.org/external/about/

histend.htm.

Kim, W. (2022). Television and American consumerism. *Journal of Public Economics*, **208**, art. 104609.

Miller, A., Berlo, J. C., Wolf, B. J. and Roberts, J. L. (2018). *American Encounters: Art, History, and Cultural Identity*. Washington, D.C.: Washington University Libraries.

Notestein, F. W. (1983). Frank Notestein on population growth and economic development. *Population and Development Review*, **9**(2), pp. 345–360.

Powell, J. H. (2020). New economic challenges and the Fed's monetary policy review. Speech (via webcast) at Navigating the Decade Ahead: Implications for Monetary Policy, an economic policy symposium sponsored by the Federal Reserve Bank of Kansas City, Jackson Hole, WY, 27th August.

Reinhart, C. M., Kirkegaard, J. F. and Sbrancia, M. B. (2011). Financial repression redux. Available at https://www.imf.org/external/pubs/ft/fandd/2011/06/pdf/reinhart.pdf.

Rose, J. (2021). Yield curve control in the United States, 1942 to 1951. Available at https://www.chicagofed.org/publications/economic-perspectives/2021/2.

Statista (2023). Average annual growth in the economic output of Western European countries during the Golden Age from 1950 to 1970. Available at https://www.statista.com/statistics/730758/western-europe-economic-manufacturing-output-growth-golden-age/.

The Economic Times (2008, July 1). General Motors's stock skids to 1950s level.

The National WWII Museum (2013). *Thanks to Penicillin... He Will Come*

Home! The Challenge of Mass Production [Lesson Plan from the Education Department].

United Nations (2017). Post-war reconstruction and development in the Golden Age of Capitalism. *World Economic and Social Survey 2017*, pp. 23–48.

Vonyó, T. (2008). Post-war reconstruction and the Golden Age of economic growth. *European Review of Economic History*, **12**(2), pp. 221–241.

Whiteley, N. (1987). Toward a throw-away culture. Consumerism, 'style obsolescence' and cultural theory in the 1950s and 1960s. *Oxford Art Journal*, **10**(2), pp. 3–27.

第五章　1968年到1982年：通貨膨脹與低報酬率

Boughton, J. M. (2002). Globalization and the silent revolution of the 1980s. *Finance & Development*, **39**(1), pp. 40–43.

Bryan, M. (2013). The Great Inflation. Available at https://www.federalreservehistory.org/essays/great-inflation.

Church, M. (1976, November 29). Catching up with punk. *The Times*.

Fletcher, N. (2018). "If only I could get a job somewhere": The emergence of British punk. Young Historians Conference, 19. Available at https://pdxscholar.library.pdx.edu/younghistorians/2018/oralpres/19.

Hodgson, J. D. and Moore, G. H. (1972). *Analysis of Work Stoppages, 1970*. U.S. Department of Labor, Bulletin 1727.

Irwin, D. A. (1994). The new protectionism in industrial countries: Beyond the Uruguay Round. IMF Policy Discussion Paper No. 1994/005.

Lydon, J., Matlock, G., Cook, P. T. and Jones, S. P. (1976). *No Future*.

Maddison Database (2010). https://www.rug.nl/ggdc/

historicaldevelopment/maddison/releases/maddison-database-2010?lang=en.

Meltzer, A. H. (1991). US policy in the Bretton Woods era. *Federal Reserve Bank of St. Louis Review*, **73**(3), pp. 54–83.

Schwenk, A. E. (2003). Compensation in the 1970s. *Compensation and Working Conditions*, **6**(3), pp. 29–32.

Siegel, J. J. (2014). *Stocks for the Long Run: The Definitive Guide to Financial Market Returns & Long-Term Investment Strategies*. New York: McGraw-Hill Education.

United Nations Department of Economic and Social Affairs (2017). World Economic and Social Survey 2017: Reflecting on Seventy Years of Development Policy Analysis. New York: United Nations.

第六章　1982年到2000年：現代週期

Bernanke, B. (2004). The Great Moderation: Remarks before the Meetings of the Eastern Economic Association, Washington, D.C.

Boughton, J. M. (2002). Globalization and the silent revolution of the 1980s. *Finance & Development*, **39**(1), pp. 40–43.

Boughton, J. M. (2012). *Tearing Down Walls: The International Monetary Fund, 1990–1999*. Washington, D.C.: International Monetary Fund.

Brookings (2001). The long and large decline in U.S. output volatility. Available at https://www.brookings.edu/articles/the-long-and-large-decline-in-u-s-output-volatility/.

Corsetti, G., Pesenti, P. and Roubini, N. (1998a). What caused the Asian currency and financial crisis? Part I: A macroeconomic overview. NBER Working Paper No. 6833.

Corsetti, G., Pesenti, P. and Roubini, N. (1998b). What caused the Asian currency and financial crisis? Part II: The policy debate. NBER Working paper No. 6834.

Côté, D. and Graham, C. (2004). Convergence of government bond yields in the euro zone: The role of policy harmonization. Bank of Canada Working Paper No. 2004-23.

Crafts, F. R. N. (2004). The world economy in the 1990s: A long run perspective. Department of Economic History, London School of Economics, Working Paper No. 87/04.

Cutts, R. L. (1990). Power from the ground up: Japan's land bubble. *Harvard Business Review*, **May/Jun**. https://hbr.org/1990/05/power-from-the-ground-up-japans-land-bubble.

Dabrowski, M. (2022). Thirty years of economic transition in the former Soviet Union: Macroeconomic dimension. *Russian Journal of Economics*, **8**(2), pp. 95–121.

Danielsson, J., Valenzuela, M. and Zer, I. (2016). Learning from history: Volatility and financial crises. FEDS Working Paper No. 2016-93.

Encyclopaedia Britannica (1987). President Ronald Reagan speaking at the Berlin Wall, 1987. https://www.britannica.com/story/mr-gorbachev-tear-down-this-wall-reagans-berlin-speech.

Feldstein, M. (1994). American economic policy in the 1980s: A personal view. In M. Feldstein (ed.), *American Economic Policy in the 1980s*. Chicago, IL: University of Chicago Press, pp. 1–80.

Fox, J. (2017). The mostly forgotten tax increases of 1982–1993. Available at https://www.bloomberg.com/view/articles/2017-12-15/the-mostly-forgotten-tax-increases-of-1982-1993.

Hodkinson, S. (2019). *Safe as Houses: Private Greed, Political Negligence and Housing Policy After Grenfell*. Manchester: Manchester

University Press.

Hoj, J., Kato, T. and Pilat, D. (1995). Deregulation and privatisation in the service sector. OECD Economic Studies No. 25.

International Monetary Fund. Money Matters: An IMF Exhibit – The Importance of Global Cooperation. Debt and Transition (1981–1989), Part 4 of 7. Available at https://www.imf.org/external/np/exr/center/mm/eng/dt_sub_3.htm.

Johnston, E. (2009, January 6). Lessons from when the bubble burst. *The Japan Times*.

Laffer, A. (2004). The Laffer Curve: Past, present, and future. Available at https://www.heritage.org/taxes/report/the-laffer-curve-past-present-and-future.

Lankes, H., Stern, N., Blumenthal, M. and Weigl, J. (1999). Capital flows to Eastern Europe. In M. Feldstein (ed.), *International Capital Flows*. Chicago, IL: University of Chicago Press, pp. 57–110.

Miller, M., Weller, P. and Zhang, L. (2002). Moral hazard and the US stock market: Analysing the 'Greenspan Put'. *The Economic Journal*, 112(478), pp. C171–C186.

Okina, K., Shirakawa, M. and Shiratsuka, S. (2001). The asset price bubble and monetary policy: Experience of Japan's economy in the late 1980s and its lessons. *Monetary and Economic Studies*, 19(S1), pp. 395–450.

Parry, T. R. (1997). The October '87 crash ten years later. FRBSF Economic Letter, Federal Reserve Bank of San Francisco.

Pera, A (1989). Deregulation and privatisation in an economy-wide context. *OECD Journal: Economic Studies*, 12, pp. 159–204.

Piketty, T. (2014). *Capital in the Twenty-First Century*. Translated by

A. Goldhammer. Cambridge, MA: The Belknap Press of Harvard University Press.

Ritter, J. R. and Warr, R. S. (2002). The decline of inflation and the bull market of 1982–1999. *The Journal of Financial and Quantitative Analysis*, **37**(1), pp. 29–61.

Stock, J. H. and Watson, M. W. (2002). Has the business cycle changed and why? *NBER Macroeconomics Annual*, **17**, pp. 159–218.

Syed, M. and Walsh, J. P. (2012). The tiger and the dragon. *Finance & Development*, **49**(3), pp. 36–39.

The Economist (1997, April 3). Freedom in the air.

The Economist (2002, June 27). Coming home to roost.

Turner, G. (2003). *Solutions to a Liquidity Trap: Japan's Bear Market and What It Means for the West*. London: GFC Economics.

Wessel, D. (2018). For the Fed, is it 1998 all over again? Available at https://www.brookings.edu/articles/for-the-fed-is-it-1998-all-over-again/.

Williamson, J. (1998). Globalization: The concept, causes, and consequences. Keynote address to the Congress of the Sri Lankan Association for the Advancement of Science, Colombo, Sri Lanka, 15th December.

第七章　2000年到2009年：泡沫與困境

Berkshire Hathaway (2022). Annual Report.

Cohen, B. H. and Remolona, E. M. (2001). Overview: Financial markets prove resilient. *BIS Quarterly Review*, **Dec**, pp. 1–12.

Gompers, P. A. and Lerner, J. (2004). *The Venture Capital Cycle*, 2nd ed. Cambridge, MA: MIT Press.

Gordon, J. N. (1999). Deutsche Telekom, German corporate governance, and the transition costs of capitalism. Columbia Law School, Center for Law and Economic Studies, Working Paper No. 140.

Hayes, A. (2023). Dotcom bubble definition. Available at https://www.investopedia.com/terms/d/dotcom-bubble.asp.

Makinen, G. (2002). *The Economic Effects of 9/11: A Retrospective Assessment*. Congressional Research Service Report RL31617.

Mason, P. (2011, October 7). Thinking outside the 1930s box. BBC News.

McCullough, B. (2018). A revealing look at the dot-com bubble of 2000 — and how it shapes our lives today. Available at https://ideas.ted.com/an-eye-opening-look-at-the-dot-com-bubble-of-2000-and-how-it-shapes-our-lives-today/.

Norris, F. (2000, January 3). The year in the markets; 1999: Extraordinary winners and more losers. *New York Times*.

Oppenheimer, P. C. (2020). *The Long Good Buy*. Chichester: Wiley.

Perez, C. (2009). The double bubble at the turn of the century: Technological roots and structural implications. *Cambridge Journal of Economics*, **33**(4), pp. 779–805.

Pezzuto, I. (2012). Miraculous financial engineering or toxic finance? The genesis of the U.S. subprime mortgage loans crisis and its consequences on the global financial markets and real economy. *Journal of Governance and Regulation*, **1**(3), pp. 113–124.

Romer, C. and Romer, D. (2017). New evidence on the aftermath of financial crises in advanced countries. *American Economic Review*, **107**(10), pp. 3072–3118.

Skeel, D. (2018). History credits Lehman Brothers' collapse for the 2008 financial crisis. Here's why that narrative is wrong. Available at https://www.brookings.edu/articles/history-credits-lehman-brothers-collapse-for-the-2008-financial-crisis-heres-why-that-narrative-is-wrong/.

The Financial Crisis Inquiry Commission (2011). The CDO machine. *Financial Crisis Inquiry Commission Report*, Chapter 8. Stanford, CA: Financial Crisis Enquiry Commission at Stanford Law.

Torres, C., Ivry, B. and Lanman, S. (2010). Fed reveals Bear Stearns assets it swallowed in firm's rescue. Available at https://www.bloomberg.com/news/articles/2010-04-01/fed-reveals-bear-stearns-assets-swallowed-to-get-jpmorgan-to-rescue-firm.

Weinberg, J. (2013). The Great Recession and its aftermath. Available at https://www.federalreservehistory.org/essays/great-recession-and-its-aftermath.

第八章　2009年到2020年：後金融危機週期與零利率時代

Antolin, P., Schich, S. and Yermi, J. (2011). The economic impact of protracted low interest rates on pension funds and insurance companies. *OECD Journal: Financial Market Trends*, **2011**(1), pp. 237–256.

Balatti, M., Brooks, C., Clements, M. P. and Kappou, K. (2016). Did quantitative easing only inflate stock prices? Macroeconomic evidence from the US and UK. Available at SSRN: https://ssrn.com/abstract=2838128 or http://dx.doi.org/10.2139/ssrn.2838128.

Belke, A. H. (2013). Impact of a low interest rate environment – global liquidity spillovers and the search-for-yield. Ruhr Economic Paper No. 429.

Bernanke, B. S. (2005). The global saving glut and the U.S. current account deficit. Speech at the Sandridge Lecture, Virginia Association of Economics, Richmond, VA, March 10.

Borio, C., Piti, D. and Rungcharoenkitkul, P. (2019). What anchors for the natural rate of interest? BIS Working Paper No. 777.

Caballero, R. J. and Farhi, E. (2017). The safety trap. *The Review of Economic Studies*, **85**(1), pp. 223–274.

Christensen, J. and Krogstrup, S. (2019). How quantitative easing affects bond yields: Evidence from Switzerland. Available at https://res. org.uk/mediabriefing/how-quantitative-easing-affects-bond-yields-evidence-from-switzerland/.

Christensen, J. H. E. and Speigel, M. M. (2019). Negative interest rates and inflation expectations in Japan. *FEBSF Economic Letter*, **22**.

Cunliffe, J. (2017). The Phillips curve: Lower, flatter or in hiding? Speech given at the Oxford Economics Society. Available at https://www. bankofengland.co.uk/speech/2017/jon-cunliffe-speech-at-oxford-economics-society.

Gagnon, J., Raskin, M., Remache, J. and Sack, B. (2011). The financial market effects of the Federal Reserve's large-scale asset purchases. *International Journal of Central Banking*, **7**(1), pp. 3–43.

Gilchrist, S. and Zakrajsek, E. (2013). The impact of the Federal Reserve's large-scale asset purchase programs on corporate credit risk. NBER Working Paper No. 19337.

Lazonick, W. (2014). Profits without prosperity. *Harvard Business Review*, **Sept**. https://hbr.org/2014/09/profits-without-prosperity.

Lian, C., Ma, Y. and Wang, C. (2018). Low interest rates and risk taking: Evidence from individual investment decisions. *The Review of Financial Studies*, **32**(6), pp. 2107–2148.

OECD Business and Finance Outlook (2015). Chapter 4: Can pension funds and life insurance companies keep their promises?

Summers, L. H. (2015). Demand side secular stagnation. *American Economic Review*, **105**(5), pp. 60–65.

第九章　疫情與「高波動、低報酬」再現

Averstad, P., Beltrán, A., Brinkman, M., Maia, P., Pinshaw, G., Quigley, D., *et al.* (2023). McKinsey Global Private Markets Review: Private markets turn down the volume. Available at https://www.mckinsey.com/industries/private-equity-and-principal-investors/our-insights/mckinseys-private-markets-annual-review.

Cerclé, E., Bihan, H. and Monot, M. (2021). Understanding the expansion of central banks' balance sheets. Banque de France Eco Notepad, Post No. 209.

Deloitte Center for Financial Services (2021). The rise of newly empowered retail investors. Available at https://www2.deloitte.com/content/dam/Deloitte/us/Documents/financial-services/us-the-rise-of-newly-empowered-retail-investors-2021.pdf?ref=zoya-blog.

Franck, T. and Li, Y. (2020, March 8). 10-year Treasury yield hits new all-time low of 0.318% amid historic flight to bonds. CNBC.

Haley, B. (2022). Venture capital 2021 recap—a record breaking year. Available at https://insight.factset.com/venture-capital-2021-recap-a-record-breaking-year.

Harari, D., Keep, M. and Brien, P. (2021). Coronavirus: Effect on the economy and public finances. House of Commons Briefing Paper No. 8866.

Kaissar (2021). GameStop Furor Inflicts Lasting Pain on Hedge Funds.

Bloomberg.

Koetsier, J. (2020). 97% of executives say Covid-19 sped up digital transformation. Available at https://www.forbes.com/sites/johnkoetsier/2020/09/10/97-of-executives-say-covid-19-sped-up-digital-transformation/.

Levy, A. (2021, December 24). Here are the top-performing technology stocks of 2021. CNBC.

Matthews, S. (2020). U.S. jobless rate may soar to 30%, Fed's Bullard says. Available at https://www.bloomberg.com/news/articles/2020-03-22/fed-s-bullard-says-u-s-jobless-rate-may-soar-to-30-in-2q.

Mueller-Glissmann, C., Rizzi, A., Wright, I. and Oppenheimer, P. (2021). The Balanced Bear – Part 1: Low(er) returns and latent drawdown risk. GOAL – Global Strategy Paper No. 27.

Organisation for Economic Co-operation and Development (2020). G20 GDP Growth – First quarter of 2020.

Ponciano, J. (2021). Is the stock market about to crash? Available at https://www.forbes.com/sites/jonathanponciano/2021/02/12/is-the-stock-market-about-to-crash/.

Reed, S. and Krauss, C. (2020, April 20). Too much oil: How a barrel came to be worth less than nothing. *The New York Times*.

Sandford, A. (2020, April 2). Coronavirus: Half of humanity on lockdown in 90 countries. Euronews.

Scheid, B. (2020). Top 5 tech stocks' S&P 500 dominance raises fears of bursting bubble. Available at https://www.spglobal.com/marketintelligence/en/news-insights/latest-news-headlines/top-5-tech-stocks-s-p-500-dominance-raises-fears-of-bursting-bubble-59591523.

Strauss, D. (2020, September 23). Pandemic knocks a tenth off incomes of workers worldwide. *Financial Times*.

UNESCO (2020). Education: From school closure to recovery. Available at https://www.unesco.org/en/covid-19/education-response.

United States Census Bureau (2022). Impacts of the COVID-19 pandemic on business operations. Available at https://www.census.gov/library/publications/2022/econ/2020-aces-covid-impact.html.

Waters, R. (2022, August 1). Venture capital's silent crash: When the tech boom met reality. *Financial Times*.

第十章　後現代週期

Acemoglu, D. and Autor, D. (2011). Chapter 12 – Skills, tasks and technologies: Implications for employment and earnings. *Handbook of Labor Economics*, **4**(Part B), pp. 1043–1171.

Adrian, T., Crump, R. K. and Moench, E. (2013). Pricing the term structure with linear regressions. FRB of New York Staff Report No. 340. Available at SSRN: https://ssrn.com/abstract=1362586 or http://dx.doi.org/10.2139/ssrn.1362586.

Autor, D. (2022). The labor market impacts of technological change: From unbridled enthusiasm to qualified optimism to vast uncertainty. NBER Working Paper No. w30074. Available at SSRN: https://ssrn.com/abstract=4122803 or http://dx.doi.org/10.2139/ssrn.4122803.

Bergquist, A.-K. and Söderholm, K. (2016). Sustainable energy transition: The case of the Swedish pulp and paper industry 1973–1990. *Energy Efficiency*, **9**(5), pp. 1179–1192.

Cigna, S., Gunnella, V. and Quaglietti, L. (2022). Global value chains:

Measurement, trends and drivers. ECB Occasional Paper No. 2022/289.

Congressional Budget Office (2021). Budgetary effects of climate change and of potential legislative responses to it. CBO Publication No. 57019.

Crowe, D., Haas, J., Millot, V., Rawdanowicz, Ł. and Turban, S. (2022). Population ageing and government revenue: Expected trends and policy considerations to boost revenue. OECD Economics Department Working Paper No. 1737.

Daly, K. and Gedminas, T. (2022). The path to 2075 — slower global growth, but convergence remains intact. Goldman Sachs Global Investment Research, Global Economics Paper. Available at https://publishing.gs.com/content/research/en/reports/2022/12/06/af8feefc-a65c-4d5e-bcb6-51175d816ff1.html.

Della Vigna, M., Bocharnikova, Y., Mehta, N., Choudhary, U., Bhandari, N., Modak, A., et al. (2023). Top projects 2023: Back to growth. Goldman Sachs Global Investment Research. Available at https://publishing.gs.com/content/research/en/reports/2023/06/27/bcd4ad94-6106-4bb8-9133-fa35a6bfa730.html.

Della Vigna, M., Clarke, Z., Shahab, B., Mehta, N., Bhandari, N., Amorim, B., et al. (2022). Top projects 2022: The return of the energy investment cycle. Goldman Sachs Global Investment Research. Available at https://publishing.gs.com/content/research/en/reports/2022/04/19/ae5c2010-d7ef-400c-b8e7-1cf25650ef17.html.

Dunz, N. and Power, S. (2021). *Climate-Related Risks for Ministries of Finance: An Overview*. Washington, DC: The Coalition of Finance Ministers for Climate Action.

Fengler, W. (2021). The silver economy is coming of age: A look at the growing spending power of seniors. Available at https://www. brookings.edu/articles/the-silver-economy-is-coming-of-age-a-look-at-the-growing-spending-power-of-seniors/.

Fukuyama, F. (1992). *The End of History and the Last Man*. New York: Free Press.

Gunnella, V. and Quaglietti, L. (2019). The economic implications of rising protectionism: A Euro area and global perspective. ECB Economic Bulletin No. 3.

Habakkuk, H. J. (1962). *American and British Technology in the Nineteenth Century: The Search for Labour-Saving Inventions*. Cambridge: Cambridge University Press.

Hollinger, P. (2022, May 24). European business leaders fear rising protectionism. *Financial Times*.

International Labour Organization and Organization for Economic Co-operation and Development (2019). New job opportunities in an ageing society. Paper presented at the 1st Meeting of the G20 Employment Working Group, 25–27 February 2019, Tokyo, Japan.

International Monetary Fund (2022). Global Debt Database.

Juhász, R., Lane, N., Oehlsen, E. and Pérez, V. C. (2023). *Trends in Global Industrial Policy*. Industrial Analytics Platform.

Medlock, K. B. (2016). The shale revolution and its implications for the world energy market. *IEEJ Energy Journal*, **Special Issue**, pp. 89–95.

Myers, J. (2021). This is what people think about trade and globalization. World Economic Forum.

Oppenheimer, P., Jaisson, G., Bell, S., Peytavin, L. and Graziani, F. (2022). The Postmodern Cycle: Positioning for secular change.

Goldman Sachs Global Investment Research, Global Strategy Paper. Available at https://publishing.gs.com/content/research/en/reports/2022/05/09/521c316d-2d20-4784-b955-57641712e9d0.html.

Organisation for Economic Co-operation and Development (2017). Towards a better globalisation: How Germany can respond to the critics. Better Policies Series.

Oxenford, M. (2018). The lasting effects of the financial crisis have yet to be felt. Chatham House Expert Comment.

President Clinton (2000). The United States on track to pay off the debt by end of the decade. Available at https://clintonwhitehouse5.archives.gov/WH/new/html/Fri_Dec_29_151111_2000.html.

PwC (2021). *The Potential Impact of Artificial Intelligence on UK Employment and the Demand for Skills*. A Report by PwC for the Department for Business, Energy and Industrial Strategy.

Roser, M. and Rodés-Guirao, L. (2019). Future population growth. Available at https://ourworldindata.org/population-growth.

Rowsell, J. (2022, August 19). What's behind the rise in trade protectionism? *Supply Management*.

Roy, A. (2022). *Demographics Unravelled: How Demographics Affect and Influence Every Aspect of Economics, Finance and Policy*. Chichester: Wiley.

Smolyansky, M. (2023). End of an Era: The Coming Long-Run Slowdown in Corporate Profit Growth and Stock Returns. Available at: https://www.federalreserve.gov/econres/feds/end-of-an-era-the-coming-long-run-slowdown-in-corporate-profit-growth-and-stock-returns.htm.

The White House (2022). The Impact of Artificial Intelligence on the

Future of Workforces in the European Union and the United States of America. Available at https://www.whitehouse.gov/wp-content/uploads/2022/12/TTC-EC-CEA-AI-Report-12052022-1.pdf.

The White House (2023a). Joint Statement from the United States and India. Available at https://www.whitehouse.gov/briefing-room/statements-releases/2023/06/22/joint-statement-from-the-united-states-and-india/.

The White House (2023b). Remarks by National Security Advisor Jake Sullivan on Renewing American Economic Leadership at the Brookings Institution. Available at https://www.whitehouse.gov/briefing-room/speeches-remarks/2023/04/27/remarks-by-national-security-advisor-jake-sullivan-on-renewing-american-economic-leadership-at-the-brookings-institution/.

Thompson, W. R. (1986). Polarity, the long cycle, and global power warfare. *Journal of Conflict Resolution*, **30**(4), pp. 587–615.

United Nations (2022). *World Population Prospects 2022: Summary of Results*. New York: United Nations Department of Economic and Social Affairs.

第十一章　後現代週期與科技

Armstrong, M. (2023). Games dominate global app revenue. Available at https://www.statista.com/chart/29389/global-app-revenue-by-segment/.

Baskin, J. S. (2013). The internet didn't kill Blockbuster, the company did it to itself. Available at https://www.forbes.com/sites/jonathansalembaskin/2013/11/08/the-internet-didnt-kill-blockbuster-the-company-did-it-to-itself/.

Brynjolfsson, E., Collis, A. and Eggers, F. (2019). Using massive online choice experiments to measure changes in well-being. *Proceedings of the National Academy of Sciences*, **116**(15), pp. 7250–7255.

Brynjolfsson, E., Li, D. and Raymond, L. (2023). Generative AI at work. NBER Working Paper No. 31161.

Brynjolfsson, E., Rock, D. and Syverson, C. (2021). The Productivity J-Curve: How intangibles complement general purpose technologies. *American Economic Journal: Macroeconomics*, **13**(1), pp. 333–372.

Chancellor, E. and Kramer, C. (2000). *Devil Take the Hindmost: A History of Financial Speculation*. New York: Plume Books.

Clark, P. (2023, June 3). The dismal truth about email. *Financial Times*.

Crafts, N. (2004). Productivity growth in the Industrial Revolution: A new growth accounting perspective. *The Journal of Economic History*, **64**(2), pp. 521–535.

David, P. A. and Wright, G. (1999). General purpose technologies and surges in productivity: Historical reflections on the future of the ICT revolution. Paper presented at the International Symposium on Economic Challenges of the 21st Century in Historical Perspective, Oxford, 2–4 July.

Hatzius, J., Briggs, J., Kodnani, D. and Pierdomenico, G. (2023). The potentially large effects of artificial intelligence on economic growth (Briggs/Kodnani). Goldman Sachs Global Investment Research. Available at https://publishing.gs.com/content/research/en/reports/2023/03/27/d64e052b-0f6e-45d7-967b-d7be35fabd16.html.

Hatzius, J., Phillips, A., Mericle, D., Hill, S., Struyven, D., Choi, D., *et al.* (2019). Productivity Paradox v2.0: The price of free goods. Goldman Sachs Global Investment Research. Available at https://publishing.

gs.com/content/research/en/reports/2019/07/15/d359dbb5-88ce-4cfb-8fdd-e7687bf2b4e1.html.

Mühleisen, M. (2018). The long and short of the digital revolution. *Finance and Development*, **55**(2), art. A002.

Odlyzko, A. (2000). Collective hallucinations and inefficient markets: The British railway mania of the 1840s. Available at SSRN: https://ssrn.com/abstract=1537338 or http://dx.doi.org/10.2139/ssrn.1537338.

RiskIQ (2021). 2020 Mobile App Threat Landscape Report: Tumultuous year bred new threats, but the app ecosystem got safer. Available at https://www.riskiq.com/wp-content/uploads/2021/01/RiskIQ-2020-Mobile-App-Threat-Landscape-Report.pdf.

Roach, S. S. (2015). Why is technology not boosting productivity? Available at https://www.weforum.org/agenda/2015/06/why-is-technology-not-boosting-productivity.

Sevilla, J., Heim, L., Ho, A., Besiroglu, T., Hobbhahn, M. and Villalobos, P. (2022). Compute trends across three eras of machine learning. arXiv:2202.05924.

Smith, D. K. and Alexander, R. C. (1999). *Fumbling the Future: How Xerox Invented, then Ignored, the First Personal Computer*. Bloomington, IN: iUniverse.

第十二章　後現代週期：「舊經濟」中的機會

Asprou, E. (2019, October 22). Vinyl records to outsell CDs in 2019 for the first time in 40 years. Classic FM.

BlueGreen Alliance (2022). 9 Million jobs from climate action: The Inflation Reduction Act. Available at https://www.bluegreenalliance.org/site/9-million-good-jobs-from-climate-action-the-inflation-reduction-act/.

Climate Power (2023). Clean energy boom: The 142,016 (and counting) new clean energy jobs across the United States. Available at https://climatepower.us/wp-content/uploads/sites/23/2023/04/Clean-Energy-Boom-Report-%E2%80%94-April-2023.pdf.

de Klerk, A. (2021, June 23). Secondhand clothing market set to be twice the size of fast fashion by 2030. *Harper's BAZAAR*.

Dell Technologies (2018). Realizing 2030: A divided vision of the future. Available at https://www.delltechnologies.com/content/dam/delltechnologies/assets/perspectives/2030/pdf/Realizing-2030-A-Divided-Vision-of-the-Future-Research.pdf.

Della Vigna, M. (2023). The third American energy revolution. Goldman Sachs Global Investment Research.

Energy Transitions Commission (2023). Financing the transition: Making money flow for net zero. Available at https://www.energy-transitions.org/publications/financing-the-transition-etc/.

Erten, B. and Ocampo, J. A. (2013). Super cycles of commodity prices since the mid-nineteenth century. *World Development*, **44**, pp. 14–30.

European Commission (2021). Recovery plan for Europe. Available at https://commission.europa.eu/strategy-and-policy/recovery-plan-europe_en.

Farra, E. (2020, November 21). 2020 was a big year for old clothes: How vintage, secondhand, and upcycling took off. *Vogue*.

Fashion Technology Accelerator (2022). Second-hand business growth: Vintage today. Available at https://www.ftaccelerator.it/blog/second-hand-business-vintage/.

Forbes Wealth Team (2023). The top ten richest people in the world.

Available at https://www.forbes.com/sites/forbeswealthteam/article/the-top-ten-richest-people-in-the-world/.

Foster, A. (2023, April 28). HMV's flagship Oxford Street store to reopen. BBC News.

Friedlander, P. (2021). Year-end 2020 RIAA revenues statistics. Available at https://www.riaa.com/wp-content/uploads/2021/02/2020-Year-End-Music-Industry-Revenue-Report.pdf.

Friedman, L. (2016). Why nostalgia marketing works so well with millennials, and how your brand can benefit. Available at https://www.forbes.com/sites/laurenfriedman/2016/08/02/why-nostalgia-marketing-works-so-well-with-millennials-and-how-your-brand-can-benefit/.

Global Infrastructure Hub (2017). Global infrastructure investment need to reach USD97 trillion by 2040. Available at https://www.gihub.org/media/global-infrastructure-investment-need-to-reach-usd97-trillion-by-2040/.

Grand View Research (2023a). Bicycle Market Size, Share and Trends Analysis Report, 2023–2030.

Grand View Research (2023b). Artisanal Bakery Products Market Size, Share and Trends Analysis Report, 2023–2030.

House of Commons Library (2022). Defence spending pledges by NATO members since Russia invaded Ukraine. Available at https://commonslibrary.parliament.uk/defence-spending-pledges-by-nato-members-since-russia-invaded-ukraine/.

Inagaki, K. (2022, December 16). Japan scraps pacifist postwar defence strategy to counter China threat. *Financial Times*.

International Energy Agency (2021). Net Zero by 2050: A Roadmap for the Global Energy Sector.

Jaisson, G., Oppenheimer, P., Bell, S., Peytavin, L. and Ferrario, A. (2021). Renewables and other companies investing for the future. Goldman Sachs Global Investment Research. Available at https://publishing. gs.com/content/research/en/reports/2021/06/08/08d49f00-f091-4c9b-ab64-b0a398023f33.html.

Kielty, M. K. (2023, April 19). ABBA doesn't know how 'Voyage' show has succeeded. *Ultimate Classic Rock*.

Market Prospects (2022). The rising popularity of cargo bikes. Available at https://www.market-prospects.com/index.php/articles/popularity-of-cargo-bikes.

Marksteiner, A. (2022). Explainer: The proposed hike in German military spending. Available at https://sipri.org/commentary/blog/2022/ explainer-proposed-hike-german-military-spending.

McKinsey Global Institute (2013). McKinsey: 57 trillion dollar for global infrastructure. Available at https://www.consultancy.uk/news/153/ mckinsey-57-trillion-dollar-for-global-infrastructure.

Nathan, A., Galbraith, G. L. and Grimberg, J. (2020). Investing in climate change. Goldman Sachs Global Investment Research.

Odlyzko, A. (2000). Collective hallucinations and inefficient markets: The British railway mania of the 1840s. Available at SSRN: https://ssrn. com/abstract=1537338 or http://dx.doi.org/10.2139/ssrn.1537338.

Shahbandeh, M. (2021). Swiss watch industry – statistics & facts. Available at https://www.statista.com/topics/7813/swiss-watch-industry/.

Smith, J. (2022a). Four key takeaways from the 2022 proxy season. Available at https://www.ey.com/en_us/board-matters/four-key-takeaways-from-the-2022-proxy-season.

Smith, P. (2022b). Female consumer willingness to buy secondhand apparel by age worldwide 2019. Available at https://www.statista.com/statistics/828034/willingness-to-buy-secondhand-items-by-age-worldwide/.

Statista (2023). Cinema tickets – worldwide. Available at https://www.statista.com/outlook/dmo/eservices/event-tickets/cinema-tickets/worldwide.

Sutton, M. (2020, December 2). Annual bike sales to run at more than double new car registrations by 2030. *Cycling Industry News*.

The New Climate Economy (2016). The Sustainable Infrastructure Imperative: Financing for Better Growth and Development.

The White House (2022, August 9). FACT SHEET: CHIPS and Science Act will lower costs, create jobs, strengthen supply chains, and counter China.

ThredUP Resale Report (2023). Available at https://www.thredup.com/resale.

United Nations (2023). World Investment Report 2021.

U.S. Bureau of Labor Statistics (2018). Employment projections: 2018–2028 summary. Available at https://www.bls.gov/news.release/archives/ecopro_09042019.pdf.

推薦閱讀

Anderson, R. G. (2010). The first U.S. quantitative easing: The 1930s. Federal Reserve Bank of St. Louis Economic Synopses No. 17. Available at https://files.stlouisfed.org/files/htdocs/publications/es/10/ES1017.pdf.

Armantier, O., Goldman, L., Koşar, G., Topa, G., van der Klaauw, W. and Williams, C. J. (2022, February 14). What are consumers' inflation expectations telling us today? *Liberty Street Economics.*

Arroyo Abad, L. and van Zanden, J. L. (2016). Growth under extractive institutions? Latin American per capita GDP in colonial times. *Journal of Economic History*, **76**(4), pp. 1182–1215.

Axenciuc, V. (2012). Produsul intern brut al Romaniei: 1862–2000. Institutl de Economie Nationala, 1.

Baffigi, A. (2011). Italian National Accounts, 1861–2011. Banca d'Italia Economic History Working Papers No. 18.

Barro, R. J. and Ursua, J. F. (2008). Macroeconomic crises since 1870. *Brookings Papers on Economic Activity, Economic Studies Program, The Brookings Institution*, **39**(1), pp. 255–350.

Bassino, J.-P., Broadberry, S., Fukao, K., Gupta, B. and Takashima, M. (2018). Japan and the Great Divergence, 730–1874. CEI Working Paper Series 2018-13.

Bernanke, B. S. (2015). Why are interest rates so low? Available at https://www.brookings.edu/articles/why-are-interest-rates-so-low/.

Bèrtola, L. (2016). El PIB per capita de Uruguay 1870–2016: una reconstruccion. PHES Working Paper No. 48.

Bèrtola, L. and Ocampo, J. A. (2012). *The Economic Development of Latin America Since Independence*. Oxford: Oxford University Press.

Blanchard, O. (2022). Why I worry about inflation, interest rates, and unemployment. Available at https://www.piie.com/blogs/realtime-economic-issues-watch/why-i-worry-about-inflation-interest-rates-and-unemployment.

Bolt, J. and van Zanden, J. L. (2020). Maddison style estimates of the evolution of the world economy. A new 2020 update. Maddison-Project Working Paper WP-15.

Broadbent, B. (2018). The history and future of QE. Available at https://www.bankofengland.co.uk/-/media/boe/files/speech/2018/the-history-and-future-of-qe-speech-by-ben-broadbent.pdf?la=en&hash=127499 DFD9AE5D6E0F3FC73529E83FDF9766471D.

Broadberry, S. and van Leeuwen, B. (2011). *The Growth of the English Economy, 1086-1270*. London: LSE.

Broadberry, S. N., Custodis, J. and Gupta, B. (2015). India and the great divergence: An Anglo-Indian comparison of GDP per capita, 1600–1871. *Explorations in Economic History*, **55**, pp. 58–75.

Broadberry, S. N., Guan, H. and Li, D. D. (2018). China, Europe and the Great Divergence: A study in historical national accounting, 980–1850. *Journal of Economic History*, **78**(4), pp. 955–1000.

Buyst, E. (2011). Towards estimates of long term growth in the Southern Low Countries, ca. 1500–1846. Available at https://warwick.

ac.uk/fac/soc/economics/seminars/seminars/conferences/venice3/ programme/buyst.pdf.

Caballero, R. J. (2010). Macroeconomics after the crisis: Time to deal with the pretense-of-knowledge syndrome. *Journal of Economic Perspectives*, **24**(4), pp. 85–102.

Caballero, R. J. and Krishnamurthy, A. (2009). Global imbalances and financial fragility. *American Economic Review*, **99**(2), pp. 584–588.

Caballero, R. J., Farhi, E. and Gourinchas, P.-O. (2017). The safe assets shortage conundrum. *Journal of Economic Perspectives*, **31**(3), pp. 29–46.

Caballero, R. J., Farhi, E. and Gourinchas, P.-O. (2020). Global imbalances and policy wars at the zero lower bound. NBER Working Paper w21670.

Cha, M. S., Kim, N. N., Park, K.-J. and Park, Y. (2020). *Historical Statistics of Korea*. New York: Springer.

Clark, G. (2007a). The long march of history: Farm wages, population, and economic growth, England 1209–1869. *The Economic History Review*, **60**(1), pp. 97–135.

Clark, G. (2007b). *A Farewell to Alms: A Brief Economic History of the World*. Princeton, NJ: Princeton University Press.

Clark, G. (2014). The price history of English agriculture, 1209–1914. In *Research in Economic History*. Bingley: Emerald Publishing, pp. 41–123.

Crafts, N. F. R. and Harley, C. K. (1992). Output growth and the British Industrial Revolution: A restatement of the Crafts–Harley view. *The Economic History Review*, **45**(4), pp. 703–730.

De Corso, G. (2013). Venezuelan economic growth from the conservative oligarchy to the Bolivarian Revolution: 1830–2012. *Revista de Historia Económica – Journal of Iberian and Latin American Economic History*, **31**(3), pp. 321–357.

Del Negro, M., Giannone, D., Giannoni, M. P. and Tambalotti, A. (2019). Global trends in interest rates. *Journal of International Economics*, **118**, pp. 248–262.

DeLong, B. J. (2002). Productivity growth in the 2000s. *NBER Macroeconomics Annual*, **17**, pp. 113–145.

Diffie, B. W. and Boxer, C. R. (1962). Four centuries of Portuguese expansion, 1415–1825: A succinct survey. *The William and Mary Quarterly*, **19**(4), p. 640.

Dumenil, G., Glick, M. A. and Lévy, D. (2000). Long-term trends in profitability: The recovery of World War II. Jerome Levy Economics Institute Working Paper No. 10.

Eloranta, J., Voutilainen, M. and Nummela, I. (2016). Estimating Finnish economic growth before 1860.

Fatas, A. (2000). Do business cycles cast long shadows? Short-run persistence and economic growth. *Journal of Economic Growth*, **5**(2), pp. 147–162.

Federal Reserve Bank of New York (2002). Economic Policy Review – Financial Innovation and Monetary Transmission.

Feinstein, C. H. (1991). A new look at the cost of living 1870–1914. In J. Foreman-Peck (ed.), *New Perspectives on the Late Victorian Economy: Essays in Quantitative Economic History, 1860–1914*. Cambridge: Cambridge University Press, pp. 151–179.

Feinstein, C. H. (1998). Pessimism perpetuated: Real wages and the standard of living in Britain during and after the Industrial

Revolution. *The Journal of Economic History*, **58**(3), pp. 625–658.

Fiorentini, G., Galesi, A., Pérez-Quirós, G. and Sentana, E. (2018). The rise and fall of the natural interest rate. Banco de Espana Working Paper No. 1822.

Fourie, J. and Van Zanden, J. L. (2013). GDP in the Dutch Cape Colony: The national accounts of a slave-based society. *South African Journal of Economics*, **81**(4), pp. 467–490.

Fukao, K., Bassino, J.-P., Makino, T., Paprzycki, R., Settsu, T., Takashima, M. and Tokui, J. (2015). *Regional Inequality and Industrial Structure in Japan: 1874–2008*. Tokyo: Maruzen.

Fukao, K., Ma, D. and Yuan, T. (2007). Real GDP in pre-war East Asia: A 1934–36 benchmark purchasing power parity comparison with the U.S. *Review of Income and Wealth*, **53**(3), pp. 503–537.

Gamber, E. N. (2020). The historical decline in real interest rates and its implications for CBO's projections. Congressional Budget Office Working Paper 2020-09.

Garcia, A. S. (2005). Las cuentas nacionales de Cuba, 1960–2005. Available at https://digital.csic.es/bitstream/10261/29002/4/PIB%20 1690-2010.pdf.

Gerbaudo, P. (2021, February 13). Big government is back. *Foreign Policy*.

Girod, S. J. G. (2016). Part 1: The end of globalization? Available at https://www.imd.org/research-knowledge/strategy/articles/part-1-the-end-of-globalization/.

Goodhart, C. and Pradhan, M. (2020). The great demographic reversal. *Economic Affairs*, **40**(3), pp. 436–445.

Gourinchas, P. O. and Rey, H. (2016). Real interest rates, imbalances and the curse of regional safe asset providers at the zero lower bound. NBER Working Paper w22618.

Gregory, P. R. (1982). *Russian National Income, 1885–1913*. Cambridge: Cambridge University Press.

Grytten, O. H. (2015). Norwegian gross domestic product by industry 1830–1930. Norges Bank Working Paper 19/2015.

Haberler, G., Harris, S. E., Leontief, W. W. and Mason, E. S. (1951). Professor Joseph A. Schumpeter. *The Review of Economics and Statistics*, **33**(2), pp. 89–90.

Hansen, A. H. (1951). Schumpeter's contribution to business cycle theory. *The Review of Economics and Statistics*, **33**(2), pp. 129–132.

Herranz-Loncán, A. and Peres-Cajías, J. (2016). Bolivian GDP per capita since the mid-nineteenth century. *Cliometrica*, **10**, pp. 99–128.

Hills, S., Thomas, R. and Dimsdale, N. (2010). The UK recession in context – what do three centuries of data tell us? *Bank of England Quarterly Bulletin*, **Q4**, pp. 277–291.

Høj, J., Kato, T. and Pilat, D. (1995). Deregulation and privatisation in the service sector. OECD Economic Studies No. 25.

Hördahl, P., Sobrun, J. and Turner, P. (2016). Low long-term interest rates as a global phenomenon. BIS Working Paper No. 574.

International Monetary Fund (2000). IMF World Economic Outlook (WEO), Asset Prices and the Business Cycle.

Ivanov, M. (2006). Bulgarian national income between 1892 and 1924. Bulgarian National Discussion Papers DP/54/2006.

Jongrim, H., Kose, M. A. and Ohnsorge, F. (2022, July 1). Today's global economy is eerily similar to the 1970s, but governments can still escape a stagflation episode. *Brookings*.

Keynes, J. M. (1930). Economic possibilities for our grandchildren. In *Essays in Persuasion*. London: Palgrave Macmillan, pp. 358–373.

Kim, C.-J. and Nelson, C. R. (1999). Has the U.S. economy become more stable? A Bayesian approach based on a Markov-switching model of the business cycle. *The Review of Economics and Statistics*, **81**(4), pp. 608–616.

King, S. D. (2018). *Grave New World: The End of Globalization, the Return of History*. New Haven, CT: Yale University Press.

Kostelenos, G., Petmezas, S., Vasiliou, D., Kounaris, E. and Sfakianakis, M. (2007). *Gross Domestic Product 1830–1939*. Sources of Economic History of Modern Greece: Quantitative Data and Statistical Series 1830–1939. Historical Archives of the National Bank of Greece, Athens.

Krantz, O. (2017). Swedish GDP 1300–1560: A tentative estimate. Lund Papers in Economic History: General Issues No. 152.

Laubach, T. and Williams, J. C. (2016). Measuring the natural rate of interest redux. *Business Economics*, **51**(2), pp. 57–67.

Lindert, P. H. (2004). *Growing Public: Social Spending and Economic Growth Since the Eighteenth Century*. Cambridge: Cambridge University Press.

Lisack, N., Sajedi, R. and Thwaites, G. (2021). Population ageing and the macroeconomy. Banque de france Working Paper WP #745.

Maddison, A. (1995). *Monitoring the World Economy 1820–1992*. Paris: OECD.

Maddison, A. (2001). *The World Economy*. Paris: OECD.

Maddison, A. (2003). *The World Economy: Historical Statistics*. Paris: OECD.

Maddison, A. (2007). Contours of the World Economy, 1–2030 AD: Essays in Macro-economic History. Oxford: Oxford University Press.

Malinowski, M. and van Zanden, J. L. (2017). National income and its distribution in preindustrial Poland in a global perspective. *Cliometrica*, **11**(3), pp. 375–404.

Markevich, A. and Harrison, M. (2011). Great War, Civil War, and recovery: Russia's national income, 1913 to 1928. *The Journal of Economic History*, **71**(3), pp. 672–703.

McCusker, J. J. (2006). *Historical Statistics of the United States*, Millennial Edition Online: Colonial Statistics. Cambridge: Cambridge University Press.

Meister, D. (2011, February 2). Ronald Reagan, enemy of the American worker. *Truthout*.

Milanovic, B. (2006). An estimate of average income and inequality in Byzantium around year 1000. *Review of Income and Wealth*, **52**(3), pp. 449–470.

Milner, H. (1987). Resisting the protectionist temptation: Industry and the making of trade policy in France and the United States during the 1970s. *International Organization*, **41**(4), pp. 639–665.

Mitchell, B. R. (1988). *British Historical Statistics*. Cambridge: Cambridge University Press.

Nazrin Shah, S. (2017). *Charting the Economy: Early 20th Century Malaya and Contemporary Malaysian Contrasts*. Oxford: Oxford University Press.

Neufeld, D. (2020, February 4). Visualizing the 700-year fall of interest rates. *Visual Capitalist*.

O'Sullivan, M. (2022, December 15). Return of the state – will big government come back as recession hits? *Forbes*.

Palma, N. (2019). Money and modernization in early modern England. University of Manchester and CEPR. EHES Working Paper No. 147.

Palma, N. and Reis, J. (2019). From convergence to divergence: Portuguese economic growth, 1527–1850. *The Journal of Economic History*, **79**(2), pp. 477–506.

Pamuk, S. (2006). Estimating economic growth in the Middle East since 1820. *The Journal of Economic History*, **66**(3), pp. 809–828.

Pamuk, Ş. (2009). Estimating GDP per capita for the Ottoman Empire in a European comparative framework, 1500–1820. XVth World Economic History Congress.

Pamuk, Ş. and Shatzmiller, M. (2011). Real wages and GDP per capita in the Medieval Islamic Middle East in comparative perspective, 700–1500. IXth Conference of the European Historical Economics Society.

Pfister, U. (2011). Economic growth in Germany, 1500–1850. Quantifying Long Run Economic Development Conference, University of Warwick.

Prados de la Escosura, L. (2009). Lost decades? Economic performance in post-independence Latin America. *Journal of Latin America Studies*, **41**, pp. 279–307.

Prados de la Escosura, L. (2017). *Spanish Economic Growth, 1850-2015*. London: Palgrave Macmillan.

Ramskogler, P. (2015). Tracing the origins of the financial crisis. *OECD Journal: Financial Market Trends*, **2014**(2), pp. 47–61.

Ridolfi, L. (2016). The French economy in the longue durée: A study on real wages, working days and economic performance from Louis

IX to the Revolution (1250–1789). *European Review of Economic History*, **12**(4), pp. 437–438.

Roy, A. (2021). *Demographics Unravelled: How Demographics Affect and Influence Every Aspect of Economics, Finance and Policy*. Chichester: Wiley.

Scheidel, W. and Friesen, S. J. (2009). The size of the economy and the distribution of income in the Roman Empire. *Journal of Roman Studies*, **99**, pp. 61–91.

Schumpeter, J. (1927). The explanation of the business cycle. *Economica*, **21**, pp. 286–311.

Seminario, B. (2015). El Desarrallo de la Economía Peruana en la Era Moderna. Universidad de Pacifico, Lima.

Smits, J. P., Horlings, E. and van Zanden, J. L. (2000). *The Measurement of Gross National Product and Its Components 1800–1913*. Groningen Growth and Development Centre Monograph Series No. 5.

Stohr, C. (2016). Trading gains: New estimates of Swiss GDP, 1851–2008. LSE Economic History Working Paper 245/2016.

Sugimoto, I. (2011). Economic Growth of Singapore in the Twentieth Century: Historical GDP Estimates and Empirical Investigations. Economic Growth Centre Research Monograph Series No. 2.

Summers, H. L. (2014). Reflections on the new 'Secular Stagnation hypothesis'. Available at https://cepr.org/voxeu/columns/reflections-new-secular-stagnation-hypothesis.

Sutch, R. (2006). National income and product. In S. B. Carter, S. S. Gartner, M. R. Haines, *et al.* (eds), *Historical Statistics of the United States: Earliest Time to the Present*. New York: Cambridge University Press, pp. 23–25.

The Conference Board (2020). Total Economy Database.

The U.S. Census Bureau (2020). Population data.

The Victorian Web (2010). The Victorian revolution in letter writing. Available at https://victorianweb.org/technology/letters/intro.html.

The Washington Post (1982, May 24). The boom of the 1980s. *The Washington Post.*

Van Bavel, J. and Reher, D. S. (2013). The baby boom and its causes: What we know and what we need to know. *Population and Development Review*, **39**(2), pp. 257–288.

Van der Eng, P. (2010). The sources of long-term economic growth in Indonesia, 1880–2008. *Explorations in Economic History*, **47**, pp. 294–309.

Van Zanden, J. (2012). Economic growth in Java 1815–1939: The reconstruction of the historical national accounts of a colonial economy. Maddison-Project Working Paper WP-3.

Van Zanden, J. L. (2009). *The Long Road to the Industrial Revolution: The European Economy in a Global Perspective, 1000–1800.* Leiden: Brill.

Ward, M. and Devereux, J. (2012). The road not taken: Pre-revolutionary Cuban living standards in comparative perspective. *Journal of Economic History*, **72**(1), pp. 104–132.

Wike, R., Fetterolf, J., Schumacher, S. and Moncus, J. J. (2021). Citizens in Advanced Economies Want Significant Changes to Their Political Systems. Pew Research Center's Global Attitudes Project.

Wu, H. X. (2014). China's growth and productivity performance debate revisited – accounting for China's sources of growth with a new data set. The Conference Board Economics Program Working Paper

Series, EWP#14-01.

Xu, Y., Shi, Z., van Leeuwen, B., Ni, Y., Zhang, Z. and Ma, Y. (2016). Chinese national income, ca. 1661–1933. *Asia-Pacific Economic History Review*, **57**(3), pp. 368–393.

新商業周刊叢書BW0858

高盛首席分析師教你剖析超級週期
掌握進場的訊號，啟動長期獲利的投資布局

原 文 書 名／Any Happy Returns: Structural Changes and Super
　　　　　　　Cycles in Markets
作　　　者／彼得‧C‧奧本海默（Peter C. Oppenheimer）
譯　　　者／林敬蓉、李立心
編 輯 協 力／李　晶
責 任 編 輯／鄭凱達
企 劃 選 書／鄭凱達
版　　　權／顏慧儀
行 銷 業 務／周佑潔、林秀津、林詩富、吳藝佳、吳淑華

總　編　輯／陳美靜
總　經　理／彭之琬
事業群總經理／黃淑貞
發　行　人／何飛鵬
法 律 顧 問／元禾法律事務所　王子文律師
出　　版／商周出版
　　　　　115020台北市南港區昆陽街16號4樓
　　　　　電話：(02) 2500-7008　傳真：(02) 2500-7579　E-mail: bwp.service@cite.com.tw
發　　　行／英屬蓋曼群島商家庭傳媒股份有限公司　城邦分公司
　　　　　115020台北市南港區昆陽街16號8樓
　　　　　讀者服務專線：0800-020-299　24小時傳真服務：(02) 2517-0999
　　　　　讀者服務信箱E-mail: cs@cite.com.tw
　　　　　劃撥帳號：19833503　戶名：英屬蓋曼群島商家庭傳媒股份有限公司城邦分公司
訂 購 服 務／書虫股份有限公司客服專線：(02) 2500-7718；2500-7719
　　　　　服務時間：週一至週五上午09:30-12:00；下午13:30-17:00
　　　　　24小時傳真專線：(02) 2500-1990；2500-1991
　　　　　劃撥帳號：19863813　戶名：書虫股份有限公司
　　　　　E-mail: service@readingclub.com.tw
香港發行所／城邦（香港）出版集團有限公司
　　　　　香港九龍土瓜灣土瓜灣道86號順聯工業大廈6樓A室
　　　　　E-mail: hkcite@biznetvigator.com
　　　　　電話：(852) 2508-6231　傳真：(852) 2578-9337
馬新發行所／城邦（馬新）出版集團 Cite (M) Sdn. Bhd.
　　　　　41, Jalan Radin Anum, Bandar Baru Sri Petaling, 57000 Kuala Lumpur, Malaysia.
　　　　　Tel: (603) 9056-3833　Fax: (603) 9057-6622　E-mail: services@cite.my

封 面 設 計／FE設計‧葉馥儀
印　　　刷／鴻霖印刷傳媒股份有限公司
經　銷　商／聯合發行股份有限公司　電話：(02) 2917-8022　傳真：(02) 2911-0053
　　　　　地址：新北市新店區寶橋路235巷6弄6號2樓

■2024年12月3日初版1刷　　　　　　　　　　　　　　　　　　Printed in Taiwan

國家圖書館出版品預行編目（CIP）資料

高盛首席分析師教你剖析超級週期：掌握進場的訊
號，啟動長期獲利的投資布局／彼得‧C‧奧本海默
（Peter C. Oppenheimer）著；林敬蓉、李立心譯.--初
版.--臺北市：商周出版：英屬蓋曼群島商家庭傳媒
股份有限公司城邦分公司發行, 2024.12
　面；　公分.--（新商業周刊叢書；BW0858）
譯自：Any happy returns : structural changes and super
cycles in markets.
ISBN 978-626-390-316-6（平裝）

1.CST: 股票投資　2.CST: 投資技術　3.CST: 投資分析

563.53　　　　　　　　　　　　　　113015538

線上版讀者回函卡

定價：580元（紙本）／ 400元（EPUB）　　版權所有，翻印必究
ISBN: 978-626-390-316-6（紙本）/ 978-626-390-315-9（EPUB）

城邦讀書花園
www.cite.com.tw